L 27
Ln 16618

LE POUSSIN

OUVRAGE DU MÊME AUTEUR.

LE RATIONALISME CHRÉTIEN A LA FIN DU XIe SIÈCLE, ou *Monologium* et *Proslogium* de saint Anselme, archevêque de Cantorbéry, sur l'essence divine ; traduits et précédés d'une Introduction, par H. Bouchitté, ancien élève de l'École normale, professeur d'histoire au Collége royal de Versailles. — Paris, Amyot. 1842.

Cet ouvrage a été couronné par l'Académie française en 1842.

Imprimerie de P.-A. BOURDIER et Cie, rue Mazarine, 30.

LE POUSSIN

SA VIE ET SON ŒUVRE

SUIVI D'UNE

NOTICE SUR LA VIE ET LES OUVRAGES

DE PHILIPPE DE CHAMPAGNE

ET DE CHAMPAGNE LE NEVEU

PAR

H. BOUCHITTÉ

ANCIEN RECTEUR DES ACADÉMIES D'EURE-ET-LOIR
ET DE SEINE-ET-OISE.

PARIS
DIDIER ET Cie, LIBRAIRES-ÉDITEURS
55, QUAI DES AUGUSTINS
Réserve de tous droits
1858

PRÉFACE

En consacrant une partie de nos loisirs à raconter l'histoire de Nicolas Poussin et à retracer le caractère de sa vie, en harmonie avec celui de son talent, nous avons satisfait à un désir personnel, et cédé à l'attrait d'une étude qui nous était chère.

Mais un homme supérieur dans les lettres ou dans les arts n'appartient pas seulement à l'écrivain qui s'est donné la mission d'en conserver la mémoire, et au petit nombre d'admirateurs qui partagent son enthousiasme, il appartient surtout à la postérité, à laquelle il importe de recueillir ses traditions et ses exemples.

Nicolas Poussin est du nombre de ces artistes privilégiés.

La notion abstraite du beau a été étudiée dans tous les siècles où la pensée humaine a pris quelque essor.

Depuis Platon jusqu'à nos jours, la philosophie spiritualiste a conçu l'idée du beau comme absolue et immuable ; l'opinion contraire n'est guère défendue aujourd'hui que par les théories sensualistes.

Mais, entre l'idée absolue du beau et les transformations qu'elle subit dans ses applications, il y a un abîme. Chaque art a ses règles particulières dépendantes de la nature d'expression qu'il est appelé à produire ; il est impossible de les faire sortir d'une notion métaphysique. C'est donc dans les exemples des génies supérieurs, et dans les traditions successivement développées par eux, que le peintre doit chercher la lumière destinée à éclairer ses efforts.

Dans ces derniers temps, la critique a emprunté à la philosophie des expressions mal définies et encore plus mal appliquées. Nous avons eu de l'art *panthéiste*, de la peinture *réaliste, naturaliste, idéaliste, etc.* Il serait opportun de rentrer dans le vrai en se proposant pour objet l'accord de la nature et de l'idéal exprimé dans la langue de tout le monde.

Par ces motifs, nulle mémoire en France, à notre époque, ne saurait être plus utilement rappelée que celle du Poussin.

Nous avons lu tout ce qui a été publié sur lui ; les notices sont assez nombreuses, mais en général elles se reproduisent les unes les autres. Les écrivains originaux sont Félibien et les trois biographes italiens Bellori, Baldinucci et Passeri ; le musée du Louvre possède du maître un grand nombre de tableaux, et des dessins plus nombreux encore ; les éléments d'étude ne manquent donc pas.

Les lettres du Poussin le font mieux connaître que tout ce qui a été écrit sur lui. C'est par cette raison que nous les avons citées souvent. L'édition de 1824, quoique faite sur un manuscrit défectueux et trop librement corrigé par l'éditeur, retient néanmoins l'empreinte du caractère vrai et sérieux de l'homme. Nous en avons quelquefois adopté le texte, nous l'avons plus souvent modifié d'après les autographes que vient d'acquérir la Bibliothèque impériale, et qui doivent servir de point de départ à une édition plus correcte. L'éditeur désigné, M. de Chenevières, nous a permis d'y puiser les renseignements et les rectifications qui nous étaient nécessaires ; nous lui en témoignons ici notre gratitude.

Nous avions espéré trouver quelques nouveaux détails dans la correspondance de Cassiano del Pozzo ; l'obligeance du possesseur actuel, M. le prince de la

Cisterna, ne nous a pas manqué, mais celles des lettres du commandeur qui ont trait à sa liaison avec l'illustre Français paraissent avoir été égarées ou dispersées.

Divers auteurs, sans avoir écrit la vie du Poussin, ont porté des jugements sur quelques parties de son œuvre, ou sur son œuvre entier. Il eût été trop long de les reproduire ou de les discuter. Les principaux sont au nombre des étrangers : l'Allemand Raphaël Mengs, les Anglais Reynolds et Fuesli; leurs opinions ne sont point exemptes de préjugés d'école et de nation. Parmi les Français, nous citerons Abraham Bosse, Séroux d'Agincourt dans sa lettre à Castellan, Émeric David dans son *Discours sur Nicolas Poussin*, M. Cousin, dans son livre *Du Beau, du Bien, du Vrai*, etc., M. Eugène Delacroix dans deux feuilletons du *Moniteur*. Ces jugements de compatriotes sont mieux motivés, plus conformes à la vérité, empreints d'un sentiment plus pur de l'art. Nous recommandons en particulier au lecteur celui de M. Cousin, comme le mieux résumé, le plus exact et le plus élevé.

LE POUSSIN

PREMIÈRE PARTIE

SA VIE

I

Enfance. — Premières études. — Premiers travaux. — Un an aux Andelys. — Florence et Lyon. — Premiers succès. — Le cavalier Marin.

1594 — 1624.

Le père du peintre célèbre dont nous allons raconter la vie, Jean Poussin, issu d'une famille noble de Picardie, originaire de Soissons, habita cette province jusqu'à la fin du seizième siècle. La fortune de ses parents avait souffert des troubles qui agitèrent les règnes de Charles IX et de Henri III, pour la défense desquels ils avaient porté les armes. Jean Poussin lui-même avait suivi le parti du roi de Navarre, et servi dans le régiment de Tavannes, avec un de ses oncles qui y était capitaine; mais après le siége de Vernon, en 1593, vers le temps de l'entrée de Henri IV à Paris, il arrêta sa course errante aux Andelys en Normandie, et y épousa

Marie Delaisement, veuve d'un procureur de cette ville nommé Lemoine.

Ce fut de ce mariage que naquit dans le cours du mois de juin 1594, à Villers, hameau peu éloigné du grand Andely, de la paroisse duquel il dépend, Nicolas Poussin, qui devait laisser à la postérité un nom justement célèbre, et une des gloires les plus pures qui aient couronné le souvenir d'un artiste; on voit encore dans la commune un clos connu sous le nom de *clos Poussin* [1].

Dès son enfance, ses parents le destinèrent à l'étude des lettres, et il trouva dans ces leçons l'occasion de montrer les dispositions heureuses qu'il avait reçues du ciel; mais d'autres facultés partageaient son attention. Quoique la culture historique et littéraire que révèlent les compositions du Poussin et le caractère réfléchi de son talent, quoique ses lettres fassent assez connaître que ces premières études ne furent pas sans fruit; néanmoins, lorsque obéissant aux ordres paternels, il suivait les classes prescrites, son application était souvent distraite de l'enseignement qu'il recevait du maître, par l'impérieux instinct qui le poussait à charger les murs de l'école et les pages

---

[1] Les actes du mois de juin 1594 manquent dans les registres civils-religieux de la paroisse. On a d'ailleurs des pièces authentiques attestant l'existence, aux Andelys, de Jean Poussin et de Marie Delaisement, sa femme, ainsi que du jeune Nicolas Poussin dans les premières années du dix-septième siècle. (Voir note A à la fin de la vie du Poussin.)

de ses livres de figures, et même de compositions auxquelles sa vocation naissante essayait déjà son crayon inexpérimenté.

Il est rare que la nature n'indique pas à l'avance, dans les hommes appelés à se distinguer un jour, l'œuvre à laquelle elle les destine; l'esprit dont nous sommes animés, semblable au germe dans lequel se cache encore la fleur ou l'animal destiné à sortir de son développement, renferme le secret de notre avenir, avenir d'abord caché, mais qui se laisse deviner et pressentir dans ces essais spontanés, presque involontaires, qui révèlent l'homme à lui-même, entr'ouvrant à ses yeux, assez pour diriger et soutenir son courage, la voie tracée à son génie. Sans doute ces instincts ne sont pas toujours sûrs; ils n'offrent dans bien des cas que le reflet d'une lueur passagère, non la clarté féconde d'une lumière véritable; sous leurs formes multipliées, ils annoncent l'artiste habile, l'écrivain spirituel, le savant laborieux plus souvent que la pensée élevée et puissante, appelée à forcer l'admiration des contemporains et à recueillir celle de la postérité. Pour le Poussin, il n'y eut pas lieu de s'y méprendre : les essais de l'enfant annonçaient les œuvres de l'homme, et les historiens remarquent qu'il ne dessinait pas de vaines figures, des figures qui lui fussent suggérées par le hasard, mais qu'au milieu de l'ardeur avec laquelle il se livrait à cet entraînement, on remarquait une sorte de réflexion, un choix, des essais de composition, productions anticipées d'une nature d'élite. Son maître et son père réunirent inutilement leurs efforts pour lui persuader de ne pas obéir à une inclination qu'il ne pouvait suivre sans perdre un temps précieux pour sa fortune.

L'art de la peinture était alors moins cultivé en France qu'il ne le fut depuis, et les moyens de l'étudier ne s'offraient ni d'eux-mêmes ni en grand nombre, à celui surtout qui trouvait sa famille opposée ou peu favorable à ses desseins et à ses goûts. Telle était la situation du Poussin; mais un heureux hasard permit qu'il rencontrât vers ce temps, aux Andelys même, Quintin Varin, artiste de mérite, qui fut frappé de ses heureuses dispositions [1].

---

[1] On lit dans la *Description historique de Paris et de ses environs*, par Piganiol de la Force, le passage suivant : « Sur l'autel de la chapelle de Saint-Charles (dans l'église Saint-Jacques-de-la-Boucherie), est un tableau très-estimé, dans lequel saint Charles est représenté distribuant ses aumônes à une troupe de pauvres assemblés sous le vestibule d'une église. Ce tableau est de Quintin Varin, peintre célèbre, sur lequel l'historien de la paroisse de Saint-Jacques donne une note qui mérite d'être rapportée ici. Varin, originaire de Picardie, après avoir reçu à Beauvais des leçons de peinture de François Gaget, chanoine de Beauvais, et après avoir appris la perspective du frère Bonaventure d'Amiens, capucin, surpassa bientôt ses maîtres. Mais Beauvais étant un théâtre trop étroit pour tirer parti de son talent, il alla à Paris, et se retira d'abord dans un grenier, rue de la Verrerie, chez un marguillier de Saint-Jacques-de-la-Boucherie, qui lui fit faire le tableau dont on vient de parler. L'intendant de la reine Marie de Médicis ayant vu ce tableau en fut charmé; et comme la reine cherchait alors un peintre pour décorer la galerie du Luxembourg, l'intendant alla chercher Varin dans son grenier, et le présenta à la reine. Ce

Ce peintre, dont on voyait, dans le temps où écrivait Bellori, plusieurs tableaux à Amiens et à Paris, était plus estimé des connaisseurs que ne le ferait supposer sa réputation obscurcie plus tard par le peu d'attention que l'on fit aux qualités qui le distinguaient. Il n'en est pas moins un de ceux qui brillèrent par de solides progrès dans la peinture de cette époque. Il encouragea le jeune Poussin, assurant que le succès ne lui manquerait pas dans la culture d'un art pour lequel il annonçait une si grande aptitude [1].

Poussin reçut de Varin quelques conseils pour la pratique de l'art, mais les documents que nous possédons ne nous permettent pas d'apprécier le

peintre donna de magnifiques dessins, qui furent adoptés ; mais il disparut tout à coup. Il s'était lié d'amitié avec un poëte nommé Durant, qui, ayant indiscrètement fait une satire contre le gouvernement, fut arrêté et pendu peu après. Varin, craignant de participer au malheureux sort de son ami, se cacha si bien qu'il fut impossible de le déterrer. Cela fut cause que l'on fit venir d'Anvers le fameux Rubens, au pinceau duquel on est redevable des riches peintures qui décorent la galerie du Luxembourg. Varin reparut quelques années après, et fit pour la reine *la Présentation de Jésus-Christ au temple*, dont cette princesse fit présent aux Carmes du Luxembourg. Il a fait aussi *le Paralytique* qui est à Fontainebleau. Varin a eu la gloire de donner d'utiles leçons au célèbre Poussin.

[1] L'auteur d'une vie de Quintin Varin avance que N. Poussin apprit le premier usage du crayon et des pinceaux de Noël Jouvenet, grand-père de Jean. Nous enregistrons ce fait sans en garantir l'authenticité (*Peintres provinciaux de l'ancienne France*, par De Chenevières Pointel, p. 217). Il est fourni par un Mémoire sur Jean Jouvenet, appartenant à l'Académie de peinture (Mémoires inédits, etc., t. II, p. 25).

temps pendant lequel il put en profiter. Dans tous les cas ce temps fut court, quoiqu'il ait suffi à Varin pour lui faire connaître les procédés de la peinture en détrempe. Il est probable que les leçons qu'il en reçut restèrent fidèlement gravées dans la mémoire du Poussin, car Varin fut dans la suite le seul maître qu'il avoua.

Ainsi encouragé, et alors âgé de dix-huit ans, il quitta en secret les Andelys, sans attendre le consentement de son père, et vint à Paris pour y puiser à des sources plus abondantes la connaissance de la peinture, et s'y exercer sans partage. Pauvre et fugitif, il dut s'estimer heureux de trouver un asile et un salaire dans la maison d'un gentilhomme poitevin, probablement l'un des rares amis que les arts du dessin comptaient alors. Ce gentilhomme s'était rendu à la cour pour y servir le jeune prince qui depuis deux ans avait succédé à Henri IV son père, c'était par conséquent en 1612.

Jean Cousin était mort à la fin du siècle précédent; Vouet, fixé à Rome à son retour de Constantinople, s'y faisait connaître du pape Urbain VIII par quelques tableaux qui eurent l'honneur d'être placés dans l'église de Saint-Pierre, et ne revint à Paris qu'en 1628. Le seul Martin Fréminet eût donc pu populariser en France les traditions de la peinture italienne; mais, soit qu'occupé de peindre la chapelle de Fontainebleau, il ne fût point présent à Paris, soit qu'il n'eût point ouvert d'école, soit toute autre circonstance, Poussin ne put recourir à ses leçons, et plus tard la trop courte carrière de cet artiste, mort à trente-cinq ans en 1619, ne le lui eût pas permis. La peinture, tombée en Italie vers la seconde moitié du seizième siècle, de la perfection où l'avait portée Raphaël, s'y relevait depuis quelques années dans l'école des Carraches; mais cet heureux retour ne se faisait pas sentir encore en France, et les peintres y étaient descendus à une manière mesquine et froide de traiter les sujets qui leur étaient proposés, ou qu'ils choisissaient eux-mêmes. Si plusieurs des chefs-d'œuvre de la statuaire antique moulés par ordre de François Ier étaient, depuis ce temps, possédés par la France, renfermés dans la demeure des rois, et difficilement accessibles, ils ne pouvaient exercer sur les artistes, rares alors, une influence bien étendue.

Poussin ne tarda pas cependant à trouver des maîtres, mais il quitta bientôt le premier, homme de peu de talent, et qui nous est resté inconnu, pour s'attacher quelque temps à l'école de Ferdinand Elle, Flamand, habile peintre de portraits [1]. Il dut recevoir de ce maître d'utiles leçons pour la pratique de l'art, dans laquelle il est probable que ses progrès jusque-là ne s'expliquaient guère que par l'excellence de ses dispositions naturelles, et les conseils de Quintin Varin. Mais la peinture du

---

[1] « Ferdinand Elle était natif de Malines; il jouissait d'une assez bonne réputation dans le portrait. On connaît un portrait du Poussin jeune, en profil, gravé d'après ce peintre. » (Note de M. G. de Saint-Germain.)

portrait ne répondait pas à ses qualités les plus hautes, à celles que devaient bientôt développer en lui l'inspiration des grands modèles dont le commencement du seizième siècle avait honoré l'Italie, le sentiment du beau dans les figures, les poses et les ajustements, le génie historique et poétique qu'il porta depuis au plus haut degré. Il quitta donc promptement l'école de Ferdinand Elle, et une heureuse circonstance fit bientôt briller à ses yeux la lumière qui devait éclairer sa pensée, et faire resplendir la voie qu'il allait suivre désormais.

Le génie, même le plus ferme, demeure quelque temps incertain de la direction qu'il doit suivre; un vague instinct lui donne la conscience de lui-même, mais, dans le sentiment confus de sa mission, la nuance qui lui est propre ne se laisse pas toujours immédiatement apercevoir à ses propres yeux. Il se soupçonne, mieux encore, il se connaît, mais n'a pas pénétré complétement le caractère définitif sous lequel il doit conquérir les suffrages de la postérité. Un fait imprévu lui communiquera cette impulsion, il la recevra d'un spectacle inattendu, d'une parole, du conseil d'un ami, ou de tout autre accident en apparence fortuit. Ce sera pour lui une révélation subite, mais invincible, qui décidera de son avenir..... Cette heure allait sonner pour le Poussin.

Un nommé Courtois, savant mathématicien, attaché au jeune roi, qui logeait au Louvre, et aimait les arts du dessin, avait formé une collection des estampes les plus rares de Marc Antoine, reproduisant les compositions de Raphaël et de Jules Romain. Poussin lui avait été recommandé par le gentilhomme poitevin dont il était devenu l'ami. Courtois mit ce trésor à la disposition du jeune peintre, qui ne cessa dès ce moment d'étudier ces gravures, de reproduire avec un juste sentiment de leur beauté, les formes, les mouvements, les inventions familières à ces maîtres de l'art. C'est de là que lui vient ce caractère de composition et de dessin où respire, mais respire librement, l'étude des chefs-d'œuvre du peintre d'Urbin [1], qui ne laisse aucun doute sur la source où il a puisé les premières inspirations de l'art, auxquelles il a d'ailleurs ajouté une correction de dessin que Raphaël n'a pas toujours connue, et une profondeur de conception que personne n'a égalée.

On trouve dans ces circonstances de la vie du Poussin une preuve nouvelle que le génie, élevé à un certain degré de puissance et d'énergie, domine l'exécution, l'atteint en quelque sorte immédiatement, et comme par une faculté instinctive, sous l'empire du besoin d'exprimer sa pensée, besoin qui abaisse et soumet les difficultés de la pratique. Ainsi était-il arrivé à Michel-Ange qui, voulant apprendre les procédés de la peinture à fresque, s'a-

---

[1] Bellori fait à ce propos cette judicieuse remarque : « Parve « egli educato nella scuola di Rafaello, da cui certamente bibbe « il latte e la vita dell'arte. »

perçut bientôt qu'il en savait plus que ses maîtres, et que l'énergie de sa conviction d'artiste lui suggérait, comme à son insu, les moyens d'exécution.

Nous sommes en effet conduits à croire qu'aux Andelys, le Poussin fut, pour l'étude de la peinture et du dessin, livré à peu près à ses propres forces; les leçons, moins que cela peut-être, les conseils qu'il reçut de Quintin Varin ne furent que passagers. Lors donc qu'il arriva à Paris, il devait à lui-même, et presque à lui seul, les qualités, qui l'avaient fait remarquer de ce peintre; il ne pouvait avoir acquis une connaissance suffisante de la pratique de l'art. Nous l'avons vu pourtant ne paraître que trois mois dans l'école du peintre de portraits Ferdinand Elle, près duquel il semble qu'il eût pu puiser la connaissance des procédés d'exécution qui lui manquait en grande partie. Ne comprenait-il donc pas lui-même combien il avait besoin d'apprendre? ou plutôt, confiant dans son génie, qu'il sentait supérieur aux procédés techniques de l'art, ne dédaigna-t-il pas une école où l'adresse de la main et la justesse du coup d'œil n'avaient pas d'autre but que l'imitation servile de la nature, quelle qu'elle fût? Des motifs analogues lui firent abandonner l'école de Lallemand, peintre d'histoire facile mais médiocre, où il était entré, dit-on, en sortant de celle de Ferdinand Elle.

Nous devons conclure de ces faits que Poussin eut à peine un maître, et qu'il n'appartient à aucune école. S'il dut rencontrer dans cette voie solitaire des difficultés que lui auraient aplanies les conseils des plus expérimentés, il dut aussi à cet isolement de conserver au génie dont il fut doué son originalité native, rare qualité qui se perd, ou s'altère du moins, lorsque des efforts soutenus, pour se façonner aux détails de l'exécution, ajournent trop longtemps l'essor de la pensée, forcent à en éluder l'influence, à en suspendre l'inspiration; soumettant ainsi l'élève, contraint de renoncer à lui-même, à l'action incessante du maître et de ses rivaux. C'est là peut-être ce qui explique le développement extraordinaire d'aptitudes diverses chez quelques grands artistes, qui furent, comme Michel-Ange, architectes, peintres, sculpteurs, et qui parvinrent, dès leur premier pas, à la supériorité dans les arts qu'ils embrassèrent. Les soudaines illuminations du génie leur tinrent lieu de ces pénibles lenteurs, honneur il est vrai de la médiocrité laborieuse, et garantie, précieuse d'ailleurs, de la transmission des saines doctrines et du bon goût.

Il y a en effet des temps plus favorables que d'autres aux esprits créateurs, mais aux esprits créateurs seulement. Ces temps sont ceux où les systèmes d'études ne sont point exclusifs, où les méthodes encore incertaines respectent la spontanéité de l'homme supérieur, où le génie n'est pas condamné à s'allanguir sous la sagesse des préceptes, et la succession immuable des phases d'un enseignement inflexible.

L'art en France, au commencement du dix-septième siècle, ne présentait pas ces dangers au génie; non-seulement il n'ouvrait pas au Poussin une voie nouvelle, mais encore les ressources manquaient partout à l'étude. La décadence était complète. Nous avons vu que, si le statuaire Jean Cousin avait jeté quelque éclat dans la peinture, la chute de son école avait été rapide, que ni Ferdinand Elle, concentré dans l'exécution du portrait et d'ailleurs flamand, ni Quintin Varin, ni Simon Vouet, qui n'avait que douze ans de plus que le Poussin, et dont la fécondité était la première qualité, n'étaient appelés à donner une mâle impulsion à l'art en le renouvelant. Une facilité toujours la même, une grâce monotone et insignifiante, des compositions faites de pratique dans un système convenu caractérisaient le talent des peintres les plus renommés d'alors, mais ne répondaient point au besoin fortement senti, quoique encore incertain dans son expression, qui portait notre jeune artiste à produire, à force de méditation, des conceptions neuves sans affectation, originales sans bizarrerie. Il était naturel qu'il dédaignât des talents, réels sans doute, mais mis au service de sentiments communs et de pensées médiocres. S'il se produisait à cette époque quelques tableaux qui méritassent le suffrage des connaisseurs, c'était en Italie, à Rome et à Bologne dans l'école des Carraches, c'était à Florence sous le pinceau de Ludovico Cigoli ou sous celui du Passignano à Venise.

Nous avons laissé le génie naissant du Poussin

PREMIÈRES ÉTUDES.

livré à l'étude des gravures qui reproduisaient les compositions de Raphaël. Ces compositions furent pour lui comme un monde nouveau. Nous avons dit qu'il les copiait avec soin, que sa réflexion s'exerçait sur elles, et mûrissait rapidement à cette vue. Lorsqu'aujourd'hui nous arrêtons nos regards sur ses tableaux, nous reconnaissons d'abord l'impulsion qu'il reçut à cette époque de sa carrière, et nous constatons qu'il puisa le caractère de son dessin en grande partie dans ces traditions des chefs-d'œuvre de l'école romaine. S'il sut depuis imprimer à ses ouvrages le cachet de son originalité propre; s'il s'est ouvert une voie dans laquelle il n'a point de rivaux, nous devons néanmoins ne pas méconnaître le foyer auquel son jeune talent sentit pour la première fois s'allumer la flamme qui ne cessa plus de l'échauffer dans la suite. « C'est par cette étude, dit judicieusement Bellori, dans le passage que nous avons cité plus haut, que, dans sa manière de composer les sujets historiques, et de donner l'expression à ses figures, il semble avoir été élevé dans l'école de Raphaël, dans les productions duquel il suça le lait et la vie de l'art. » Aussi quoiqu'il n'ait point tardé à être privé du précieux avantage de consulter ces gravures aussi souvent que le désir l'y portait, l'impression était faite, et rien ne put dans la suite effacer le souvenir de cette féconde leçon.

Le jeune gentilhomme, dont l'amitié et le goût avaient offert un asile au Poussin, quitta la cour et s'en retourna en Poitou, emmenant avec lui notre artiste, dans le dessein de mettre son talent à profit, en faisant orner son château de tableaux et de peintures d'un style élevé. Mais les événements ne tournèrent point ainsi qu'il le souhaitait, et le Poussin fut exposé en cette circonstance à des humiliations que quelques artistes et beaucoup de gens de lettres avaient éprouvées avant lui, dans un siècle et chez une nation qui ne faisait que naître à l'amour des arts et à la culture littéraire. La mère du jeune gentilhomme avait peu de goût pour les tableaux, l'âge de son fils lui laissait, avec la libre disposition de sa fortune, la direction de la maison; elle jugea utile d'occuper le Poussin de soins domestiques, sans lui laisser le temps de cultiver la peinture.

Une pareille situation ne pouvait convenir à un jeune homme dominé par une vocation aussi prononcée, et auquel la misère, avec les moyens de peindre, eût paru préférable à la richesse elle-même, acquise au prix du sacrifice de ses goûts. Le Poussin se hâta donc de renoncer à cette hospitalité funeste, et, en attendant qu'il eût trouvé les moyens de franchir la distance considérable qui le séparait de la capitale, il vécut du mieux qu'il put dans le pays où il était, subvenant à ses besoins par le prix de quelques tableaux qu'il eut l'occasion de faire, ayant soin de se rapprocher de Paris autant que le lui permettaient les lieux et les circonstances qui lui offraient du travail. La pauvreté a presque toujours cela de bon, qu'elle n'arrête pas, par la considération d'un bien-être assuré, celui qui, un peu plus favorisé de la fortune, oublierait peut-être les sollicitations de son génie dans la sécurité d'une existence médiocre, mais certaine. Misère pour misère, le Poussin pensa qu'il trouverait encore plus de moyens de vivre à Paris que dans le Poitou, où il eut bientôt épuisé les faibles ressources que lui présentait alors une province où le goût de la peinture ne pouvait pas être très-répandu. La raison et la nécessité le décidèrent donc à partir, et, comme sa pauvreté ne lui permettait pas d'adopter une manière de voyager moins pénible, il entreprit à pied ce long voyage.

C'est un spectacle triste et grand à la fois, que celui du génie aux prises avec la souffrance et la pauvreté. Lorsque nous contemplons aujourd'hui la gloire du Poussin, ses œuvres répandues, recherchées par toute l'Europe, son nom illustre dans sa patrie, illustre à Rome qu'il adopta pour sa demeure, la vénération dont la postérité a entouré sa mémoire, etc., et que nous reportons nos regards sur les obstacles de tout genre que rencontrèrent ses premières années; lorsque nous voyons le jeune homme de vingt ans, fatigué, découragé sans doute quelquefois, menacé ou atteint par la maladie, parcourant triste et pensif, et peut-être sous les haillons de la misère, la route qui sépare le Poitou de Paris; nous ne pouvons nous empêcher de faire des réflexions amères et en même temps consolantes sur la destinée de l'homme. Quelle est donc cette force qui, à son insu, l'anime et le soutient malgré ses défaillances? Quel est ce guide qui, sans lui révéler le mystère de son avenir, dirige ses pas, cachant ses sages desseins sous les dehors du hasard, et soutenant l'espérance au milieu des alternatives de la faiblesse et du courage? Quelle main invisible s'étend sur le pauvre voyageur, affermit ses pas chancelants, et prépare dans un obscur avenir la sécurité après les inquiétudes, la gloire après les épreuves, le libre et sûr essor de la pensée, après les laborieuses incertitudes du génie encore inexpérimenté? Cette force est le génie lui-même, auprès duquel la cause suprême a placé, dans sa prévoyance, la constance qui le soutient et la confiance qui l'anime; ce guide c'est la Providence qui, partout invisible et partout présente, mesure l'énergie à l'épreuve, fortifie le faible contre l'obstacle, et ménage les événements pour que rien ne se perde du génie fécond dont elle a doué sa créature.

La souffrance et l'épuisement du Poussin étaient au comble lorsqu'il arriva à Paris. Il n'y fut pas plus tôt que le mal s'aggrava encore. Il tourna dès lors les yeux vers sa famille, qui sans doute lui avait déjà pardonné sa fuite précipitée, et se retira aux Andelys pour y rétablir sa santé, et se remettre de ses longues fatigues.

A aucune autre époque de sa vie, les documents qui le concernent ne nous le montrent parcourant une autre fois la route du Poitou à Paris. Nous le verrons désormais se dirigeant sur Rome à plusieurs reprises, et finissant par y fixer sa demeure. C'est donc au voyage dont nous venons de parler, qu'il faut rapporter la composition et l'exécution des deux tableaux qu'il peignit à Blois pour l'église des Capucins, et quelques bacchanales dont il orna le château du comte de Chiverny, non loin de cette ville [1].

Poussin resta cette fois près d'un an chez son père. Les soins de sa famille, le repos plus salutaire encore au milieu des verts gazons de la Normandie, près des rives de la Seine, si riantes, si pittoresques entre Vernon et les Andelys, rendirent la force à cette nature jeune et robuste. Nous pouvons croire que la réflexion ne perdit rien, dans ce génie méditatif, à cette année de paix et de solitude. On aime à se figurer que l'artiste qui sut donner à la peinture du paysage de si grandes proportions, et disposer si heureusement les plans variés d'un site toujours admirablement choisi, dut jouir avec enthousiasme, pendant ce temps de loisir, du spectacle des belles eaux du fleuve, des îles verdoyantes qui les divisent, des imposantes ruines du château Gaillard, des collines pittoresques qui fuyent vers Rouen ou remontent vers Paris; et que ces impressions ne fu-

[1] Combry affirme, page 8 de son *Essai*, etc., que les tableaux des Capucins de Blois sont médiocres, et qu'on loue la sagesse de composition des Bacchanales de Chiverny. Nous lui laissons la responsabilité de ce document dont nous ne connaissons pas l'origine.

rent pas étrangères au goût qu'il montra depuis dans sa manière de traiter les sujets dont les accidents naturels de la campagne font la principale beauté. Lorsque les forces lui furent revenues, il se trouva plein d'une ardeur nouvelle, et regagna Paris pour s'y livrer à la culture de son art. Il y peignit pendant quelque temps, ainsi que dans d'autres lieux peu éloignés dont ses biographes ne nous ont pas conservé le souvenir.

Le plus vif de ses désirs, celui qui l'occupait tout entier, qui le soutenait dans ses travaux, à la satisfaction duquel il destinait ses modestes économies, était de visiter Rome ; désir bien naturel dans tous les temps à un artiste, plus naturel encore à une époque où la peinture, ne vivant ailleurs que d'une vie précaire, nouvelle, incertaine, florissait depuis plus de deux siècles dans cette capitale du monde où ses chefs-d'œuvre s'étaient multipliés. Heureux enfin de pouvoir réaliser ce projet, il partit, probablement en 1620, pour ce voyage tant désiré ; mais parvenu à Florence, une circonstance qui nous est restée inconnue, le força de retourner sur ses pas et de revenir à Paris. Ce ne fut néanmoins que pour tenter de nouveau le même voyage.

Aussi, moins de deux ans après son retour de Florence, nous le retrouvons à Lyon, nourrissant encore l'espérance de voir la ville éternelle, objet de ses persévérants désirs. Vaine confiance cependant : un marchand, duquel sans doute Poussin était le débiteur, le força un arrêt à la main à s'acquitter envers lui. Il y dépensa tout ce qu'il avait, à grand'peine, économisé pour son voyage. Poussin, dans son insouciance de jeune homme et d'artiste, racontait à ce propos qu'après avoir ainsi payé son exigeant créancier, il ne lui restait plus qu'un écu de son chétif avoir. Prends encore celui-là, dit-il à la fortune, en bravant sa rigueur, et le soir même il le dépensa gaiement à souper avec ses compagnons [1].

Il fallut se remettre à l'ouvrage sous l'impérieuse nécessité de satisfaire aux besoins de la vie, et différer encore, jusqu'à des temps plus heureux, le voyage désiré. Poussin quitta Lyon ou immédiatement, ou quelque temps après, car il était à Paris en 1623.

Un asile s'ouvrit pour lui dans le collége de Laon, où Philippe de Champagne demeurait vers la même époque. Poussin, alors âgé de vingt-sept ans, comptait huit ans de plus que lui. Il avait sur Philippe l'avantage d'une plus grande expérience et d'une plus longue pratique de l'art. Du reste, ces deux hommes étaient nés pour s'entendre. Leurs dispositions pour la peinture s'étaient manifestées dès l'enfance : tous deux avaient rencontré quelques obstacles de la part de leurs familles, tous deux avaient eu besoin de la même persévérance pour obéir à cette vocation. Le caractère sérieux et grave de Philippe de Champagne, la droiture de son cœur

---

[1] Bellori.

ses dispositions religieuses qui durèrent aussi longtemps que sa vie, devaient lui faire apprécier dans Poussin un génie profond, et, à plusieurs égards, semblable au sien. Celui-ci exerça donc sur son jeune compagnon une heureuse influence, et nous ne croyons pas nous faire illusion, quand, à la vue des compositions qui nous restent de Philippe de Champagne, nous croyons y trouver un caractère de grandeur et de simplicité, parfois analogue à celui qui respire dans les tableaux du Poussin. Philippe de son côté put n'être pas inutile aux progrès de son compagnon, surtout dans l'exécution : ses études, sans avoir été peut-être beaucoup plus régulières que celles du Poussin, s'étaient poursuivies dans une contrée déjà riche en chefs-d'œuvre ; il avait fréquenté les écoles alors florissantes des maîtres flamands, quoiqu'il eût quitté Bruxelles sa patrie, à la veille d'entrer dans l'atelier de Rubens.

Le Poussin décida Philippe à renoncer aux leçons de Lallemand, peintre lorrain de quelque réputation, mais qui travaillait de pratique, sans connaissance approfondie de son art. Il lui procura du travail auprès de Duchesne, chargé alors de diriger les peintures du Palais du Luxembourg pour la reine Marie de Médicis, et qu'il aidait lui-même depuis peu de temps dans cette œuvre. Mais la basse jalousie de Duchesne et d'autres circonstances ne permirent ni à l'un ni à l'autre de rester avec lui. Peu de temps avant que Philippe de Champagne retournât à Bruxelles, Poussin se préparait à tenter une troisième fois le voyage de Rome. Voici quelles circonstances lui avaient rendu cet espoir.

L'époque arriva à laquelle les Pères jésuites célébrèrent la canonisation de saint Ignace et de saint François-Xavier, le premier, fondateur, le second, le plus illustre saint de leur ordre. Une pareille cérémonie ne pouvait se passer de représentations et d'images. Il serait injuste sans doute de croire les Jésuites, seuls de tous les ordres religieux, disposés à rehausser l'éclat de leurs fêtes par le tableau des miracles de leurs patrons favoris; mais il serait peu conforme à l'histoire de leur supposer de l'éloignement pour ces pieux emprunts, faits aux solennités de tous les temps. Les écoliers de Paris formèrent donc le projet de célébrer, avec un magnifique appareil, la gloire des deux saints, et leur premier besoin fut de faire représenter les actes miraculeux qui venaient de couronner leurs fronts de l'auréole sacrée. Poussin obtint une part dans les préparatifs de cette pompe : on lui donna à peindre, et à peindre au plus vite, six histoires qu'il termina en autant de jours. La grande facilité qu'il avait reçue de la nature et développée par son assiduité au travail, l'ardeur avec laquelle il se livra jour et nuit à l'exécution des compositions improvisées auxquelles la rapidité de la conception n'avait rien refusé de ce que pouvaient leur donner la force et la fécondité du génie, dévoilèrent la grandeur et l'originalité de son talent. Elles furent admiréés, et pour la supériorité de la composition, et pour la vivacité de l'expression, à laquelle les rivaux du Poussin, et en général l'école alors florissante, n'avaient pas accoutumé les spectateurs.

Cet éloge de la facilité du Poussin, que nous empruntons à ses biographes Félibien et Bellori, provoque naturellement une réflexion. Elle est fondée sur des observations dont le Poussin, sans doute, n'est pas le seul sujet, mais auquel elles s'appliquent heureusement, contribuant ainsi à faire ressortir les hautes qualités de ce peintre. Si la facilité assure à l'artiste une carrière heureuse, et répand sur ses œuvres un charme qui n'échappe pas au jugement des hommes de goût, on doit néanmoins reconnaître que les suites en sont quelquefois funestes, et que ces promesses faciles d'un pinceau qui semble ne pas rencontrer d'obstacles, se terminent souvent par des résultats dont beaucoup ne s'élèvent pas au-dessus de la médiocrité. La raison en est que la facilité tourne les obstacles plutôt qu'elle ne les aborde, et trompe le spectateur par de spécieux équivalents, plutôt qu'elle ne le satisfait par une réalité sérieusement étudiée et complétement rendue. L'habitude prise, le succès obtenu éloignent d'un effort toujours pénible l'artiste doué de cette qualité séduisante, l'accoutument à substituer une certaine grâce, un certain mol abandon à l'observation des lois rigoureuses de la nature, et, par suite, à se plier sans regret aux caprices, aux modes, pour ainsi dire, qui accueillent tantôt un genre, tantôt un autre, sans mesurer jamais ses préférences au degré de vérité et de perfection des œuvres que cette protection passagère adopte et recommande.

Poussin ne se laissa point aller à ce penchant funeste. Doué d'une grande facilité, il y renonça de lui-même, s'arrêta par la force de sa volonté sur cette pente entraînante, et voulut que l'art présentât des difficultés dignes de lui à son génie profond et persévérant. Ces obstacles, il les chercha dans l'étude de la forme, dans le besoin scrupuleux d'ordre, d'unité, de savant enchaînement des parties diverses de ses compositions, d'expression dans ses figures. L'analyse de ses plus remarquables compositions, quelques détails de sa vie laborieuse, et la connaissance de son caractère méditatif ne laisseront aucun doute sur ce point, et nous le trouverons plus tard à Rome, se livrant sans relâche à l'étude de l'anatomie, à celle de l'antique et de la perspective, dont les heureux fruits se montrent si visiblement dans ses nombreux ouvrages.

Ainsi, le Poussin a donné l'exemple bien rare d'un homme pour lequel la culture de son art pouvait être facile, qui n'avait qu'à obéir sans efforts à l'heureux entraînement d'une nature d'élite, et qui cependant, s'élevant au-dessus de ces brillantes qualités, concevant de l'art, par la réflexion, une idée plus haute que celle même que lui en donnaient ses admirables dispositions, a volontairement grandi sa tâche, et s'est préparé à la remplir par des travaux, des études et des méditations qui eussent paru superflus à un talent plus confiant dans la prodigalité de la nature à son égard. On peut donc dire que le Poussin a su se distinguer de lui-même, et du fond d'une volonté sévère et consciencieuse régler son génie, le fortifier, et interdire à son ardeur des écarts que la saine raison et un goût pur ne pouvaient lui permettre : si la plus belle victoire de l'homme est celle qu'il remporte sur lui-même, notre peintre mérite au plus haut degré l'admiration que doit faire naître une pareille conquête, et une si noble domination.

C'était ce besoin d'études plus vastes, plus profondes, soutenues chaque jour par la vue d'un ensemble de tableaux, de statues, de monuments, par les souvenirs d'une grandeur passée, et le spectacle d'une grandeur présente, par le goût des arts animant tout un peuple, qui tourmentait le Poussin du désir incessant de visiter Rome. Il voulait se faire enfin l'élève de ces grandes écoles, et demander à leurs chefs-d'œuvre les leçons dont son génie pressentait l'heureuse et décisive influence. Ce voyage qu'il avait deux fois inutilement tenté avec ses faibles ressources, sans appui, et soutenu seulement de son courage, il allait trouver sans effort l'occasion de le faire. Un heureux hasard et sa réputation naissante mirent sur ses pas un protecteur qui crut voir, dans les talents du jeune peintre, un moyen de populariser sa propre gloire, en donnant aux scènes qu'il s'était plu à retracer dans ses poëmes, l'auxiliaire de la peinture et du dessin.

Giovanni-Baptista Marino, poëte italien, connu en France sous le nom du Cavalier Marin, se trouvait à Paris, en 1623, à la cour de la reine mère, Marie de Médicis, qui, malgré son long séjour en France, était restée sensible aux charmes de la poésie italienne. Les beaux temps de la littérature étaient passés en Italie. L'Arioste avait servi de modèle et d'encouragement au Tasse, et longtemps après lui, le Tasse était mort sans laisser de successeurs. Aux mâles et tendres accents de la *Jérusalem délivrée*, à l'originalité vive et variée des peintures du Roland, avait succédé cette affectation de mauvais goût, ces fades allusions, cette recherche de sentiments et de pensées subtiles, auxquelles la facilité du vers italien ne prêtait que trop un charme trompeur. Pour combler la mesure de cette décadence, la mythologie grecque, revenue à la suite de la Renaissance, substituait partout ses anachronismes aux idées qui eussent dû naturellement sortir de la civilisation chrétienne déjà vieille de plus de quinze siècles. Le Cavalier Marin se distinguait dans ce genre que sa nouveauté, et la fatigue du bien, avaient mis à la mode. Son poëme d'Adonis, monotone, ennuyeux, relevé à chaque stance par quelqu'un de ces concetti capables, dans ces époques d'afféterie, de porter jusqu'à l'enthousiasme l'admiration des beaux esprits, lui avait assuré en Italie et en France une gloire incontestée. Bien plus, la France se formait en ce moment même à cette poésie coquette et factice, de laquelle aurait dû l'éloigner le goût pur, destiné à caractériser ses chefs-d'œuvre, dont Malherbe venait de donner le précoce exemple. Elle avait à parcourir cette phase de grâces précieuses marquée par les d'Urfé, les Scudéry, les Voiture et tant d'autres, au milieu desquels les grands écrivains du siècle de Louis XIV allaient faire briller l'éclat inattendu de leurs chefs-d'œuvres.

Comment le génie simple et vrai du Poussin ne fut-il pas un obstacle à ce qu'une liaison, ayant l'art pour objet, se formât entre lui et le Cavalier Marin?..... Nous allons tâcher d'en pénétrer le secret.

Il est naturel de croire que, quelle qu'ait été la première éducation du Poussin, la culture littéraire qu'il en reçut dut être promptement affaiblie par d'autres occupations et par l'étude exclusive de l'art qu'il avait choisi. Il n'est pas possible d'ailleurs de se soustraire entièrement à l'esprit de son temps, et cette impuissance se trahit surtout dans les parties du travail de l'intelligence à la connaissance desquelles chacun n'est qu'imparfaitement initié. Les lettres du Poussin, malgré leur mérite incontestable de naturel et de simplicité, témoignent cependant par quelques expressions, par quelques tournures, qu'il n'échappa pas entièrement à l'obséquiosité recherchée, et aux images subtilement emphatiques auxquelles se plaisait l'esprit précieux de ce siècle, et dont Corneille lui-même ne fût pas exempt [1]. Il faut d'ailleurs ne pas oublier que la haute perfection de la littérature française n'était point atteinte de son temps, et que personne n'avait l'idée de la pureté de pensée, de conception et d'élocution que la fin du dix-septième siècle allait atteindre sous la plume de Boileau, de Racine, de Fénelon, et des autres écrivains de cette grande époque littéraire. Il n'est donc point surprenant que les images forcées, et les concetti du Cavalier Marin n'aient point éloigné de lui le Poussin, dont aucun modèle plus parfait n'avait éclairé les instincts littéraires, et chez lequel la culture des lettres n'avait pas été poussée assez loin, pour que son génie simple et vrai se produisît sous une forme, et à l'aide d'expressions qui lui étaient peu familières.

Il n'en pouvait être de même pour la peinture. En ce genre, l'invention riche dans le Poussin lui venait naturellement et sans peine; et il semblerait que là, sur son terrain propre, le peintre dût échapper à l'influence du poëte et en repousser la direction. Mais si, au point de vue purement littéraire, il put se plaire aux conceptions poétiques du Marin, sous le rapport de la peinture, d'autres raisons devaient l'en éloigner moins encore.

Depuis que Lessing a écrit le *Laocoon*, il n'est

---

[1] Entre autres, lettre du 5 novembre 1643, page 146, dans le recueil des Lettres du Poussin éditées sous la surveillance de l'Académie des Beaux-Arts, aux frais du gouvernement. Firmin Didot, Paris, 1824.

plus possible de confondre les ressources de la peinture et celles de la poésie, de supposer à l'une la faculté d'aborder les mêmes sujets que l'autre, et surtout d'attribuer à toutes deux la même manière de les traiter. La célèbre maxime : *ut pictura poesis* [1], doit donc souffrir de nombreuses et importantes exceptions. La peinture est en effet obligée d'arrêter son sujet dans un instant de la durée, la poésie le suit dans ses phases successives; la peinture ramenée forcément au vrai par la nature, est obligée de renfermer son essor dans les formes et les proportions des objets qu'elle reproduit; la poésie, plus libre dans son allure, supplée par les images qu'elle crée à celles qui lui font défaut dans la réalité : elle les étend, les divise, les multiplie à son gré. Le poëte fait sortir de son sujet des idées que le peintre ne saurait y voir, et la langue est un moyen de s'exprimer plus général que le dessin. Le poëte, précisément par la vaste compréhension du domaine de la poésie, est donc plus que le peintre exposé à s'égarer, et, dans les sujets communs à ces deux arts, le peintre, plus retenu par la loi que lui impose la nature de ses ressources, pourra faire une œuvre recommandable par la pureté, la simplicité, la vérité, là où le poëte, emporté par les écarts d'une imagination déréglée, sera plus exposé à offenser à chaque pas la raison et le bon goût.

[1] Le sens que l'on donne généralement à cet hémistiche du vers 360 de l'*Art poétique* n'est pas son véritable sens. Ici, néanmoins, nous l'employons dans l'acception que l'usage lui a donné,

A côté de ces motifs qui expliquent comment le génie simple et sévère du Poussin, encore à peine âgé de trente ans, put sympathiser avec l'éclat plus brillant que solide de la poésie du Cavalier Marin, nous trouverons pour les fortifier la nature des sujets que cette restauration de la mythologie révélait au légitime enthousiasme du jeune artiste.

Lorsque le Poussin étudiait l'art de la peinture et commençait à s'y distinguer, les questions sur l'art chrétien et l'art païen que le romantisme religieux de nos jours a fait naître, n'étaient pas même soupçonnées. Le peintre, selon son génie particulier, choisissait les sujets qui lui présentaient une occasion d'exercer son talent, ou acceptait ceux que de riches protecteurs lui proposaient de traiter. Si les tableaux religieux étaient plus nombreux, il faut l'attribuer au rôle à peu près exclusif que jouait alors la religion, et à la richesse des églises et des monastères plus capables que les particuliers de rémunérer l'artiste qu'ils occupaient. Mais, de la part du peintre, on ne voit aucune préférence marquée. Le Poussin lui-même, malgré son génie sérieux, aimait les compositions mythologiques, surtout au temps de ses premiers succès, et la même main qui peignait des sujets religieux pour les capucins de Blois, égayait, à quelques pas de cette ville, par la peinture de Bacchanales, le château du comte de Chiverny. Le Poussin fournit depuis bien d'autres exemples analogues. Il est même facile de comprendre qu'un artiste se fit gloire d'aborder avec la même supériorité des sujets si divers, souvent si opposés, et crut faire preuve de génie en multipliant ces contrastes. Nous pourrons plus tard, en présence des grandes compositions du Poussin, pénétrer plus avant dans l'idée que nous venons d'indiquer ; nous en avons dit assez pour le besoin présent, et le lecteur comprendra sans peine ce que nous allons ajouter.

La mythologie parmi nous est passée de mode, surtout dans la littérature, et pour notre compte nous ne nous plaignons pas de voir tomber dans l'oubli cet anachronisme qui a trop longtemps duré. Mais si, même au commencement du dix-septième siècle, elle ne présentait plus, à la poésie, que des images fades et rebattues, elle n'en restait pas moins pour la peinture une source féconde de compositions variées et intéressantes. Dans tous les sujets qu'elle offre au pinceau de l'artiste, c'est toujours la forme humaine, et la forme humaine idéalisée, telle que l'antiquité nous l'a conservée dans ses statues et ses bas-reliefs ; ce sont des passions riantes ou sévères, mais toujours sous des formes choisies par un goût sûr, relevées par des accessoires nombreux et divers ; c'est la nature tout entière qui devient, pour y suffire, tributaire de l'art. Il y a là pour le peintre, pour le statuaire une source inépuisable, à laquelle nous les verrons toujours revenir ; car s'il n'y a plus de raison pour orner nos palais et nos jardins d'Apollons et de Vénus, il y a toujours pour l'artiste le besoin d'atteindre à l'idéal des formes de la femme, et au type divin de la beauté virile. La mythologie était surtout la forme humaine divinisée, et la statuaire antique, aux monuments de laquelle on doit la Renaissance, l'a unie d'un lien indissoluble à l'avenir des arts du dessin.

Telle était la source nouvelle, plus riche, plus féconde que le Poussin n'avait pu l'imaginer, que lui ouvrit le Cavalier Marin. Ce poëte, d'ailleurs, avait un haut sentiment de l'art et de l'idéal où il devait tendre; il ne pouvait manquer de sympathiser avec son nouvel ami, malgré les écarts de sa muse.[1]

Le Marin, élevé au milieu des chefs-d'œuvre dont l'Italie est remplie, aimait la peinture et ne tarda pas à découvrir le génie et la supériorité du Poussin, dans la manière dont il avait traité les sujets commandés par les Pères jésuites. Il désira le connaître, et lui offrit dans sa maison un asile pour y peindre en liberté. Il ne tarda pas à admirer la facilité, la rapidité de ses inventions, et sa manière d'exprimer les affections de l'âme; il le considérait comme inspiré des Muses, à la façon des poëtes, et formé par elles à l'imitation. La société du jeune peintre était chère au Marin dont elle soulageait les douleurs. Forcé

---

[1] On peut connaître la pensée du Marin sur l'idéal dans la peinture, par ces vers qu'il fit sur la Magdeleine du Titien :

> Ma ceda la natura, e ceda il vero
> A quel che dotto artifice ne finse,
> Che qual l'havia ne l'alma, et nel pensièro,
> Tal bella, e viva encor qui la dipinse.

le plus souvent de rester au lit par sa mauvaise santé, il oubliait sa souffrance, il éprouvait une véritable joie en voyant le Poussin reproduire par le dessin ses propres poésies, principalement les sujets tirés de son poëme d'Adonis. Quelques-unes de ces compositions, réunies par ses soins en un volume, étaient conservées du temps de Bellori dans la bibliothèque du cardinal Massimi. C'est parmi elles sans doute que se trouve un dessin dont nous avons la gravure, avec quelques autres, reproduisant des tableaux qui ont pour motifs les Amours de Vénus et d'Adonis. Nous pourrions les comparer aux mêmes données embellies par la muse du Marin, et cette comparaison servirait à confirmer les observations que nous avons faites plus haut sur les aspects différents que doivent présenter des sujets préférés par le peintre, ou choisis par le poëte. Dans une composition qui n'est pas sans doute étrangère au Poussin, quoique due au facile burin d'Herman van Swanevelt, ce peintre a représenté la naissance d'Adonis d'après les vers du Marin. Certainement, cet enfant sortant d'un arbre, dont l'origine singulière peut être retracée en vers, sans qu'une telle image blesse le goût, semblerait ne devoir pas produire un si heureux effet dans une représentation due au dessin [1], si l'artiste ne se fût appliqué

---

[1] Bellori nous apprend en effet que ce sujet avait été traité par le Poussin, et qu'on le voyait dans le cahier de dessins appar-

à sauver la bizarrerie du sujet par la grandeur et l'éclat du paysage, par la beauté du site, dans lequel d'ailleurs le groupe des nymphes et l'enfant naissant n'occupent qu'un rang subordonné, ne sont pour ainsi dire qu'un accessoire.

La fréquentation du Marin, et les études qui en étaient l'accompagnement naturel, procurèrent au Poussin un double avantage ; elles le formèrent de plus en plus à la composition des sujets historiques, et lui rendirent familier l'emploi des couleurs de la poésie. Ces deux fécondes ressources, heureusement ménagées par ce génie clair et judicieux, rendirent ses compositions plus populaires que celles d'aucun de ses contemporains.

Le Marin ne tarda pas à retourner à Rome. On croit que l'exaltation au souverain pontificat, sous le nom d'Urbain VIII, de son ami d'enfance Maffeo Baberini, décida ce retour. Il fut résolu qu'il emmènerait le Poussin avec lui ; mais celui-ci dut remettre son voyage à quelques mois, étant engagé, envers la corporation des orfèvres de Paris, à ter-

tenant à la bibliothèque du cardinal Massimi. En rapprochant de la gravure la description qu'il en donne, il est difficile de ne pas croire qu'Herman Swanevelt, n'a été que l'interprète à l'eau forte de la composition ci-dessus mentionnée. Cette conjecture sera confirmée si l'on considère que sur les planches consacrées à l'Adonis ne se trouve pas le mot *invenit* que Swanevelt ne manque pas d'inscrire toutes les fois que la composition lui appartient, et si l'on compare le style de ces paysages avec le caractère de ceux du graveur flamand. Swanevelt, connu comme peintre sous le nom d'Herman d'Italie, demeura longtemps à Rome et fut reçu, en 1651, à l'Académie de peinture en France.

miner, pour une chapelle de l'église de Notre-Dame, un tableau dont le sujet était la mort de la Vierge. Ce tableau est, dit Bellori, qui parle comme en ayant connaissance, d'une bonne composition et dans la première manière du Poussin [1]. L'œuvre terminée, il partit enfin pour l'Italie. Cette fois, il devait y arriver et s'y établir pour le reste de sa vie, si l'on en excepte le séjour d'environ deux ans qu'il fit en France, à la fin du règne de Louis XIII.

[1] Voici les expressions de Bellori : *Che è di buon componimento e ben condotto, in quella sua prima maniera.*

II

Premier séjour à Rome. — Protecteurs. — François Duquesnoy. — Études nouvelles. — Dominiquin. — Germanicus mourant. — Sac de Jérusalem. — Mariage. — Cassiano del Pozzo. — Saint-Érasme.

1624 — 1641.

Arrivé à Rome au printemps de 1624, le Poussin y retrouva le Cavalier Marin, mais ne jouit que peu de sa société. Celui-ci partit en effet pour Naples, sa patrie, et y mourut quelque temps après. Heureusement, avant de partir, il s'était empressé de recommander son ami au cardinal Fr. Barberini, neveu du pape Urbain VIII, par l'entremise de Marcello Sachetti, gentilhomme plein d'amour pour les beaux-arts. Mais les commencements du Poussin dans cette ville, où il était destiné à trouver une modeste aisance et la gloire, devaient être difficiles. Le puissant protecteur que l'amitié du Marin venait de lui donner, quitta Rome bientôt après, chargé successivement des fonctions de légat en France et en Espagne. La recommandation néanmoins ne fut pas perdue, et devint plus tard utile au Poussin, lorsque le cardinal François, de retour à Rome, put lui donner l'appui d'une protection efficace. En attendant, il avait été présenté au prélat comme un Français qui avait une ardeur de diable[1], et le Marin obtint pour lui, avant son départ, l'entrée du Musée Barberini, où devait un jour être placé le *Germanicus mourant* du jeune peintre, au milieu de tableaux précieux du Titien, du Tintoret, d'André del Sarte, du Guide, etc.

Mais cette époque de succès ne commença pas pour le Poussin dès les premiers temps de son séjour à Rome. L'absence du cardinal le privait de son seul protecteur, il ne savait ni où aller ni à qui s'adresser pour vendre ses tableaux, et force lui fut plus d'une fois de les donner à très-bas prix. Bellori raconte qu'ayant peint deux batailles sur des toiles d'un peu plus de deux pieds, il fut heureux de les céder pour sept écus chacune. Ces deux tableaux passèrent depuis dans le cabinet de M. de Noailles. On cite aussi un prophète d'une grande beauté qu'il vendit huit livres tournois [2]. Ce temps d'épreuve fut assez long pour le Poussin, car il n'apportait de son pays aucune réputation même commencée, et il venait demander à Rome moins la fortune et la gloire que les modèles et les ressources nécessaires à l'étude. Heureusement il était dans la force de l'âge, n'ayant en 1624 que trente ans; la vie pénible menée par lui jusqu'alors l'avait

---

[1] On dit que le Marin le présenta lui-même au cardinal en lui disant : *Vedrete un giovanne che a una furia di diavolo.*

[2] Un jeune peintre de sa compagnie l'ayant copié obtint quatre écus de sa copie. Le Poussin aimait à raconter cette anecdote. (*Félibien*, t. IV.)

accoutumé aux privations, et tout son désir était d'avancer dans la connaissance et la pratique de son art.

Il ne tarda pas à se lier avec le sculpteur François Duquesnoy, flamand. Ils étudiaient ensemble et partageaient le même logement; plus tard, ils associèrent à leurs travaux Alexandre Algardi, connu depuis sous le nom de l'Algarde.

François, fils de Jérôme, sculpteur au Quesnoy, et depuis à Bruxelles, suivait l'état de son père. Ses heureuses dispositions, et quelques-uns de ses premiers ouvrages avaient attiré sur lui l'attention de l'archiduc Albert, qui l'envoya à Rome avec une pension. Il avait vingt-cinq ans lorsqu'il arriva dans cette ville. La mort ne tarda pas à lui enlever son protecteur, et il dut se procurer par son talent les moyens de vivre et de continuer ses études. Il se remit à travailler sur l'ivoire et le bois, et à faire des figures pour orner des reliquaires. Il se distingua néanmoins bientôt par un groupe de marbre représentant Vénus et l'Amour, et par d'autres ouvrages, principalement en ivoire, qui lui méritèrent la protection du connétable don Philippe Colonne.

L'amitié du Poussin et sa société de tous les instants lui furent d'une grande utilité. Les dispositions du flamand le portaient à la grâce, à l'élégance, comme un siècle plus tôt celles du Buonarotti avaient donné l'impulsion à la sculpture dans le sens de la force et de la grandeur. Les deux amis se livrèrent avec ardeur à l'étude de l'antique. Le

Poussin modelait sous la direction du flamand, d'après les statues et les bas-reliefs anciens si nombreux à Rome. Le flamand puisait dans les observations du peintre français le sentiment du beau de plus en plus délicat, par lequel il s'est distingué dans la sculpture moderne. Les plus belles statues antiques étaient naturellement celles qu'ils s'appliquaient à reproduire. Cet exercice, si utile pour les peintres auxquels il donne un sentiment plus vif et plus juste du relief des formes humaines, dut être particulièrement profitable au Poussin. Non-seulement ils avaient modelé tous deux un choix des plus belles statues antiques, mais ayant trouvé, dans la villa Ludovisi, un tableau célèbre où le Titien avait figuré avec une grâce et une délicatesse inimitables des enfants se livrant à leurs jeux, ils en copièrent tous deux en relief les divers groupes, et c'est en partie à cette heureuse étude que Duquesnoy et le Poussin durent la supériorité avec laquelle chacun d'eux, dans son art, traita dans la suite cette partie si délicate de la statuaire et de la peinture [1]. Indépendamment de cette étude du Titien, ils dessinaient encore d'après les tableaux de Raphaël, de Jules Romain et d'autres maîtres de cette école [2]. C'est à leurs travaux communs que

---

[1] « Dughet ne veut pas que ce soit ces enfants dont le Poussin ait fait son étude, parce qu'on sait que le Titien étoit moins bon dessinateur qu'excellent coloriste ; mais il dit que le Poussin s'est perfectionné en imitant seulement la nature (Félib., t. IV). »

[2] On sait néanmoins que le Poussin « ne s'est guère assujetti à

nous devons les mesures de la statue d'Antinoüs [1], par laquelle ils se sont efforcés de donner l'idée générale exacte des plus belles proportions du corps humain. A ces études le Poussin joignait encore celle de la géométrie, de la perspective et de l'optique; il avait repris celle de l'anatomie à laquelle il s'était déjà livré à Paris. Il trouvait à Rome, pour se perfectionner dans cette dernière science, les instructions de Nicolas Larcher, chirurgien; et il achevait d'acquérir la connaissance de la perspective dans les écrits du père Matteo Zoccolini, théatin, conservés à la bibliothèque de Saint-Silvestre à Monte Cavallo, dans ceux d'Alhazen et de Vitellion [2]. Le zèle de l'artiste français était d'autant plus remarquable que la jeunesse romaine, qui fréquentait

copier aucuns tableaux, et même lorsqu'il voyoit quelque chose parmi les antiques qui méritoit d'être remarqué, il se contentoit d'en faire de légères esquisses. Mais il consideroit attentivement ce qu'il voyoit de plus beau, et s'en imprimoit de fortes images dans l'esprit, disant souvent que c'est en observant les choses qu'un peintre devient habile, plutôt qu'en se fatiguant à les copier (Félib., *ibid.*). »

[1] Bellori affirme que la mesure de l'Antinoüs est due aux travaux réunis du Poussin et de F. Duquesnoy, Félibien, d'après Dughet, substitue l'Algarde à Duquesnoy. Il est difficile de décider entre ces autorités; il est certain du reste que l'Antinoüs n'est pas la seule figure dont ils étudièrent les proportions. On cite encore : le Laocoon, la Niobé, le Sénèque, les Lutteurs, la Diane d'Éphèse, l'Apollon, la Vénus de Médicis, l'Hercule commode. Voir la note B à la fin de *la vie du Poussin*.

[2] « Il avait aussi beaucoup d'estime pour les livres d'Albert Durer, et pour le traité de la peinture de Léone-Baptista Alberti (Félib., *ibid.*). »

les écoles de peinture, négligeait ces études accessoires et néanmoins indispensables à la perfection de la composition et du dessin. Si nous en croyons Passeri : « Plusieurs maîtres, par suite de leur ignorance, conseillaient à leurs élèves de négliger ces frivolités pour se livrer tout entiers à l'exercice du pinceau, et ne se faisaient point faute de dessiner des muscles de leur invention, et de commettre, dans la perspective, des erreurs grosses comme des éléphants [1]. »

Ce ne fut pas cependant la statuaire seule qui aida le Poussin à se perfectionner dans le sentiment de l'art antique. Le cardinal Camille Massimi, qui, pendant sa nonciature en Espagne, avait eu connaissance des études faites par Raphaël d'après les peintures anciennes retrouvées en divers lieux, et le commandeur del Pozzo, tous deux ses amis, travaillèrent en commun à une collection de ce genre, dans laquelle le Poussin fut à la fois un guide éclairé et un studieux disciple [2].

Mais là ne se bornaient point les efforts du Poussin. Lorsque, pendant les jours de fête, ses amis allaient chercher quelque passe-temps, quelque

---

[1] Passeri, *Vie du Poussin*.

[2] (*Recueil de peintures antiques*, in-fol., t. 1, p. 6). C'est à la bibliothèque de l'Escurial que le cardinal vit les dessins coloriés qui le mirent sur la voie de cette découverte. Mariette assure (*Traité des pierres gravées*, t. 1, p. 92) que le Poussin avait rassemblé un grand nombre d'empreintes, tirées en soufre et en cire d'Espagne, sur les plus belles pierres gravées, éparses de côté et d'autre.

jeu pour charmer leur repos, il renonçait à leur compagnie toutes les fois qu'il le pouvait. Il se dirigeait alors, dans Rome ou dans les jardins qui entourent la ville, vers les points qui lui fournissaient de nobles édifices et d'heureux sites à copier. Le Capitole était souvent le lieu qu'il choisissait pour dessiner les lignes grandioses des restes de monuments qui s'y offraient à ses regards, les statues et les groupes qui les décorent, ou les perspectives qui, de cette hauteur, s'ouvrent à la vue sur la ville éternelle. Le beau choix d'architecture qui se fait remarquer dans les tableaux du Poussin lorsqu'ils en exigent la présence, lui fut évidemment inspiré par la contemplation incessante des monuments de la ville pontificale, et l'étude qu'il faisait de leurs proportions. Aussi, même dans les sujets grecs, l'architecture est-elle souvent romaine. Les fonds de ses tableaux reproduisent la plupart les horizons accidentés de la campagne de Rome. Les personnes qui ont séjourné dans cette ville, et l'ont étudiée sous tous ses aspects, reconnaissent aujourd'hui et indiquent, dans les tableaux de notre peintre, les sites et les édifices empruntés par lui aux lieux où sa vie s'écoula dans le culte de l'art [1].

---

[1] Poussin paraît avoir eu jusqu'à la fin de sa vie ce dévouement à l'étude. On lit le passage suivant dans les *mélanges d'histoire et de littérature* de Vigneul Marville, qui le connut fort âgé : « J'ai souvent admiré l'amour extrême que cet excellent peintre avoit pour la perfection de son art. A l'âge où il étoit, je l'ai rencontré

« Les monts dorés de la Sabine, dit M. Valery [1] ; le cours du Tibre, les longues files d'aqueducs en ruine forment un de ces spectacles pleins de grandeur et de mélancolie que l'on ne trouve que là. Un petit sentier, qui, de la ville, longe le fleuve jusqu'au Ponte-Molle était une des promenades favorites du Poussin qui empruntait à ce majestueux et poétique horizon des ciels et des fonds pour ses paysages. »

parmi les débris de l'ancienne Rome, et quelquefois dans la campagne et sur les bords du Tibre, qui dessinoit ce qu'il rencontroit le plus à son goût; je l'ai vu aussi qui rapportoit dans son mouchoir des cailloux et de la mousse, des fleurs, et d'autres choses semblables qu'il vouloit peindre exactement d'après nature. Je lui ai demandé un jour par quelle voie il étoit arrivé à ce haut point de perfection qui lui donnoit un rang si considérable entre les plus grands peintres d'Italie : il me répondit : « Je n'ai rien négligé. » (Paris, 1725, t. II, p. 152.) A ces faits rapportés par Vigneul Marville, on peut ajouter le passage suivant de Félibien qui concorde avec eux : « Le Poussin étudioit en quelque lieu qu'il fût. Lorsqu'il marchoit par les rues, il observoit toutes les actions des personnes qu'il voyoit; et s'il en découvroit quelques-unes extraordinaires, il en faisoit des notes dans un livre qu'il portoit exprès sur lui. Il évitoit autant qu'il pouvoit les compagnies, et se déroboit à ses amis, pour se retirer seul dans les vignes et dans les lieux les plus écartés de Rome, où il pouvoit, avec liberté, considérer quelques statues antiques, quelques vues agréables, et observer les plus beaux effets de la nature. C'étoit dans ces retraites et dans ces promenades solitaires, qu'il faisoit de légères esquisses des choses qu'il rencontroit propres, soit pour le paysage, comme des terrasses, des arbres, ou quelques beaux accidents de lumière, soit pour des compositions d'histoire, comme quelques belles dispositions de figures, quelques accommodements d'habits, ou d'autres ornements particuliers, dont ensuite il savoit faire un si beau choix et un si bon usage. (T. IV.) »

[1] *Voyages en Italie*, deuxième édition, t. III, p. 232.

Il y a quelque inconvénient sans doute pour l'artiste à chercher sur les bords du Tibre les traits sous lesquels il représentera ceux du Nil ou du Jourdain; à demander à la ville des Césars et des pontifes quelque équivalent des monuments des rois israélites ou des Pharaons; mais il est à remarquer que l'illusion était moins difficile à une époque où les voyages au nord de l'Afrique, en Palestine, en Asie et en Grèce, n'avaient pas encore familiarisé les spectateurs avec les gigantesques constructions de l'Assyrie et de l'Égypte, avec l'élégance des temples grecs et les détails de leurs ornements. Le Poussin d'ailleurs, tout entier à la composition de ses sujets et à l'expression de ses figures, suffisait à sa tâche dans les accessoires, lorsque la grandeur des lignes et leur heureuse disposition, s'alliant avec l'ensemble de ses groupes, satisfaisaient des regards dont aucun objet de comparaison ne troublait alors la sécurité.

Loin donc de faire, de ce caractère des tableaux du Poussin, l'objet de nos critiques, nous ne pouvons assez admirer la fécondité du génie qui, sur un nombre limité de données souvent les mêmes, sut varier à l'infini les sites, les rochers, les édifices, les villes, les palais, les temples, etc., animés d'ailleurs par le mouvement, par les contrastes réfléchis, par l'expression qu'il donnait à ses figures. Ne manquons pas néanmoins d'ajouter que notre peintre appliqua cette couleur locale, toutes les fois qu'il en rencontra les éléments [1]. Nous nous réservons de traiter plus tard de la mesure dans laquelle l'idéal de la peinture doit puiser à cette source.

L'étude de l'anatomie n'empêchait pas le Poussin de suivre l'école du Dominiquin, où il trouvait l'occasion de dessiner d'après le nu, et d'imiter dans l'éclat de leur couleur, et dans la délicatesse de leurs contours et de leurs mouvements, les formes mises en jeu par les muscles et les os que le squelette et l'écorché lui avaient présentés en toute exactitude, mais aussi avec toute la sécheresse, tout le heurté anatomique. Cette fréquentation du Dominiquin, dont le Poussin avait longtemps ignoré la présence à Rome, eut pour cause un rapport fortuit que le fait intéressant que nous allons raconter établit entre les deux peintres.

En 1624, l'honneur des grands succès dans la peinture se partageait à Rome entre le Guide, le Dominiquin et l'École du Caravage. Ce dernier, mort en 1609, n'était représenté que par quelques élèves qui ne pouvaient prétendre à une égale influence. Le Guerchin, quoique employé à St-Pierre par Grégoire XV, ne joua point à Rome le rôle d'un chef d'école, et retourna à Bologne. Le Poussin ne pouvait manquer de porter sur chacun de ces peintres un jugement sincère, sans doute,

---

[1]. Voir la lettre du 25 novembre 1658, sur les emprunts que fit Le Poussin à la mosaïque de Palestrine.

mais dans lequel on reconnût les prédilections de son génie; il ne cacha pas sa préférence pour le Dominiquin. Le goût défectueux du Josepin, la facilité fougueuse et la couleur séduisante du Caravage avaient conduit la peinture à sa décadence, lorsque les Carraches entreprirent de ramener cet art aux règles d'un goût plus sévère, et à des études mieux dirigées. Leur union et leur zèle, leur amour de l'art et leur constance dans le travail assurèrent le succès de leur œuvre, et l'École qu'ils établirent à Bologne et qu'ils entourèrent de toutes les ressources nécessaires aux progrès de leurs élèves, devint le point de départ d'une réforme féconde en heureux résultats. Comme toute école sérieuse, formée à ne point transiger sur les principes, celle des Carraches produisit des peintres fidèles aux règles salutaires, base immuable de l'art, et qui purent suivre désormais, sans danger, l'impulsion particulière à leur nature. Le Guide et le Dominiquin, si divers dans leur supériorité, en sortirent; ils étaient établis à Rome à l'époque du séjour du Poussin dans cette ville, et autour de chacun se groupaient leurs partisans. La gravité réfléchie qui se fait voir dans les compositions du Dominiquin, sa recherche de l'expression, la sévérité de son dessin, son application infatigable à perfectionner son exécution, devaient exciter avant tout la sympathie du peintre français. Aussi le préférait-il au Guide malgré la sage mesure de celui-ci, malgré la grâce qu'il savait répandre dans ses figures et dans ses compositions, malgré la correction de son dessin. A plus forte raison ne plaçait-il que loin après eux Lanfranc et Pietre de Cortone. Mais il vouait toute son aversion au Caravage, et il disait qu'un pareil homme était né pour la ruine de la peinture. En effet, le Caravage, satisfait du charme de sa couleur et de la flexibilité entraînante de son pinceau, donnait peu à la réflexion dans l'ordonnance de ses tableaux, et moins encore au choix des figures dont il ne redoutait ni l'insignifiance ni la vulgarité.

Cette préférence du Poussin pour le Dominiquin se montra, avec la supériorité qui lui appartenait, dans une circonstance mémorable. Dans l'église de Saint-Grégoire au Mont-Célius à Rome, le Dominiquin et le Guide avaient été appelés à décorer la chapelle de Saint-André. Le premier y avait peint la flagellation du saint, le second l'avait représenté adorant de loin, élevée sur la montagne, la croix qui allait devenir l'instrument de son supplice. La foule des jeunes peintres se pressait autour du tableau du Guide, séduits par la richesse de la composition et l'éclat de la couleur, et plusieurs s'étudiaient à le copier. Poussin seul avait choisi *la Flagellation*, seul il la dessinait, l'étudiait, la copiait. Cette préférence de la part d'un artiste dont ils connaissaient la valeur, fit réfléchir les admirateurs du Guide, et les raisonnements par lesquels le Poussin sut justifier son choix achevèrent de les persuader. Heureux de la justice qui lui était rendue, le Dominiquin fit à cette occasion connaissance avec le Poussin qui, avant cette rencontre, ne savait pas qu'il fût à Rome.

Même sans connaître le jugement du Poussin, on le pressentirait à coup sûr à l'aspect des deux tableaux. Le Guide, brillant et gracieux, accumule les figures dans ce cortége qui conduit saint André au lieu du supplice; le saint, agenouillé à la vue de la croix qu'il aperçoit de loin, se présente dans une position peu favorable, et qui ferait croire que le peintre n'a pas cherché de préférence l'expression. Le paysage, les soldats, les chevaux varient encore cette scène, à laquelle peut-être aurait-on le droit de reprocher une certaine confusion. Dans *la Flagellation*, au contraire, l'ensemble est calculé pour que rien ne détourne le spectateur de l'expression que l'artiste a voulu atteindre. La foule, avide de ce spectacle, est reléguée sur le second plan, où elle manifeste ses divers sentiments, mais d'une manière qui ne nuit point à l'expression dominante du saint et de ses bourreaux. Le premier, étendu sur une table et lié avec des cordes, est frappé de verges par un exécuteur qui tourne le dos au spectateur. Cette dernière figure offre une académie d'un dessin savant et d'une belle disposition, mais les expressions principales se concentrent dans l'autre exécuteur, le saint et le préteur assis sur son tribunal. On raconte au sujet de ce tableau « que le Dominiquin, en peignant l'un des bourreaux (celui sans doute qui est tourné vers le spectateur), cherchait un jour à exciter en lui-même un sentiment de colère, qu'il parlait seul en faisant des gestes menaçants, et qu'Annibal l'ayant surpris en ce moment, l'embrassa en lui disant : « Dominiquin, j'apprends aujourd'hui quelque chose de toi. » Tant il lui parut frappant et vrai à la fois que le peintre, ainsi que l'orateur, doit sentir en lui-même ce qu'il veut faire éprouver aux autres [1]. »

Entre ces deux compositions il faudrait ne pas connaître le Poussin pour s'égarer sur le choix qu'il dut faire. Ce peintre, qui se déclarait avant tout l'ennemi de la confusion, qui disait qu'une demi-figure de trop suffisait à gâter une composition, dont les méditations poursuivirent toute sa vie la recherche de la simplicité dans l'ordonnance, et de l'expression dans les têtes, devait admirer un tableau où le contraste de la résignation de saint André et de la malice cruelle de ses bourreaux, attire l'attention du spectateur et la retient, sans que rien dans le reste vienne affaiblir ou partager cette émotion.

Si l'on en croit une tradition, ce ne serait pas la seule fois que le Poussin aurait saisi l'occasion de faire ressortir le talent supérieur du Dominiquin et de venger ce grand artiste de l'injuste oubli auquel le condamnèrent quelquefois ses contemporains. La toile sur laquelle est peint l'admi-

---

[1] Lanzi, t. IV, p. 299.

rable tableau de la *Communion de saint Jérôme*, qui avait excité la jalousie d'Augustin Carrache, tirée par le peintre français de l'obscurité où elle avait été reléguée par l'envie ou le malheur, devint, dit-on, pour lui l'occasion d'une sorte de leçon, dans laquelle il en démontra les hautes qualités. L'observation que nous avons faite plus haut trouve encore ici sa place; car les historiens rapportent, et il est facile de le vérifier, que, dans cette composition, le Dominiquin suivit scrupuleusement le précepte de son maître Annibal qui n'admettait pas plus de douze figures dans une composition.

Quelque opinion que l'on se fasse de cette anecdote qui pourrait bien n'être qu'une version de la précédente, dans laquelle la *Communion de saint Jérôme* aurait remplacé la *Flagellation de saint André*, le jugement favorable du Poussin sur le saint Jérôme n'est pas douteux ; on sait qu'il le mettait sur la même ligne que la *Transfiguration* de Raphaël [1].

A la suite de cette rencontre, le Poussin avait fréquenté l'atelier du Dominiquin dans lequel il peignait d'après le nu. Après que celui-ci, chargé de peindre la chapelle royale de Saint-Janvier, fut parti pour Naples, où la mort l'enleva bientôt victime des persécutions de l'Espagnolet et de Lanfranc, il suivit celui d'Andrea Sacchi, où posait alors le caporal Leone, renommé pour l'expression qu'il donnait aux attitudes qu'on lui faisait prendre.

[1] Malvasia, Felsina pittrice, t. II, *Vie du Dominiquin*. Note B.

On voit, par les faits que nous venons de rapporter, qu'au milieu de ses infatigables travaux, l'obscurité qui couvrait d'abord le nom du Poussin commençait à se dissiper, et que ses jugements et ses avis prenaient chaque jour une plus grande autorité.

Ce fut dans cette situation nouvelle que le cardinal Barberini, à son retour, trouva notre artiste qu'il n'avait point oublié, et auquel il donna une preuve de son souvenir et de sa protection en recevant de ses mains deux tableaux, l'un représentant la *Mort de Germanicus*, l'autre la *Prise de Jérusalem*. Ces tableaux avaient été commandés par le cardinal, le choix des sujets abandonné au Poussin. Il préféra pour son Germanicus le moment où ce prince, victime de la politique jalouse de Tibère, adresse à ses amis le discours que Tacite nous a conservé, et dans lequel il rejette sur la trahison de Pison et de Plancine la catastrophe qui l'arrache prématurément à la vie [1]. Quant à l'autre, le cardinal en fit cadeau à une personne considérable, et pria le peintre de traiter de nouveau le même sujet. Cette seconde composition, que Bellori estime supérieure à la première, retraçait le sac de Jérusalem, ses habitants massacrés et captifs, sous les yeux de Titus triomphant. Ce fut, dit-on, une des plus belles œuvres du Poussin, une de

---

[1] *Nunc, scelere Pisonis et Plancinæ interceptus, ultimas preces pectoribus vestris relinquo.* (Annal. liv. II, chap. LXXI.)

celles où il se distingua le plus par les fortes expressions. Il y représenta l'empereur victorieux, et à ses pieds la nation juive, réduite à l'état déplorable qui lui avait été annoncé par les prophètes. On y voyait le temple saccagé par les soldats, et emportés par eux le chandelier aux sept branches, les vases d'or et les autres ornements sacrés [1]. Le cardinal se priva encore de ce tableau pour le donner en présent au prince d'Eschenberg, ambassadeur de l'Empereur auprès du pape Urbain VIII. On doit regarder ces trois toiles comme les premières de celles qui composent l'œuvre du Poussin; il était alors âgé de trente-quatre ans.

Depuis son arrivée en Italie, il continuait à s'habiller à la française, et rien jusque-là ne l'avait fait repentir de cette fidélité aux habitudes de sa patrie. Quelques difficultés survinrent vers ce temps entre la cour de Rome et la couronne de France. Les familiers de l'ambassadeur de Louis XIII, domestiques ou attachés de la légation, usaient avec peu de mesure, à ce qu'il paraît, des priviléges qui appartenaient à leur maître. L'irritation des deux cours se reproduisait d'ailleurs jusque dans les rapports journaliers des agents de la France et d'une partie de la population romaine. Pour y porter remède, on avait levé dans Rome quelques compagnies de gens armés destinés à réprimer la turbulence des étrangers; aussi, quand ils se rencon-

---

[1] Félibien, t. IV.

traient, naissait-il entre ces gardes et les Français des luttes funestes. Un jour, près des quatre fontaines, passait le Poussin avec deux de ses compatriotes, regagnant sa maison, le portefeuille sous le bras. Ils furent rencontrés par quelques soldats qui, tirant leurs épées, fondirent sur eux et menacèrent leur vie. A peine ses deux compagnons eurent-ils vu cette attaque inattendue, qu'ils s'y dérobèrent par une fuite rapide, et laissèrent le Poussin seul en face du danger. Celui-ci, s'escrimant de son mieux avec son carton, cherchait à parer les attaques de ces furieux, et peu s'en fallut qu'il ne reçût un coup d'épée entre l'index et le doigt du milieu de la main droite. Heureusement l'arme se détourna du côté du plat, sans quoi un grand malheur fut arrivé au Poussin et à la peinture. Le meilleur parti qu'il eût à prendre et qu'il prit en effet, fut de fuir et de pousser des cris; mais il ne savait comment se débarrasser de l'un des soldats qui s'était attaché à lui, et menaçait sa vie de plus près. Il se hâta donc, en l'absence d'autres armes, de se défendre avec des pierres, et le premier coup qu'il porta fut assez heureusement dirigé pour ôter à son ennemi l'envie de le poursuivre davantage. Profitant de cette circonstance, il put hâter sa fuite, et se mettre en sûreté. Il résolut dès lors de s'habiller à l'italienne, et ne quitta plus le costume du pays qu'il habitait [1].

---

[1] Passeri.

MARIAGE.

Cette pénible circonstance fut suivie d'une autre, triste comme elle, mais qui se termina plus heureusement qu'elle n'avait commencé, par le mariage du Poussin.

Il avait contracté en France une maladie dont il sentait de temps à autre les cruelles atteintes, ce qui ne laissait pas de jeter dans sa vie quelque amertume et quelque embarras. Comme il était tombé malade, il se trouva heureusement à Rome un Parisien nommé Jacques Dughet, avec lequel il avait formé une étroite liaison. Cet homme, naturellement plein d'obligeance, et dont la bonté s'augmentait encore de son amitié pour le Poussin, vint à son secours, et lui prodigua dans cette affliction les attentions les plus tendres et les plus empressées. Il conduisait auprès de lui les médecins et les chirurgiens dont sa maladie réclamait les lumières et les soins. Aucune précaution n'était oubliée, aucun secours négligé. La femme de Jacques Dughet l'assistait dans tous les soins que comportait son état, soit qu'il fallût surveiller la préparation de sa nourriture, soit qu'il s'agît d'entretenir la propreté dans son habitation. Les soins affectueux des deux époux furent un grand soulagement pour le Poussin, et l'on ne sait comment, sans eux, il aurait passé ces cruels moments; aussi leur en témoignait-il une reconnaissance peu ordinaire.

Cette excellente famille comptait cinq enfants, trois garçons et deux filles; celles-ci étaient les aînées. Le Poussin, complétement guéri, ne crut pas pouvoir mieux témoigner sa reconnaissance à son ami et à sa famille, qu'en demandant la main de l'aînée des filles qui se nommait Anne-Marie, et qui du reste ne lui apportait guère d'autre fortune que son dévouement. Jacques Dughet en eut d'autant plus de plaisir que la guérison du Poussin était parfaite, et les noces furent célébrées à la fête suivante de saint Luc, patron et protecteur des peintres. La dot que Poussin reçut lui servit à acheter, sur le Mont-Pincius, une maison où il se fixa pour toujours, disposition naturelle à un esprit plein d'ordre, de persévérance, ami d'une profonde méditation, auquel ne pouvait convenir l'instabilité, même dans le lieu de sa demeure, et qui cherchait à assurer au silence de sa réflexion la modestie d'un séjour en quelque sorte identifié avec lui. Nous ajouterons qu'il avait choisi cette maison dans une position d'où l'on découvre les plus beaux aspects de Rome. Ce mariage fut célébré en 1629, le 18 octobre; notre peintre avait par conséquent trente-cinq ans.

Le protecteur dont l'intérêt persévérant conciliait au Poussin la faveur du cardinal Barberini, et faisait grandir de plus en plus la réputation de son génie, était le commandeur Cassiano del Pozzo [1],

---

[1] Dans les manuscrits appartenant aux bibliothèques impériales et de l'Institut, le nom employé est celui de *du Puits*, son équivalent en français. L'éditeur de 1825 l'a remplacé par le nom *del Pozzo*. Nous pensons qu'il a bien fait, la traduction des noms propres étant une cause perpétuelle de confusion.

célèbre par ses vastes connaissances et par sa riche collection d'antiquités romaines. Né à Turin, d'une famille ancienne et illustre, élevé auprès d'un de ses parents, archevêque de Pise, il se fixa de bonne heure à Rome, où le retint son goût pour les monuments et les arts. Il fut le premier à reconnaître la supériorité du Poussin, et à faire naître les occasions de la mettre en lumière. Il avait toujours été à son égard une véritable providence dans ses moments les plus pénibles, et c'est à lui que ce peintre écrivait, avant ses jours de prospérité, la lettre suivante dont la date précise n'a point été conservée.

« Après avoir reçu de vous et des vôtres tant de bienfaits, je crains bien que vous ne me taxiez d'indiscrétion et d'importunité de ce que je ne vous écris guères que pour vous demander quelque nouveau bienfait. Mais, réfléchissant que tout ce que vous avez fait pour moi vient des sentiments de bonté et de générosité qui vous animent, et ne pouvant, à cause d'une incommodité qui m'est survenue, aller chez vous en personne, je me suis enhardi à vous écrire pour vous supplier de venir à mon secours; car je suis presque toujours malade et n'ai d'autre ressource pour subsister que mes ouvrages.

« J'ai dessiné l'Éléphant. Votre seigneurie ayant paru désirer l'avoir, je la prie d'accepter le tableau que j'en ai fait. Je l'ai représenté monté par Annibal armé à l'antique. Je pense tous les jours à vos desseins, et j'en aurai bientôt fini quelqu'un [1]. »

Pendant près de trente ans, jusqu'en 1657, année de sa mort, le commandeur del Pozzo demeura fidèle à la fortune et au talent de l'artiste français son ami, auquel son cabinet, si riche en monuments d'art de toute espèce, resta constamment ouvert.

Ce fut par l'entremise de Cassiano del Pozzo auprès du cardinal Barberini, qu'il obtint la commande d'un tableau représentant le martyre de saint Érasme, pour servir de modèle à une copie en mosaïque destinée à la basilique de Saint-Pierre. Passeri affirme que le Poussin ne reçut aucune rémunération pour cette œuvre. Torrigio au contraire, cité par Bonanni, rapporte qu'elle lui fut payée cent écus romains; mais comme Passeri cite à l'appui de son affirmation le Poussin lui-même, qui le lui avait répété plusieurs fois, ne sachant, ajoutait-il, s'il était victime d'une disgrâce ou d'un mauvais vouloir de la part de l'intendant des travaux, nous adopterons, comme plus authentique,

---

[1] *Lettres du Poussin.* L'année de cette lettre est facile à déterminer. Poussin était arrivé à Rome en 1624, et il avait bien fallu quelques années pour qu'il se fît connaître. De plus, elle suppose que déjà il avait profité de la protection du commandeur del Pozzo. D'un autre côté, l'année 1628 lui avait été plus fructueuse, et l'année 1629, il s'était marié. Sa position dès lors ne comportait plus le sentiment pénible qu'il exprime. Nous pouvons donc, sans craindre de nous tromper, la rapporter à l'année 1627. En réponse, le C. del Pozzo lui envoya quarante écus romains. Cette lettre et toutes celles qui suivent ont été revues sur les manuscrits que possèdent la bibliothèque impériale et celle de l'Institut.

l'énonciation de Passeri. Il y a même lieu de croire que l'influence de ses rivaux fit porter de son œuvre un jugement défavorable, car dans la suite nous ne le voyons chargé d'aucune composition de ce genre par la cour pontificale. C'est le seul de ses tableaux qu'il ait signé, et il en donnait pour raison, assure-t-on, qu'il voulait empêcher par là que les ignorants ne confondissent sa faible production avec les ouvrages des grands maîtres qui ont orné ce superbe édifice [1].

Le mariage ne ralentit point l'ardeur du Poussin. Il semble au contraire que cette nouvelle situation, si d'accord avec ses goûts d'ordre et de dignité en toutes choses, acheva de donner à son talent le caractère de la réflexion aidée, complétée par l'harmonie parfaite qui régnait dans la vie de l'artiste. Dans l'intervalle qui s'écoula entre l'année 1630 et l'année 1644, où il vint à Paris, il fit un grand nombre de tableaux, et parmi eux beaucoup de ses meilleurs. L'histoire de cette vie tranquille n'est guère que l'histoire de la composition et de l'exécution de ces pages curieuses et diverses, histoire secrète, du moins dans les méditations qui préparèrent ces chefs-d'œuvre, moins ignorée quant à la date de leur exécution, plus connue par les noms des amis ou des admirateurs auxquels ils étaient destinés.

Les principaux sont la *Peste des Philistins*, l'*En-*

---

[1] Maria Graham. *Mémoires sur le Poussin*.

lèvement des Sabines, la Manne[1], le Frappement du Rocher, et la première suite des Sept Sacrements, destinée au commandeur del Pozzo, dont le dernier, le Baptême, n'était encore qu'ébauché quand le Poussin vint en France. La variété et la fécondité de son génie suffit encore à la conception et à l'exécution de sujets tout à fait différents; tels furent Pan et Syrinx, Renaud emporté par Armide, et quatre Bacchanales pour le cardinal de Richelieu.

Tout le monde connaît la Peste des Philistins. On peut admirer au Musée du Louvre les expressions profondes et vraies de cette scène de désolation, qui contraste avec la richesse du lieu où s'accomplit cette vengeance du ciel, le beau dessin des figures et des draperies[2]. Mais nous ne pouvons passer sous silence le tableau de la Manne, et l'examen qui en fut fait dans l'Académie royale de peinture, à Paris, en 1667, peu d'années après la mort du Poussin. Il en avait porté lui-même le jugement suivant dans une lettre qu'il écrit à son ami Stella : « J'ai trouvé une certaine disposition pour le tableau de M. de Chantelou, et certaines attitudes naturelles, qui font voir dans le peuple juif la misère et la faim où il était réduit, et aussi la joie et l'allégresse où il se trouve, l'admiration dont il est

---

[1] Voir au musée du Louvre, les nos 421, 435, 420.

[2] « Ce tableau, dont le Poussin n'avait eu que soixante écus, après avoir passé en plusieurs mains, fut vendu mille écus au duc de Richelieu, de qui le roi l'a eu. » (Félib., t. IV.)

touché, le respect et la révérence qu'il a pour son législateur, avec un mélange de femmes, d'enfants et d'hommes, d'âges et de tempéraments différents, choses, comme je crois, qui ne déplairont pas à ceux qui les sauront bien lire [1]. »

Deux ans après la mort du Poussin, en 1667, l'Académie de peinture donna une attention particulière à cet important ouvrage, et Félibien s'est chargé de rédiger les conclusions de cet examen approfondi, et les raisons sur lesquelles elles s'appuyaient. Le choix du site, l'heureux mélange d'arbres et de rochers, la fidélité avec laquelle est reproduite la nature aride et desséchée du désert, ouvrent cette analyse à laquelle on ne peut guère reprocher qu'un peu trop d'étendue. Les principaux groupes, ceux surtout qui occupent, sur le devant, les deux coins du tableau, sont appréciés ensuite, soit dans leur composition particulière, soit dans la manière dont ils sont mis en rapport. Des groupes accessoires, tels que celui des deux jeunes gens qui se disputent la manne tombée à terre, fortement caractérisés dans la pensée du tableau, occupent une partie de l'espace intermédiaire, laissant néanmoins au milieu la place nécessaire aux figures réunies de Moïse et d'Aaron; au fond, sur le penchant des montagnes, des feux allumés, des tentes, des hommes dispersés çà et là, annoncent la présence d'un peuple et le camp d'Israël. La

[1] Félibien, t. IV.

disposition générale de la lumière est encore un sujet d'éloges raisonnés de la part du rapporteur. Il fait remarquer que c'est avec raison que l'heure du matin a été choisie, parce qu'elle motive des vapeurs intermédiaires qui éloignent les uns des autres les plans successifs, et donnent plus d'étendue au lieu de la scène; il distingue la lumière en plusieurs sortes, selon son plus ou moins d'intensité, et montre avec quel art en a été ménagée la savante dégradation. Les emprunts si habilement faits à l'antique par le Poussin sont à leur tour l'objet de remarques intéressantes. On y voit avec quel jugement sûr et quel habile artifice il sut plier à son sujet les exemples fournis par le groupe du Laocoon, par la Niobé, l'Antinoüs, le Sénèque de la villa Borghèse, la Diane d'Éphèse, l'un des Lutteurs du palais Médicis, etc., et quelles ressources l'artiste peut trouver dans l'étude approfondie des chefs-d'œuvre de la statuaire grecque. La perfection du dessin et surtout les expressions si exactes en même temps qu'heureusement contrastées des figures, y sont relevées avec la plus consciencieuse admiration [1].

Peut-être serait-on tenté de reprocher à cette analyse d'avoir sondé, avec un excès de subtilité, les intentions du Poussin, et creusé sa pensée plus profondément et surtout autrement qu'il ne l'a fait

---

[1] On trouvera cette dissertation *in extenso*, dans le tome IV *des Entretiens sur les vies et les ouvrages des peintres*, par Félibien.

lui-même. C'est le défaut des enthousiastes de porter jusqu'au pédantisme l'analyse des idées ou des expressions de l'auteur favori. Il nous semble néanmoins que l'Académie de peinture a su éviter cet excès, tout en donnant en même temps une preuve de la vénération qu'imprimait à ses membres le génie du Poussin; et ses membres étaient alors Lebrun, Errard, Philippe de Champagne, Sébastien Bourdon, et d'autres peintres et sculpteurs dont la postérité a consacré la gloire. Ces savantes et fructueuses analyses se continuèrent dans l'Académie sur des tableaux des plus grands maîtres, et plusieurs autres compositions du Poussin eurent l'honneur d'être choisies dans ce but [1].

Le miracle du Frappement du Rocher fournit au Poussin l'occasion de plusieurs répétitions dans lesquelles se montrent la souplesse et la fécondité de son génie, presque autant que dans des sujets divers. Ce n'était pas sans réflexion d'ailleurs qu'il modifiait sa manière selon celui qu'il traitait. A propos du tableau de *Renaud et Armide,* il écrivait à son ami Stella pour lequel il l'avait exécuté [2] : « Je l'ai peint de la manière que vous verrez, d'autant que le sujet est de soi mou, à la différence de celui de M. de la Vrillière, qui est

---

[1] Mémoires inédits de l'Académie de peinture, art. Séb. Bourdon, Philippe de Champagne et autres.

[2] Félibien, t. IV. Jacques Stella était né à Lyon en 1596. Il avait vingt ans lorsqu'il vint s'établir en Italie, d'abord à Florence, et en 1623, à Rome, un an avant l'arrivée du Poussin. Ils se lièrent

d'une manière plus sévère, comme il est raisonnable, considérant le sujet qui est héroïque[1]. » Il fit à cette époque, pour le même artiste, l'*Enlèvement de Déjanire par Hercule*. Tous ces travaux le conduisirent jusqu'à l'année 1639, où il acheva celui de la Manne dont nous avons parlé plus haut, et consentit enfin à céder aux sollicitations de Louis XIII, qui l'appelait en France ; il différa toutefois son voyage jusqu'en 1644.

Les tableaux qu'il avait déjà envoyés dans sa patrie, à d'illustres amis de la peinture, y avaient fait connaître son talent et popularisé sa gloire ; les *Bacchanales* destinées au cardinal de Richelieu, et un *Triomphe de Neptune* exécuté pour ce grand ministre, attirèrent sur le Poussin l'attention de la cour. Aussi, lorsque M. Sublet de Noyers fut appelé à la charge de surintendant des bâtiments du roi, il ne crut pas pouvoir faire mieux pour relever les arts par une savante direction et de grands exemples, que d'appeler le Poussin en France.

Ce fut une véritable négociation diplomatique, très-honorable pour le peintre, dont M. de Chantelou, alors à Rome, fut chargé. Quelques lettres

---

d'une amitié que celui-ci reporta sur la famille de Stella. Stella quitta Rome en 1634 et revint à Paris, où il mourut aux galeries du Louvre en 1657. Son style a beaucoup de ressemblance avec celui du Poussin.

[1] Le tableau auquel il est fait allusion ici est celui du maître d'école de Faleries, renvoyé par Camille aux Falisques. Ce tableau, d'une dimension plus grande que celle à laquelle le Poussin s'attachait le plus souvent, est au musée du Louvre sous le n° 436.

du surintendant font connaître son ardent désir du succès. « Mais quoi ! dit-il dans l'une, oublierons-nous tout à fait la vertu ? ne parlerons-nous plus de M. le Poussin et du sculpteur qui devait venir avec lui[1] ? »

Mais quelques égards que M. de Noyers lui témoignât dans ses lettres, quelques avantages dont il lui fît entrevoir la perspective, Poussin avait bien de la peine à se décider à quitter Rome; en même temps il n'osait guère refuser d'acquiescer aux désirs de son roi et du ministre qui lui témoignait une si haute estime. Il s'en était déjà expliqué avec M. de Chantelou, par une lettre en date du 15 janvier 1638, dans les termes suivants :

« Pour la résolution que monseigneur de Noyers désire savoir de moi, il ne faut point s'imaginer que je n'aie été en grandissime doute de ce que je devois répondre : car, après avoir demeuré l'espace de quinze ans entiers en ce pays-ci, assez heureusement, mêmement m'y étant marié, en l'espérance d'y mourir, j'avais conclu en moi-même de suivre le dire italien : *Chi sta bene non si muove.* Mais après avoir reçu une seconde lettre de M. Lemaire, à la fin de laquelle il y a une jointe de votre main, qui dit : *Je me suis trouvé à la clôture de cette lettre, de laquelle j'ai donné une partie de la matière,* etc., qui a servi à m'é-

---

[1] *Lettres inédites.*

branler, mêmement à me résoudre de prendre le parti que l'on m'offre, principalement pour ce que j'aurai par delà meilleure commodité de vous servir, Monsieur, vous à qui je serai toute ma vie étroitement obligé [1]. »

Cette résolution si péniblement prise, si chancelante encore, se trouve de nouveau défaillante dans le post-scriptum de cette lettre, où notre peintre semble demander grâce du sacrifice qu'on exige de lui.

« Monsieur, continue-t-il, je vous supplie, s'il se présentait la moindre difficulté en l'accomplissement de notre affaire, de la laisser aller à qui la désire plus que moi; car, à la fin, tout autant peux-je servir ici le roi, monseigneur le cardinal, monseigneur de Noyers et vous, comme de là aussi bien. Ce qui me fait promettre est en grande partie pour montrer que je suis obéissant. Mais cependant je mettrai ma vie et ma santé en compromis, pour la grande difficulté qu'il y a à voyager maintenant, outre que je suis mal sain; mais enfin je remettrai tout entre les mains de Dieu et entre les vôtres : j'attends votre réponse [2]. »

Ces irrésolutions du Poussin furent enfin fixées par une lettre de M. de Noyers du 14 janvier, et une de Louis XIII du 18 du même mois 1639. Il ne crut pas pouvoir balancer davantage. D'ailleurs

---

[1] *Lettres du Poussin*, 15 janvier 1638.
[2] *Lettres du Poussin*, ibid.

M. de Chantelou [1], arrivé à Rome en 1640, accompagné de M. de Chambray, son frère, pour y recueillir des monuments de l'art, l'emmena avec lui à son retour, vers la fin de cette même année. Nous verrons dans le chapitre suivant quelles furent les circonstances de son séjour en France de 1641 à 1643, et quels événements lui rouvrirent le chemin de Rome et l'y arrêtèrent définitivement.

Pendant les dix années écoulées depuis son mariage, le Poussin ne s'était pas borné à faire des tableaux. Ayant trouvé d'heureuses dispositions pour la peinture dans les deux Dughet, Jean et Gaspard, ses beaux-frères, il les avait cultivées avec soin, et le succès ayant couronné ses efforts, ceux-ci s'étaient distingués chacun selon son aptitude. Gaspard s'était livré à la peinture du

[1] M. de Chantelou a joué un rôle trop important dans la vie du Poussin, pour que nous ne lui consacrions pas ici une note. Paul Fréart de Chantelou, sieur de Chantelou, l'un des trois frères amis du Poussin et son plus zélé protecteur, était conseiller et maître d'hôtel ordinaire du Roi, et devint secrétaire de M. de Noyers pendant que celui-ci occupa la place de surintendant des bâtiments. Après avoir été environ deux ans secrétaire du duc d'Enghien, depuis grand Condé, il finit par être intendant de la maison, domaines et finances de Monsieur, frère du Roi, et gouverneur du château du Loir. Ses longs rapports avec le Poussin, son amitié pour lui, son admiration pour son talent seront exposés dans cette histoire. — Jean Fréart de Chantelou, conseiller du Roi, ou Chantelou l'aîné, ne figure ici que pour un tableau du baptême de saint Jean qu'il demanda au Poussin. — Roland Fréart de Chantelou, sieur et abbé de Chambray, est connu par des ouvrages sur les arts qui le mirent en rapport plus étroit avec notre peintre, et motivèrent l'échange de quelques lettres.

paysage, et c'est lui que les amis des arts connaissent sous le nom du Gouaspre. Né à Rome en 1613, il avait dix-neuf ans de moins que le Poussin. Ses goûts pour la chasse et la campagne, ainsi que les conseils de son maître, lui firent adopter le genre du paysage, auquel il sut néanmoins mêler des figures d'une certaine dimension qu'il touchait avec adresse [1]. Ses sites sont en général bien choisis et bien composés, et la facilité de son pinceau ajoute encore à la grâce qu'il savait leur donner. On dit que sa manière avait été d'abord un peu sèche, et qu'il la perfectionna dans l'étude des ouvrages de Claude Lorrain; et en effet, il dut le connaître, celui-ci ayant vécu jusqu'en 1682. Gaspard Dughet rappelle beaucoup la manière dont le Poussin traitait le paysage; il a néanmoins son caractère propre; il est moins épique, moins réfléchi, et se rapproche plus de la nature; il est même probable que la plupart de ses paysages sont la reproduction des sites qui le frappèrent aux environs de Rome. Il mourut dans cette ville en 1675, dix ans juste après le Poussin.

Jean Dughet, plus jeune d'un an que son frère, étudia aussi la peinture, aidé des leçons et des conseils du Poussin. Soit qu'il y réussît moins bien, soit qu'il se sentît plus de dispositions pour la gravure, il s'adonna avec ardeur à cette der-

---

[1] Plusieurs, néanmoins, sont de la main du Poussin ou de quelques autres peintres.

nière et y fit de rapides progrès. Il n'a guère gravé que des tableaux de son beau-frère, entre autres la première suite des *Sept Sacrements*, le *Jugement de Salomon*, la *Naissance de Bacchus* et le *Mont Parnasse*. Il est probable qu'il fut forcé de restreindre beaucoup ses travaux, ayant été, en 1643, attaqué d'une maladie des yeux et menacé de perdre la vue.

La manière dont le Poussin parle dans ses lettres de cet accident [1], prouve l'intérêt qu'il portait à ces deux membres de la famille de sa femme. Plus tard, longtemps après le retour de France, Gaspard eut besoin d'être excusé par lui auprès de M. de Chantelou, dans une circonstance qui autorise à croire qu'il était plus habile paysagiste qu'intrépide citoyen.

A l'occasion de l'insulte faite au duc de Créqui, ambassadeur de France, par la garde corse, sous le pontificat d'Alexandre VII en 1663, Louis XIV avait demandé d'éclatantes réparations, et, sur les hésitations de la cour de Rome, ce prince avait réuni une armée sur la frontière d'Italie. Il paraît que la valeur romaine ne fut pas en ce moment assez grande pour ne pas laisser une large place aux illusions de la peur. Le Gouaspre, qui n'était pas des plus braves, se croyait déjà en butte aux mauvais traitements des Français, et, à l'insu du Poussin, il avait écrit en France aux amis de

---

[1] *Lettres*, 25 septembre 1643.

celui-ci pour implorer leur protection. C'est à ces craintes chimériques que le Poussin fait plaisamment allusion dans la partie que nous allons citer de sa lettre du 1er avril 1663 à M. de Chantelou.

« ..... Une chose me fâche seulement et diminue en partie ma joie, qui est la peine que vous avez prise d'employer la faveur de M. Colbert, que vous devez réserver pour les occasions urgentes à la réquisition de mon fou de beau-frère, qui, s'imaginant qu'ayant dessus sa porte les armes du Roi, il serait à couvert de tout danger, posé qu'il arrive du désordre en cette ville par notre nation, sans que jamais il m'en ait communiqué une seule parole, étant sa coutume de faire toutes choses assez témérairement et sans conseil; il m'a confié d'avoir écrit comme pour lui de cette sauvegarde à un sien ami le sieur Vinot. Je ne sais comment cela est allé jusqu'à vous; j'en suis innocent. Je vous supplie d'excuser l'ignorance de ce pauvre garçon insensé de la peur que lui et beaucoup d'autres ont des armes françaises, que si elles venaient à paraître ici près, on trouverait plusieurs morts sans blessures. Je vous remercie avec toute dévotion, et vous demande encore la durée de votre amitié[1]. »

Cette anticipation faite pour ne revenir que plus

---

[1] *Lettres du Poussin.*

tard sur l'histoire ultérieure de la famille du Poussin, nous continuons notre récit. Celui des deux frères que le Poussin emmena en France avec lui fut Jean Dughet [1]; Gaspard resta à Rome auprès de sa sœur.

[1] Passeri cite Jean comme ayant accompagné son beau-frère. Il en donne pour raison qu'il ne pouvait se passer de la présence du Poussin, qui, de son côté, trouvait beaucoup de soulagement dans les soins qu'il en recevait. Peut-être est-ce Jean, et non Gaspard, aux craintes duquel il est fait allusion dans la lettre précédente ? Nous ne trouvons à ce sujet rien de précis.

III

Le Poussin en France. — Arrivée — Louis XIII. — La Cène. — Saint-Fançois-Xavier. — La galerie du Louvre. — Difficultés. — Départ pour Rome.

Janvier 1641 à la fin de 1642.

Nicolas Poussin avait quarante-sept ans, et les infirmités se faisaient déjà sentir, lorsqu'il fut appelé à l'honneur envié par ses rivaux d'être un des peintres ordinaires de Louis XIII. La lettre du Roi est conçue en termes glorieux pour l'artiste, et les explications données par M. de Noyers dans celle qui l'accompagnait, font connaître les conditions auxquelles il était appelé en France. Ces conditions étaient : trois mille francs pour les frais de son voyage d'Italie à Paris, trois mille francs d'appointements par an, et un logement au Louvre ou à Fontainebleau; mais il est important de remarquer que le Poussin ne s'engageait que pour cinq ans, et qu'il était convenu qu'il ne peindrait, selon son désir, ni voûtes ni plafonds. Il est facile de juger, d'après la première condition imposée par l'artiste lui-même, qu'il nourrissait, même avant d'avoir quitté l'Italie, le désir d'y retourner un jour. Une autre condition que le roi mettait à sa faveur devait, plus encore, déplaire à ce génie indépendant qui cédait, en quelque sorte malgré lui, à l'appel de son prince et de sa patrie. C'est celle que M. de Noyers, dans sa lettre, exprime de la manière suivante : « Il reste à vous dire une seule condition, qui est que vous ne peindrez pour personne que par ma permission ; car je vous fais venir pour le Roi, et non pour les particuliers. Ce que je ne vous dis pas pour vous exclure de les servir, mais j'entends que ce ne soit que par mon ordre[1]. »

Le consentement du Poussin avait été donné à l'avance, et la lettre officielle de Louis XIII venait à la suite d'une négociation dans laquelle nous avons vu qu'on s'était assuré des dispositions du peintre. Si nous en croyons une lettre de celui-ci à M. de Chantelou, secrétaire du surintendant de Noyers, il s'était décidé dès le mois de janvier 1639 à accepter les offres réitérées qui lui étaient faites. Cependant il ne partit pas immédiatement, et remit son voyage à l'automne suivant. Il donne comme la seule raison de ce retard les tableaux qu'il avait à terminer pour satisfaire à des promesses qui l'engageaient envers plusieurs personnes considérables, entre autres M. de Chantelou lui-même, pour lequel il peignait alors le tableau de la *Manne*.

Deux choses embarrassaient le Poussin sur le

---

[1] *Lettres*, Rueil, 14 janvier 1639. Voir après *la vie du Poussin*, pour la lettre du Roi et le brevet de sa nomination, les notes C et D.

point d'accomplir le voyage auquel il s'était résigné : le désir d'offrir ce tableau à M. de Chantelou comme témoignage de reconnaissance, tout en restant persuadé que les convenances ne permettaient pas qu'il osât faire un cadeau à un de ses protecteurs, et l'incertitude où il était si le prix de ses ouvrages lui serait payé indépendamment des trois mille francs qui représentaient ses appointements. Une lettre, où il consulte sur ces deux points le peintre Lemaire, respire une simplicité, un désintéressement, un sentiment des convenances, une mesure en toutes choses qui donnent la meilleure opinion de son éducation et de son caractère[1].

Ces faveurs, encore que peu appréciées par lui, puisqu'il n'abandonnait qu'à regret le séjour de Rome, rendaient néanmoins nécessaire un remerciement ; mais ce remerciement ne pouvait s'adresser directement au Roi. Louis XIV n'avait pas encore succédé à son père ; il n'avait pas encore ouvert un commerce plus rapproché de la couronne à la poésie, à l'art, à la littérature et à la science. Le trône de Louis XIII, que ne devait jamais éclairer une gloire égale à celle que l'avenir réservait à son fils, était cependant trop haut placé pour que la parole reconnaissante d'un artiste ne se perdit pas en s'y élevant. Poussin témoigna sa gratitude à un bienfaiteur plus abordable. Une lettre de Rome, en date du 20 février 1639, ex-

---

[1] C'est celle du 19 février 1639.

prime au surintendant les sentiments reconnaissants et respectueux du peintre. Cette lettre n'est point écrite au courant de la plume, on y sent le travail et l'effort, et c'est précisément par là qu'elle mérite notre attention. Il est facile d'y voir que le Poussin n'était point étranger à la culture littéraire de son temps, et que ce génie si simple, si vrai, si naturel dans l'art qu'il cultivait, et qu'il méditait plus profondément chaque jour, n'échappait pas au goût pompeux de ses contemporains, lorsqu'il prenait la plume dans une occasion solennelle.

Mais toutes ces expressions de reconnaissance n'adoucissaient pas le chagrin que lui causait un départ qu'il n'était plus possible de différer. Le Poussin, à l'instant de s'éloigner de Rome, tournait vers elle ses regards attristés; l'avenir lui paraissait sombre, tandis qu'au contraire il eût dû lui sourire. Prêt à quitter les lieux où il avait si souvent promené sa méditation solitaire, il se sentait le cœur serré, il croyait voir ses inspirations lui échapper, avec les monuments, avec le ciel, la ville, le peuple, avec la retraite où il pouvait marquer à chacune d'elles sa place et son origine. Aussi s'en exprime-t-il d'une manière touchante dans sa lettre à M. Lemaire[1], du 17 août 1639.

---

[1] Jean Lemaire, peintre d'histoire, né en 1597; il se lia avec le Poussin pendant le long séjour qu'il fit en Italie. Mort à Gaillon en 1659. Il avait été peintre du roi, et en cette qualité logé aux Tuileries.

« Vous me sollicitez de partir cet automne sans y manquer. Je vous assure que le retarder ici davantage ne me tourneroit pas à contre, comme l'on dit ici, parce que j'ai renoncé à toutes mes pratiques : et même, depuis que je me résolus de partir jusqu'à maintenant, j'ai eu l'esprit fort peu en repos, mais au contraire quasi perpétuellement agité, pensant tous les jours à mille choses, lesquelles, pour le nouveau changement, me pourroient entrevenir. Ne vous émerveillez point de ce que je vous écris, car j'ai estime d'avoir fait une grande folie d'avoir donné ma parole et de m'être obligé, dans une indisposition telle qu'est la mienne, et en un temps où j'aurois plus besoin de repos que de nouvelles fatigues, de laisser et abandonner la paix et la douceur de ma petite maison pour des choses imaginaires, lesquelles me succéderont peut-être tout au rebours. Toutes ces choses m'ont passé et me passent tous les jours dans l'entendement, avec un million d'autres plus poignantes; et néanmoins je conclus toujours d'une manière, c'est à savoir que je me partirai, et que j'irai à la première commodité, et suis en même état que si on vouloit me fendre par la moitié et me séparer en deux. Il est vrai que j'ai grande volonté de mettre en effet ma promesse; mais, d'un autre côté, je me trouve retenu et empêché de certains malheurs qui semblent proprement me vouloir empêcher d'accomplir mon dessein. Mon misérable mal de carnosité n'est point guéri, et j'ai peur qu'il ne faille retomber entre les mains des bourreaux de chirurgiens devant que de me partir; car de s'acheminer par un long voyage et fâcheux avec telle maladie, ce seroit aller chercher son malheur avec la chandelle. Je ferai donc ce qui sera en ma puissance pour guérir et ensuite partir. Du reste, fasse Dieu, ce qui me doit arriver m'arrivera[1]. »

Malgré ses regrets de quitter Rome, tous les préparatifs de départ qui dépendaient du Poussin étaient faits au mois de septembre 1639; mais la maladie dont il parle dans la lettre précédente, plus encore que ses engagements à remplir, retarda de beaucoup son voyage. Ses dernières excuses à MM. de Noyers et de Chantelou sont du 15 décembre 1639, et son voyage de Rome à Paris se termina au mois de janvier 1641; l'intervalle est donc d'un peu plus d'un an. Il raconte son arrivée au frère de son protecteur, Carlo Antonio del Pozzo, dans une lettre du 6 janvier 1641. Nous ne pouvons mieux faire que de le laisser parler lui-même : « J'ai fait en bonne santé le voyage de Rome à Fontainebleau. J'y ai été reçu très-honorablement dans le palais d'un gentilhomme auquel M. de Noyers, secrétaire d'État, avoit écrit à ce sujet. J'ai été traité pendant trois jours splendidement. Ensuite je suis venu dans la voiture du même seigneur à Paris. A peine y fus-je arrivé, que je vis M. de Noyers, qui m'embrassa cordiale-

[1] *Lettres.*

ment, en me témoignant toute la joie qu'il avoit de mon arrivée.

« Je fus conduit le soir, par son ordre, dans l'appartement qui m'avoit été destiné. C'est un petit palais, car il faut l'appeler ainsi. Il est situé au milieu du jardin des Tuileries. Il est composé de neuf pièces en trois étages, sans les appartements d'en bas, qui sont séparés. Ils consistent en une cuisine, la loge du portier, une écurie, une serre pour l'hiver, et plusieurs autres petits endroits où l'on peut placer mille choses nécessaires. Il y a en outre un beau et grand jardin rempli d'arbres à fruits, avec une grande quantité de fleurs, d'herbes et de légumes; trois petites fontaines, un puits, une belle cour, dans laquelle il y a d'autres arbres fruitiers. J'ai des points de vue de tous côtés, et je crois que c'est un paradis pendant l'été.

« En entrant dans ce lieu, je trouvai le premier étage rangé et meublé noblement avec toutes les provisions dont on a besoin, même jusqu'à du bois et un tonneau de bon vin vieux de deux ans.

« J'ai été fort bien traité pendant trois jours, avec mes amis, aux dépens du Roi. Le jour suivant, je fus conduit par M. de Noyers chez S. E. le cardinal de Richelieu, lequel avec une bonté extraordinaire m'embrassa, et, me prenant par la main, me témoigna d'avoir un très-grand plaisir de me voir.

« Trois jours après, je fus conduit à Saint-Germain, afin que M. de Noyers me présentât au Roi, lequel étoit indisposé, ce qui fut cause que je n'y fus introduit que le lendemain matin, par M. le Grand, son favori[1]. Sa Majesté, remplie de bonté et de politesse, daigna me dire les choses les plus aimables, et m'entretint pendant une demi-heure, en me faisant beaucoup de questions. Ensuite, se tournant vers les courtisans, elle dit : *Voilà Vouët bien attrapé*[2]. Ensuite Sa Majesté m'ordonna elle-même de lui faire de grands tableaux pour les chapelles de Saint-Germain et de Fontainebleau. Lorsque je fus retourné dans ma maison, on m'apporta, dans une belle bourse de velours, deux mille écus en or : mille écus pour mes gages, et mille écus pour mon voyage, outre toutes mes dépenses. Il est vrai que l'argent est bien nécessaire en ce pays-ci, parce que tout y est extrêmement cher...[3] »

Le Poussin ne fut pas plus tôt installé dans sa maison du jardin des Tuileries qu'il se mit à l'ouvrage. Louis XIII venait de créer l'imprimerie royale. Cette institution, fondée en 1640, relevait de la surintendance des bâtiments confiée alors à

---

[1] M. le Grand, c. à. d. le grand-écuyer, est le célèbre Cinq Mars.

[2] Il est probable que Louis XIII ne se serait pas permis cette plaisanterie sur un artiste qui avait longtemps joui de sa faveur, s'il n'eût eu de bonnes raisons pour le faire. Vouët, qui ne mourut qu'en 1649, paraît, au milieu de sa prospérité, n'avoir su conserver ni la modestie ni le désintéressement convenables, ce qui changea à son égard les dispositions du prince et de sa cour. Richelieu s'était déjà exprimé sévèrement sur son compte dans une conversation avec Philippe de Champagne.

[3] *Lettres*, 6 janvier 1641. Voir aussi *Lettre* du 7.

M. de Noyers. Le prix que l'on attacha dès le commencement aux ouvrages sortis des presses royales, et un usage consacré à cette époque pour les éditions de quelque importance, ne permettaient pas qu'ils parussent sans être ornés de frontispices; Poussin fut chargé de les composer. Il eut la modestie de ne pas croire ce soin au-dessous de son talent, et satisfit dignement au désir manifesté par le Roi. La première composition, qu'il dessina lui-même, devait précéder les poésies de Virgile; il la dédia à M. de Noyers par une lettre qui prouve, comme nous l'avons déjà dit, que le génie le plus ami de la simplicité n'échappe pas toujours aux influences littéraires et au mauvais goût de son temps[1]. Le frontispice de la Bible suivit de près. A ce travail, le Poussin dut joindre l'exécution des cartons destinés à être copiés en tapisseries pour la chambre du Roi. Comme les sujets de ces tapisseries devaient être tirés de l'Ancien Testament, il lui fut permis d'y employer des compositions qu'il avait déjà faites.

Du reste, les attentions délicates de la part de MM. de Noyers et de Chantelou ne lui manquaient pas, et l'une d'elles donna lieu de son côté à une lettre que nous citons avec plaisir, parce qu'elle est propre à faire connaître quelques traits particuliers du caractère du Poussin, la modération de ses désirs et les agréments de son esprit. On sent

---

[1] Voir après *la vie du Poussin*, la note E.

en la lisant que l'artiste, dans l'épanchement d'une correspondance familière, retrouve sa grâce et son enjouement, mais c'est la grâce et l'enjouement d'un esprit mesuré, méditatif et sérieux. La lettre explique suffisamment la circonstance, nous ne la ferons pas précéder d'explications qu'elle rend inutiles.

« Monsieur et patron, mardi dernier, après avoir eu l'honneur de vous accompagner à Meudon et y avoir été joyeusement, à mon retour, je trouvai que l'on descendoit en ma cave un muid de vin que vous m'aviez envoyé. Comme c'est votre coutume de faire regorger ma maison de biens et de faveurs, mercredi j'eus une de vos gracieuses lettres, par laquelle je vis que particulièrement vous désiriez savoir ce qu'il me sembloit dudit vin. Je l'ai essayé avec mes amis aimant le piot : nous l'avons tous trouvé très-bon, et je m'assure, quand il sera rassis, qu'on le trouvera excellent. Du reste, nous vous servirons à souhait, car nous en boirons à votre santé, quand nous aurons soif, sans l'épargner; aussi bien je vois que le proverbe est véritable qui dit, « qui chapon mange, chapon lui vient. » Mêmement hier M. de Costage m'envoya un pâté de cerf si grand, que l'on voit bien que le pâtissier n'en a retenu, sinon les cornes. Je vous assure, monsieur, que désormais je ne manquerai pas, à commencer par le dimanche, de me réjouir comme je fis le dimanche passé, afin que la semaine suivante soit ce qu'on dit que toute l'année est au pays de Cocagne. Je vous suis le plus obligé homme du monde, comme aussi je vous suis le plus dévotieux serviteur de tous vos serviteurs[1]. »

On est surpris du grand nombre de travaux auxquels, malgré l'incertitude de sa santé, l'activité du Poussin pouvait suffire, sans que chez lui la réflexion perdît de sa force, sans que le choix, l'ordonnance, la maturité manquassent à ses compositions. Indépendamment des frontispices dont nous avons parlé, le Roi lui avait commandé un tableau pour le maître-autel de la chapelle du château de Saint-Germain-en-Laye, et un autre pour celle de Fontainebleau; le sujet du premier est la *Sainte Cène*[2], celui du second nous est inconnu[3].

M. de Noyers lui en demandait un autre pour le maître-autel du Noviciat des Pères Jésuites, auxquels il voulait en faire présent. Il en avait indiqué le sujet : c'était saint François Xavier dans les Indes[4], ressuscitant la fille d'un habitant du Japon. Dès le mois de novembre de cette même année, le tableau de Saint-Germain et peut-être celui de Fontainebleau étaient terminés, et le pre-

---

[1] *Lettres*, Paris, 30 avril 1641.
[2] On voit maintenant ce tableau au Musée du Louvre sous le numéro 428.
[3] Les notices publiées sur le château de Fontainebleau n'en font aucune mention. Voir note F.
[4] On voit maintenant ce tableau au Musée du Louvre sous le numéro 434.

mier recevait du roi et de la reine des éloges confirmés par la voix des connaisseurs. Plusieurs ouvrages faits pour le cardinal de Richelieu attiraient au Poussin les compliments de ce ministre, en présence de celui qui devait hériter de sa puissance, Mgr Mazarin[1]; enfin il se plaint lui-même qu'il est forcé de faire trop à la hâte le tableau du Noviciat[2], qui doit être terminé pour la fête de Noël.

[1] Mazarin connaissait le Poussin avant son arrivée en France, ceci résulte d'une lettre que ce prélat écrivait de Turin, 15 septembre 1640, à M. de Chantelou, à Rome, et dans laquelle se trouve le passage suivant : « Je vous prie aussi de faire mes baisements à M. Poussin et lui dire que j'ai impatience d'estre à la court pour l'embrasser et me réjouir de la bonne résolution qu'il a prise. »

[2] On peut juger par le passage suivant de Sauval de l'opinion favorable qui accueillit ce tableau : « Poussin a disposé ses figures en sorte qu'elles voient toutes le miracle, et a remué leurs passions avec un jugement et une adresse qui lui est toute particulière. Il a conduit et manié leur douleur et leur joie par degrés, à proportion des degrés du sang et de l'intérêt ; ce qui paraît visiblement sur leurs visages et par leurs attitudes toutes différentes. L'un s'étonne du miracle, l'autre en doute; l'un, par sa gaieté, témoigne son contentement, l'autre, par la continuation de sa tristesse, montre qu'il ne s'en rapporte ni au récit d'autrui ni à sa vue. Une femme, au chevet du lit, soutient la tête de la personne ressuscitée ; elle est plantée et courbée avec une science et une force toute spirituelle, et tout à fait merveilleuse. On remarque dans les yeux, la bouche, le mouvement des bras, les plis du visage, et toutes les actions d'une autre qui est au pied du lit, que la douleur qui s'était emparée de son âme ne cède qu'à grande force à la joie, et cette joie encore ne se fait voir que comme le soleil dans un temps fort chargé, qui, simplement par quelque faible rayon, sans pouvoir percer la nue, à peine donne à connaître qu'il a envie de se montrer. Il n'y a que Poussin au monde capable d'exprimer ce combat de passions si opposées dans une même personne et sur un même

Il trouvait cependant encore le temps de terminer un tableau du Baptême destiné à la collection des sept sacrements de son protecteur Cassiano del Pozzo, de dessiner les armes de M. de Noyers au Noviciat des Jésuites, et de composer les ornements qui devaient être exécutés dans le cabinet de ce surintendant. De plus, il consacrait ses loisirs de l'hiver et les longues soirées de cette siason à des compositions destinées la plupart à son ami le commandeur.

Mais ce qui fatiguait le Poussin d'incessantes préoccupations, et ce qui devint peu de temps après une cause d'ennuis et de tracas, plus pénibles pour un artiste aussi ami de la paix et de la réflexion qu'ils ne l'eussent été pour un homme rompu aux intrigues de la cour et aux rivalités de métier, ce fut la décoration de la grande galerie par laquelle le feu roi avait formé le projet de relier le Louvre au palais des Tuileries, qu'il avait presque achevée, et qui venait de l'être tout à fait sous le règne de son fils. Lorsque la mort de Henri IV

---

visage. Jésus-Christ dans le ciel honore ce miracle de sa présence. La figure et les attitudes en sont toutes majestueuses et divines; elle est si finie dans toutes ses parties, qu'il n'y a que le seul Raphaël qui en puisse faire une semblable. Les envieux et les médisants disent que Poussin, Raphaël et l'Antique ont fait la même figure, et la croient prise de la colonne Trajane; mais les désintéressés et les intelligents tiennent que Poussin n'est redevable de la beauté des attitudes toutes divines qu'à son grand génie. » (*Hist. et antiquités de la ville de Paris*, t. 1, liv. IV, page 462). Sauval attribue au Poussin la menuiserie de l'autel qu'il dit être très-belle.

vint interrompre ce grand ouvrage à l'instant où il allait être fini, la décoration n'en était pas même commencée, et, quelles qu'eussent été les causes de ce retard, il était nécessaire d'apporter ce complément à un palais, dont les façades majestueuses comportaient de riches ornements intérieurs. On n'y pensa sérieusement que vers l'année 1639, peu de temps avant la fin du règne de Louis XIII. Ce fut surtout pour cette œuvre que le Poussin fut sollicité de quitter l'Italie, et de venir s'établir en France à portée de cette grande entreprise. L'architecte Lemercier, chargé par le Roi et par le cardinal de Richelieu de continuer et d'agrandir le palais du Louvre, réussissait moins bien, à ce qu'il paraît, dans la disposition intérieure des édifices que dans leur ordonnance extérieure, et ses projets n'étaient goûtés ni par le Poussin ni par MM. de Noyers et de Chantelou. Poussin conçut l'ornementation de cette galerie d'une autre manière, et, après avoir pris du repos, il se mit à l'ouvrage, aidé de quelques artistes qu'il avait fait venir d'Italie, attendu que la France ne présentait à cette époque aucune ressource pour la sculpture d'ornements et la dorure qui en fait partie.

« Comme la galerie, longue de 1,332 pieds et large de 36, devait être conservée dans toute son étendue sans être interrompue par des divisions, le plan du Poussin était d'orner chaque travée de manière qu'elle formât un ensemble complet, et de combiner les peintures et les ornements de la voûte, ainsi que le tableau qu'il comptait mettre dans chaque panneau, de sorte que d'un côté de la galerie on pût saisir, au vrai point de distance, toute la décoration du côté opposé[1]. Les lois de la perspective étaient sacrées pour lui : elles lui paraissaient exiger qu'on ne plaçât pas dans ces panneaux, qui ont 24 pieds de large sur 22 pieds de haut, des tableaux qui eussent presque cette grandeur, hors de proportion avec la largeur de la galerie. Ceux qu'il y destinait ne devaient avoir que 12 pieds sur 9. Les encadrements de ces panneaux auraient été riches et en stucs blancs rehaussés d'or; mais il ne voulait pas qu'ils fussent lourds, ni les profils trop saillants[2]. »

Les tableaux destinés à figurer, au nombre de quatre-vingt-seize, dans ces panneaux, ne devaient pas être de la main du Poussin. Il avait été décidé avant son arrivée qu'ils représenteraient les plus beaux sites des villes de France, et qu'ils seraient confiés au pinceau de Fouquières, très-habile à cette époque dans la peinture du paysage.

« D'un autre côté, Lemercier, chargé de l'exécution des premiers travaux, avait trop surbaissé la

---

[1] On peut voir aujourd'hui dans la grande galerie l'inconvénient qui eût résulté du système contraire. Aucun tableau de grande dimension ne peut être embrassé d'un coup d'œil; la largeur est insuffisante et ne permet pas au spectateur de reculer jusqu'à la distance exigée par la perspective.
[2] Cte de Clarac, *Le Louvre et les Tuileries*, page 589, t. I.

voûte ; un plus grand développement de la courbe eût mieux fait et l'eût rendue plus légère : il l'avait en outre surchargée de compartiments massifs et trop rapprochés, d'ornements trop saillants, de mauvais goût, et, dans les panneaux, des parties lourdes s'appuyaient sur des parties faibles. Cet architecte avait même fait soutenir la corniche par de grandes consoles dont le nombre et la disposition ne se répondaient pas dans les deux côtés de la galerie. Ses divisions n'avaient pas la régularité qu'exigeait le Poussin et qui lui était nécessaire. Ce grand peintre trouvait incommode pour le spectateur que les peintures fussent dans le haut de la voûte au-dessus de sa tête, et il pensait qu'il était plus convenable de placer les compartiments ornés de sujets à la naissance du cintre, au-dessus des tableaux des trumeaux : il comptait y figurer en grisailles des bas-reliefs où il aurait représenté toute la vie d'Hercule, et dont il avait déjà fait en partie les cartons [1]. »

Mais il ne pouvait donner son attention à tant de choses sans qu'il eût à craindre que sa santé et ses compositions n'en souffrissent. Aussi il demanda

---

[1] *Id. ibid.* Une partie de ces dessins ont été conservés dans la collection Didot, *Œuvre du Poussin*. La première partie, composée de 19 sujets, a été gravée par Pesne en 1678 ; la seconde, composée de 18, vient d'être publiée en 1850 par M. Gattaux, graveur en médailles, membre de l'Académie des beaux-arts, d'après les dessins que possède son cabinet ; ils ont été gravés par A. Gelée. Nous en donnons la liste à la fin de *la vie du Poussin*, à la nomenclature de son œuvre.

et obtint l'adjonction de M. Lemaire, peintre et son ami, pour conduire sous lui les ouvrages de la grande galerie. « Il m'est, dit-il dans sa lettre à M. de Chantelou, impossible de travailler en même temps à des frontispices de livres, à une vierge, au tableau de la Congrégation de saint Louis, à tous les dessins de la galerie, et à faire des tableaux pour les tapisseries royales. Je n'ai qu'une main et une débile tête, et ne peux être secondé de personne, ni soulagé[1]. » Il ajoute que si M. Lemaire suffit à exécuter ce qu'il lui dira, il l'informera de ce qu'il aura à faire, et n'y mettra plus quant à lui la main. « Mais, continue-t-il, s'il faut attendre que j'aie établi un ordre général, ainsi que dit monseigneur, il ne me faut point parler d'autres emplois; d'autant, comme j'ai dit plusieurs fois, que c'est tout ce que je peux faire : et quand j'en serais totalement déchargé, les dessins des tapisseries sont bien suffisants pour me donner à penser, sans que j'aie besoin d'y entremêler d'autres divertissements. Vous m'excuserez, monsieur, si je parle si librement ; mon naturel me contraint de chercher et aimer les choses bien ordonnées, fuyant la confusion, qui m'est aussi contraire et ennemie comme est la lumière des obscures ténèbres[2]. » Ces derniers mots sont à remarquer comme un des traits les plus saillants et les plus vrais du caractère de talent du Poussin.

[1] *Lettres*, 7 avril 1642.
[2] *Lettres*, ibid.

Ces plaintes sur la manière dont on le forçait à diviser son temps, il les renouvelle avec plus de vivacité encore dans une lettre adressée à Rome au commandeur del Pozzo : « La facilité que ces messieurs ont trouvée en moi est cause, dit-il, que je ne puis me réserver aucun moment ni pour moi, ni pour servir qui que ce soit, étant employé continuellement à des bagatelles, comme dessins de frontispices de livres, ou projets d'ornements pour des cabinets, des cheminées, des couvertures de livres et autres niaiseries. Quelquefois ils me proposent de grandes choses; mais à belles paroles et mauvaises actions se laissent prendre les sages et les fous[1]. »

On voit par ces détails que l'administration avait alors plus de bonne volonté que de lumières, plus d'admiration pour le Poussin que de connaissance de ce qui pouvait être convenablement demandé à un artiste de sa valeur et de son génie. Comment, dans ces circonstances, celui-ci n'aurait-il pas tourné un œil de regret vers l'Italie, vers cette terre où, depuis plus de deux siècles, les traditions des beaux-arts avaient formé dans les esprits un enthousiasme raisonné, et où de grands travaux, de vastes monuments non interrompus employaient chaque talent à sa place, où l'on n'exigeait pas l'exécution des moindres détails de celui auquel on demandait la conception générale et l'ensemble

---

[1] *Lettres*, 4 avril 1642.

Aussi le Poussin, dans plusieurs de ses lettres, laisse-t-il échapper l'opinion défavorable qu'il avait du goût et du jugement de la cour de Louis XIII sur les créations des arts. Le commandeur del Pozzo ayant répondu négativement au désir que lui avait manifesté M. de Chantelou qu'il permît de copier les Sept Sacrements pour servir de modèles à des tapisseries, le Poussin lui en témoigna une sorte de reconnaissance dans les termes suivants : « Je suis enchanté de la réponse que vous avez faite touchant les copies de vos tableaux. Je suis bon à faire du nouveau, et non à répéter les choses que j'ai déjà faites. On peut juger par là de leur *furia* en toutes choses : c'est qu'ils s'imaginent par ce moyen gagner beaucoup de temps. En définitive, il est bon que vous possédiez seul ces ouvrages [1]. » Le Poussin changea d'avis plus tard, heureusement pour M. de Chantelou et pour l'art.

Tous ces tiraillements ne contribuaient pas peu à dégoûter le Poussin du séjour de la France ; les tracasseries que lui suscitèrent les travaux de la grande galerie achevèrent de le décourager tout à fait ; les circonstances firent le reste.

Trois personnes étaient, soit par intérêt, soit par amour-propre, adversaires irréconciliables du Poussin : le paysagiste Fouquières, l'architecte Lemercier et Vouët.

---

[1] *Lettres*, 4 avril 1642.

Fouquières[1], chargé de peindre les quatre-vingt-seize tableaux destinés aux compartiments de la galerie, croyait que tous les travaux devaient se subordonner à ses conceptions, et prenait avec le Poussin des airs de grand seigneur qui ne parvenaient pas, il est vrai, à l'intimider. « Le baron de Fouquières, écrit-il à M. de Chantelou, est venu me trouver avec sa grandeur accoutumée ; il trouve fort étrange que l'on ait mis la main à l'ornement de la grande galerie sans lui en avoir communiqué aucune chose. Il dit avoir un ordre du roi, confirmé par monseigneur de Noyers, touchant ladite direction, et prétend que les paysages sont l'ornement principal dudit lieu, étant le reste seulement des accessoires. J'ai bien voulu vous écrire ceci pour vous faire rire[2]. »

Lemercier[3] voyait avec peine ses plans d'ornementation de la galerie délaissés pour ceux que l'on avait demandés au Poussin ; il éprouvait un vif ressentiment de ce que la direction lui en était enlevée au profit d'un rival dont l'art lui paraissait ne devoir être qu'accessoire en cette circonstance. Il saisissait donc toutes les occasions et tous les prétextes pour faire quelque chose qui fût désagréable à notre artiste.

[1] Il était d'Anvers et élève de Breughel le jeune. Il avait travaillé à Bruxelles jusqu'en 1621. Il fut un des maîtres de Philippe de Champagne.
[2] *Lettres*, 19 août 1641.
[3] Jacques Lemercier, premier architecte du roi, mourut en 1660.

Enfin Vouët n'était pas moins blessé de l'injure faite à sa dignité de premier peintre du roi. Malgré son incontestable mérite, il soupçonnait, sans toujours se l'avouer, que les œuvres de son pinceau facile, et trop souvent négligé, devaient perdre de leur valeur à côté des conceptions du génie mâle et réfléchi qu'on venait de lui préférer ; peut-être connaissait-il le mot échappé à Louis XIII à son sujet dans la première entrevue de ce prince avec le Poussin. Mais qu'il le connût ou non, il sentait la faveur le quitter pour s'attacher à un autre, et ni lui, ni son école, ni ses amis ne pardonnaient au nouveau venu une supériorité qui savait se faire reconnaître sans le secours de l'intrigue. Ces regrets d'ailleurs étaient naturels de la part d'hommes d'un mérite reconnu, dont l'amour-propre et les intérêts s'unissaient contre leur commun rival. Le Poussin, comme tous les hommes réfléchis qui ne se décident qu'après mûr examen, tenait fortement à ses idées et à ses projets ; sa qualité de Normand n'était pas faite pour rendre ses résolutions moins fermes. Il y avait donc eu quelque imprudence de la part de M. de Noyers à l'exposer dès l'abord à des ressentiments puissants contre lesquels il lui fallait combattre, malgré son amour de la paix. Du reste, nous n'avons point les éléments nécessaires pour juger entre ses plans et ceux de ses rivaux. Les uns et les autres se recommandaient par des talents éminents ; mais aucun dessin ou projet n'a survécu qui puisse servir de terme de comparaison; là galerie même, théâtre de leur rivalité, dut être en partie reconstruite. Néanmoins une lettre de M. de Noyers, écrite à Rome à M. de Chantelou en 1642, et reçue en janvier 1643, le charge d'insister auprès du Poussin pour qu'il envoie les dessins de la galerie, et laisse entrevoir les modifications auxquelles on s'était arrêté, « la variété du génie français, dit-il, voulant qu'il divise le corps de ce grand ouvrage en quatre parties, et que les ornements de chacun soient entièrement différents des autres, la vue, à ce qu'ils disent, se lassant, dans une si longue course, d'objets sinon semblables en tout, du moins en la plupart[1]. »

Ces causes d'inimitié réagissaient les unes sur les autres, s'accroissaient par leur contact, se mêlaient en mille manières, et imprimaient aux moindres événements de chaque jour un caractère d'agitation et de trouble importuns aux dispositions calmes et amies de la réflexion qui tenaient la pensée du Poussin dans une région plus sereine. Les plans pour la décoration de la grande galerie du Louvre furent donc, avant tout, la source où les amours-propres du baron de Fouquières et de Lemercier puisèrent leurs ressentiments; la rivalité ne paraît pas s'être étendue sur le reste.

Le Poussin savait que ces plaintes étaient allées jusqu'à M. de Noyers, et qu'il en avait été quelque peu ému; il lui fit remettre par M. de Chantelou

[1] *Lettres inédites.*

une longue lettre, contenant sa justification, et dont Félibien nous a conservé les fragments les plus importants[1]. Dans cette lettre, il témoigne d'abord le regret que le talent et la vertu ne puissent pas être plus sûrement reconnus dans les hommes et dans les artistes; il cite l'exemple d'Annibal Carrache et du Dominiquin, méconnus de leur temps, et au malheur desquels il compare son propre malheur. Il se plaint à M. de Noyers qu'au lieu d'être son protecteur, comme il le devrait, il prête l'oreille aux médisances de ses ennemis. Il énumère les causes injustes des inimitiés dont il est l'objet, et venant ensuite à l'exécution de la galerie, il fait ressortir avec clarté les défauts de l'ordonnance adoptée par Lemercier. Après cette critique exprimée, il faut le reconnaître, sans ménagements, il expose en détail les principes de perspective qu'il a suivis dans la manière dont il a conçu la décoration; il se justifie de n'y avoir ni multiplié les ornements ni exagéré la dépense, et répond à quelques critiques dont son tableau pour le Noviciat des Jésuites avait été l'objet[2].

[1] Tome IV.
[2] Il y a lieu de croire que l'ouvrage de la galerie fut continué avec les modifications indiquées ci-dessus. Une partie ayant été brûlée, elle fut refaite sur ses dessins par Louis Boulogne (*Mém. inédits*, t. I, page 203). D'un autre côté, voici ce que nous lisons dans l'ouvrage déjà cité de M. de Clarac : «... Le Poussin ne revint plus à Paris; et s'il fut de quelque utilité à la grande galerie du Louvre, ce ne fut que par ses conseils et par quelques dessins qu'il

Cette lettre est sévère, sans orgueil comme sans malveillance, et le ton général dont elle est écrite trouve son excuse légitime dans la manière dont il la termine en faisant voir « qu'il sentait bien ce qu'il était capable de faire, sans s'en prévaloir ni rechercher la faveur, mais pour rendre toujours hommage à la vérité et ne tomber jamais dans la flatterie, lesquelles sont trop opposées pour se rencontrer ensemble[1]. » Le Poussin semble avoir un peu redouté l'effet de cette sincérité; car il prie M. de Chantelou qu'il veuille bien, auprès de M. de Noyers, *adoucir un peu* sa lettre, *de ce miel de persuasion qu'il sait si bien employer*[2].

Quoi qu'il en soit de cette franchise dont il redoutait les suites, moins de deux mois après il se félicite en écrivant de nouveau à M. de Chantelou, d'avoir *réussi à triompher de la mauvaise impression* que M. de Noyers *avait reçue contre lui, par l'effet des menées d'hommes envieux de la prospérité d'autrui.*

Cette sécurité fut-elle troublée de nouveau? ou une invincible répugnance pour ces ennuis, qui continuèrent sourdement sans doute, malgré l'affermissement de la faveur de M. de Noyers, portait-elle le Poussin vers l'Italie? Obéissait-il à son insu à l'attrait d'un séjour où il avait pu cultiver l'art

---

envoyait de temps en temps, et que l'on n'exécuta point... La galerie même changea de destination. » T. I, p. 590.

[1] Voir après *la Vie du Poussin* la note G.
[2] *Lettres*, 24 avril 1642.

au milieu d'une considération moins orageuse que celle dont il jouissait à la cour de Louis XIII? Quelle qu'en soit la cause, connue ou secrète, cause réelle ou simple prétexte, il ne tarda pas à solliciter la permission d'aller à Rome chercher sa femme pour la ramener à Paris. Invité par M. de Noyers à se rendre à Fontainebleau pour voir si les peintures du Primatice, altérées par l'injure du temps, pouvaient être néanmoins restaurées, et s'il y aurait quelque moyen de conserver celles qui étaient restées intactes, il profita de la circonstance, et ce fut probablement en lui rendant compte de sa commission qu'il exposa au surintendant les raisons qu'il avait d'entreprendre ce voyage. Rien n'annonce dans l'administrateur l'idée de profiter de l'occasion pour éloigner un artiste dont les calomnies de ses rivaux auraient rendu la présence importune, rien n'annonce dans l'artiste l'intention de quitter, sous l'apparence d'un motif plausible, le nouveau séjour que la munificence du prince lui avait offert, approprié et embelli. Au contraire, M. de Noyers impose au Poussin la condition de donner aux travaux commencés un ordre tel, qu'ils soient poursuivis pendant son absence, et lui témoigne le désir d'être assuré de son retour pour le printemps de 1643. Le Poussin paraît accepter toutes ces conditions avec la sincère résolution de les remplir.

Cependant une sorte de pressentiment semblait le poursuivre. Il entretenait volontiers l'idée qu'aucun retour ne suivrait ce départ. Mais si, d'un côté, il se félicitait de revoir son cher séjour, et sa femme, dont la santé un instant altérée venait de se remettre, la reconnaissance pour l'accueil qu'il avait reçu dans sa patrie, dans le palais même du prince qui régnait alors, l'estime et le respect dont il avait été environné par les hommes les plus éminents de cette époque et par le cardinal de Richelieu lui-même, troublait cette âme simple, incertaine entre le devoir de reconnaître dignement les bons offices du prince et de sa cour, et le désir de poursuivre dans le silence et la méditation les progrès d'un art auquel était vouée sa vie. Ce sentiment est fortement empreint dans une lettre du 24 septembre, à la fin de laquelle, après avoir donné à M. de Chantelou son avis sur les dessins de MM. Levau et Adam, chargés de diriger la décoration de la chapelle de Dangu, il lui fait ses adieux dans les termes suivants : « Je joindrai à la présente ces deux lignes, pour vous supplier de croire que je pars d'ici avec grand regret de n'avoir pas le bonheur de vous dire adieu personnellement, et de ce qu'il faut qu'une feuille de papier fasse cet office pour moi. Je vous dirai donc adieu : adieu, mon cher protecteur; adieu, l'unique amateur de la vertu; adieu, cher seigneur, vous qui méritez vraiment d'être honoré et admiré; adieu, jusqu'à temps que Dieu me donne la grâce de revoir votre bénigne face [1]... »

[1] *Lettres.*

Cette lettre est la dernière que le Poussin ait datée de Paris ; nous le trouvons rétabli dans sa chère petite maison du Monte Pincio dès le 1ᵉʳ janvier 1643. Ch. Lebrun, jeune mais déjà célèbre, l'accompagna dans ce voyage, à la sollicitation du chancelier Séguier. Ils durent arriver à Rome le 5 novembre 1642[1]. Rien n'annonce encore qu'il ait renoncé à son séjour en France, dans la lettre par laquelle il envoie à M. de Chantelou ses félicitations de bonne année[2].

Mais en France, pendant un court intervalle, de grands événements s'étaient accomplis. Le génie puissant qui avait relevé la monarchie et assuré la gloire de Louis XIII, Richelieu, s'était éteint le 4 décembre 1642. Le roi lui-même avait suivi son ministre dans la tombe à cinq mois d'intervalle, le 14 mai 1643, et M. de Noyers s'était retiré de la cour, ne laissant au Poussin pour appui, à l'ouverture d'un nouveau règne, que la faveur chancelante de M. de Chantelou. Cependant on ne s'aperçoit pas, dans les lettres immédiatement écrites par notre peintre à l'occasion de ces événements, qu'ils aient à l'instant influé sur la résolution qu'il manifesta un peu plus tard de ne pas quitter l'Italie. Il est vrai que, dans la lettre du 9 juin 1643,

---

[1] Le retour de M. Poussin à Rome donna lieu à M. Lebrun d'en faire le voyage avec ce fameux peintre, dont il a toujours ménagé l'amitié avec autant de soin que de fruit (*Mémoires inédits sur la vie et les ouvrages des membres de l'Académie royale.* — T. I, p. 6.).

[2] *Lettres*, 1ᵉʳ janvier 1643.

où il fait part à M. de Chantelou des impressions qu'il a reçues à la nouvelle de ces deux morts illustres et de la retraite de son protecteur, quelques mots sur sa maison de Rome révèlent le véritable état de son cœur. « Je vous assure, écrit-il, que dans la commodité de ma petite maison, et dans le peu de repos qu'il a plu à Dieu de me prolonger, je n'ai pu éviter un certain regret qui m'a percé le cœur jusqu'au vif; en sorte que je me suis trouvé ne pouvoir reposer ni jour ni nuit; mais, à la fin, quoi qu'il m'arrive, je me résous de prendre le bien et de supporter le mal [1]. » Rien encore n'est décidé dans l'esprit de l'artiste, mais il est facile de saisir, aux accents naïfs de ces paroles, le sentiment qui le domine, celui qui, après quelque temps de réflexion, sera devenu irrévocable. Il parut, il est vrai, un instant décidé au retour en France, comme on peut le voir dans sa lettre de Rome du 23 septembre 1643. « Si M. Remy, écrit-il, vous a dit quelque chose touchant mon retour, il ne s'est pas trompé, car j'irais au bout du monde pour servir monseigneur et pour vous obéir; mais je ne pourrais pas sitôt me résoudre à partir, ma femme étant assez mal disposée, et mon beau-frère Jean ayant été sur le point de perdre la vue, accident dont il n'est pas encore bien guéri. Si je vis jusqu'au printemps qui vient, je me disposerai plus volontiers au voyage; cependant je ne saurais suffisamment re-

---

[1] Lettres, 9 juin 1645.

mercier monseigneur des offres qu'il me va faisant, et de ce qu'il lui plaît de me conserver le logement qui m'a été donné à son instance et par sa bonté[1].» Néanmoins il n'est pas difficile, dans cette effusion de reconnaissance et de promesses, de saisir les réserves de l'homme qui voudrait bien ne pas se déranger; la santé de sa femme, celle de son beau-frère, sa vie propre, dont il n'est pas sûr pour le printemps suivant, que d'aveux timides échappés à l'instinct de l'homme qui veut rester où il est!

Le jour de la résolution se leva bientôt, et le 5 octobre 1643, Poussin, mettant un terme à l'incertitude de ses amis, écrivait à M. de Chantelou : « Si M. Remy vous a dit quelque chose de mon retour, ce que je lui en ai pu dire n'a été que pour amuser ceux qui font l'amour à ma maison du jardin des Tuileries; car, mon cher maître, à vous dire la vérité, monseigneur étant absent de la cour, je ne saurais, pour quoi que ce fût, penser à retourner en France; et, néanmoins que ce pays soit assez menacé de quelque détourbier[2], je ne saurais penser à en sortir : ne savez-vous pas bien que quand les maux nous doivent arriver, ils nous trouvent partout[3]. »

---

[1] *Lettres.*

[2] Détourbier (de *disturbare*) est un vieux mot qui veut dire embarras, obstacle, etc. Poussin fait allusion ici à l'hostilité de la Toscane, de Venise et de Modène contre Rome et aux suites qu'avait déjà la mauvaise administration d'Urbain VIII.

[3] *Lettres.*

Le Poussin, pendant son séjour en France, avait usé de son crédit pour ses amis à Rome; il avait aplani les difficultés qui retardaient la nomination à l'Abbaye de Cavore [1] du C. del Pozzo, et obtenu en faveur du savant antiquaire Angeloni une somme de deux cents pistoles pour l'aider à publier à Rome son *Historia Augusta*, etc. [2], et la permission d'adresser la dédicace à Louis XIII.

[1] *Sta Maria de Caburro. Lettres*, 11 juin 1641, 17 janvier 1642.
[2] *Historia Augusta da Giulio Cesare a Constantino. Lettres*, 30 mai et 16 juin 1641.

IV

Le Poussin fixé à Rome. — Sa maison du Monte Pincio. — Lettres à
M. de Chantelou. — Projet d'une école en France. — Lebrun.

1642.

Voilà donc Poussin irrévocablement rendu au séjour de Rome, à ce silence modeste, source des pensées élevées, protecteur des œuvres sérieuses. Voilà sa vie en harmonie avec ses goûts, si différents de ceux de la plupart des peintres dont l'histoire nous a retracé l'inconstance et les écarts.

Dans les habitudes et dans les dispositions du Poussin, aucun trait ne ressemble à ce que le vulgaire a coutume de regarder comme le caractère de l'artiste. Rien de cet entraînement brillant ou fougueux, rien de cette prodigalité somptueuse que le succès a inspirée à plusieurs, rien non plus de ces faciles amours, de ces poétiques scandales qu'on se plaît trop à pardonner au talent, même à célébrer dans le génie; moins encore de cette jalousie aveugle qui méconnaît dans les autres les qualités qu'elle exalte en soi-même, de cette envie criminelle qui irrite l'émulation jusqu'à la haine. Tout dans la vie du Poussin porte le caractère de l'ordre et de la décence, de la modestie surtout et du recueillement. En France, dans ses fréquents retours vers l'Italie, c'est sa petite maison qu'il désire, c'est sa femme dont la santé inégale tient éveillée sa sollicitude. S'il retourne à Rome, ce sont ces mêmes objets qui l'y retiennent, c'est le repos qu'il y goûte et qu'il compare aux agitations de la cour de Louis XIII, dont cependant il n'a fait qu'effleurer l'amertume, dissimulée par le respect de ses compatriotes et par la gloire qu'il y recueillait. Tous ces goûts, tous ces instincts, cette timidité, cette résignation, cet amour du recueillement et de la paix sont en parfaite harmonie avec la nature du talent du Poussin, et feraient en quelque sorte pressentir la vertu de son pinceau.

La richesse que son séjour à Paris pouvait lui assurer ne fut pas un attrait assez fort pour le retenir; il lui préféra la médiocrité; mais on a dit à tort que Poussin vécut et mourut pauvre. Grand nombre de ses contemporains recherchèrent avec ardeur les œuvres de son pinceau, et si nous en croyons les indications qu'il donne lui-même [1], il dut vivre dans une certaine aisance. Cette modeste condition est, il est vrai, la pauvreté même comparée à la fortune brillante de quelques artistes favorisés. Elle n'est rien, sans doute, à côté des pro-

---

[1] *Lettres*, 16 novembre 1664. On verra à la fin de cette histoire que le Poussin laissa à sa famille une somme assez notable pour le temps.

fusions que put se permettre Raphaël, devant la gloire imposante et la physionomie gigantesque de Michel-Ange, auprès des trésors de l'Espagnolet, ou de la vie princière de Rubens; mais elle fut ce que Poussin voulut que fût sa vie, et il la voulut telle pour protéger le silence au sein duquel il s'affermissait dans le culte de la peinture, et poursuivait ses méditations sur les rapports de la nature et de l'art. Cette vie même caractérise son génie réfléchi comme celle des peintres que nous venons de nommer exprime leur talent facile et leurs facultés brillantes.

Parmi les tableaux dont il cherche la vue, il arrive quelquefois à l'ami des arts, de rencontrer de vastes compositions dont l'éclat, la couleur, le mouvement, la dimension coordonnés au sujet appellent les regards et retiennent l'attention. Il admire la supériorité de l'artiste, la facilité de sa conception, l'exécution puissante empreinte sur chaque partie de l'œuvre, le relief et la vie qui la caractérisent et qui commandent les suffrages des moins bienveillants. Souvent néanmoins quelque chose manquera à une complète satisfaction; à la distance où le spectateur aura été obligé de se placer pour embrasser l'œuvre tout entière, il n'aura guère saisi que l'ensemble de la composition, que les attitudes, le mouvement général; l'expression véritable, celle des têtes lui aura échappé, ou ne sera qu'imparfaitement arrivée jusqu'à lui; s'il s'est approché pour étudier en détail chaque personnage et chaque expression, il se sera immédiatement aperçu que l'artiste n'a pas dû lui donner toute la précision qui semble lui appartenir au premier coup d'œil, ni en faire l'objet complétement rendu d'une étude approfondie; qu'entraîné, dominé par l'effet général d'une composition destinée à être vue à distance, il lui a fallu donner à ses têtes une expression saillante, la colère, la douleur, l'effroi; qu'il en a forcé les traits, afin que l'éloignement en laissât parvenir au spectateur tout juste ce qu'il a besoin d'en saisir. D'ailleurs, au milieu de ces expressions générales de passions connues, souvent décrites et exprimées, on chercherait en vain quelque chose d'individuel, un trait qui peignît telle colère ou telle douleur en particulier, on saisirait difficilement l'ensemble d'une physionomie dramatique, vers laquelle convergeât le rôle de chacun, caractérisé dans l'harmonie de la situation totale.

Mais au milieu d'autres toiles, la plupart de moyenne dimension, se montre un tableau de médiocre grandeur. Ni l'éclat des tons, ni le fracas de la composition, ni la hardiesse de l'exécution n'attirent les regards et n'invitent à s'arrêter. Cependant on ne passe pas sans jeter un coup d'œil, on n'en jette pas un sans en jeter un second; avant tout examen approfondi, une certaine physionomie générale, un sentiment encore confus avertissent qu'il y a là quelque beauté voilée à des regards profanes, mais qui ne demande pas mieux que de se laisser voir à un sincère adorateur. On approche donc, et un coup d'œil attentif découvre dès l'abord la trace d'une réflexion profonde. Ces figures, ordinairement moindres que demi-nature, frappent par leur expression, et d'autant plus sûrement que non-seulement on les embrasse sans efforts, chacune dans son ensemble, mais qu'on embrasse en même temps celles qui sont en rapport avec elles. Il y a dans ces expressions une si grande convenance avec le sujet, que, placées ailleurs, elles ne seraient plus ce qu'elles doivent être. Ce n'est pas en effet l'homme inspiré en général que présente le tableau du *Frappement du rocher*, mais l'homme d'une inspiration calme et sereine, certaine du résultat qu'elle va produire. Ailleurs ce n'est pas la femme affligée en général, mais là c'est la douleur plus abandonnée de la fille, ici la douleur plus courageuse et plus digne de la mère, de la mère qui a l'expérience des épreuves, et qui sait qu'elle doit se conserver pour les restes d'une famille frappée dans son chef[1]. Les exemples de ces conceptions si vivantes et si vraies, sont trop fréquents parmi les œuvres du Poussin, nous aurons trop souvent l'occasion d'y revenir dans une autre partie de ce travail, pour nous étendre ici plus longtemps sur ce sujet. Il est d'ailleurs facile de les trouver; la première composition venue du maître, prise sans choix, sans calcul, justifiera ces réflexions.

[1] *Testament d'Eudamidas.*

Cette faculté de méditer son sujet, cette persévérance à en ouvrir tous les replis, à en sonder toutes les profondeurs, ce besoin d'en saisir à chaque instant l'ensemble, pour qu'aucun rapport n'échappe, pour qu'aucune expression ne manque de correspondre avec les autres, sans doute aussi la joie de lire sa pensée sous une forme facile à embrasser, l'enthousiasme si naturel et si fécond de sa propre idée, condition première du génie de l'artiste, expliquent, en partie du moins, pourquoi le Poussin donna rarement à ses tableaux, toujours grands par le sujet et la conception, une dimension qui lui eût permis de peindre ses figures dans leur grandeur naturelle. Il résumait l'image de sa pensée dans un cadre heureusement circonscrit, il la resserrait pour lui donner toute sa force, pour jouir de sa portée entière; et, s'il nous était permis de comparer ici les œuvres de la pensée pure à celles où elle revêt des dehors empruntés à la peinture ou au dessin, nous ferions remarquer que les penseurs les plus profonds ont tous donné à leurs idées l'expression la plus concise, en même temps que la plus fidèle. Tels furent parmi nous Pascal, et ce La Bruyère à qui la pénétration avec laquelle il descendait au fond des caractères et des mœurs, permettrait de comparer le Poussin, si deux arts aussi différents pouvaient être rapprochés; génies puissants et justes qui poursuivirent sur l'homme des études analogues, encore qu'ils en aient différemment exprimé le résultat, le premier à l'aide de sa plume, l'autre avec le secours de son pinceau.

De ce que Poussin fit toujours de la grande peinture sur des toiles de proportion médiocre, il résulte que toute comparaison entre son œuvre et les œuvres de la peinture italienne serait incomplète et illusoire. Lorsque les maîtres italiens couvraient de leurs vastes compositions les murs des églises et ceux des palais, ils déployaient certaines qualités dont le peintre français paraît avoir moins recherché l'occasion de faire preuve, et ils en négligeaient quelques autres qui semblent avoir été les premières à ses yeux. D'ailleurs, on ne compare pas un artiste seul à des écoles diverses et nombreuses; et lorsque plus tard nous rapprocherons le Poussin de quelques hommes auprès desquels il mérite d'être placé, nous le ferons dans la mesure où ce rapprochement est possible et peut fournir d'intéressantes observations.

Quel plaisir vrai, quelle satisfaction réfléchie Poussin ne dut-il pas éprouver, en revoyant à Rome sa petite maison du monte Pincio, en retrouvant les soins de sa femme, dont il supportait si péniblement l'absence! Combien ce calme, protecteur de sa méditation, ne lui parut-il pas préférable aux luttes, dont la cour de Louis XIII le fatiguait malgré lui! Sans doute il n'eut pas de peine, il éprouva même un soulagement à s'arracher à ces grandeurs fatigantes et à cette gloire troublée; il bénit peut-être les événements imprévus où se bri-

sait le joug qui pesait si lourdement sur sa liberté.
Nous n'avons donc pas à louer sa vertu d'un sacrifice
qu'il ne fit point ; il lui fallut sans doute plus de courage pour venir en France en 1641, qu'il n'en eut
besoin pour rester à Rome en 1642. Mais ne devons-nous pas admirer d'autant plus cette nature
d'élite, ce rare génie qui, sans efforts de sa part,
sans qu'il lui faille se raisonner lui-même, instinctivement, naturellement, sans qu'il soupçonne
qu'un pareil éloignement eût été pour la cupidité
de tout autre un sacrifice impossible, préfère à
l'éclat de la cour de France, à la faveur d'un des
plus puissants princes de son temps, la sécurité de
sa pensée et le culte silencieux de son art? Il faut
remonter jusqu'aux mœurs antiques, pour retrouver ces caractères sublimes, qui, frappant d'admiration leurs contemporains, comme ils étonnent la
postérité, ignorèrent cependant eux-mêmes leur
propre grandeur.

De tous les amis qu'il avait laissés en France,
M. de Chantelou était le seul dont le Poussin regrettât réellement le commerce. Son séjour à Rome
ne le sépara pas immédiatement de lui ; car deux de
ses lettres, l'une du 9 et l'autre du 22 juin 1643,
où il témoigne son inquiétude et celle de quelques
autres, des accidents qui peuvent menacer M. de
Chantelou pendant son retour en France, nous
apprennent que ce seigneur était venu passer quelques mois à Rome, après la mort du cardinal de
Richelieu, mort qui ne paraît pas avoir amené

de changements dans les libéralités de la Couronne envers les artistes. La nouvelle de celle de Louis XIII n'exerça aucune influence sur l'époque de son retour, car il était déjà à Turin le 21 mai, sept jours après que ce prince eut quitté le trône et la vie. On fut instruit à Rome, au milieu de juin, des mesures promptes qui venaient d'assurer la régence à la reine-mère, à l'avénement de Louis XIV, et le Poussin savait déjà que la faveur de M. de Noyers, un instant suspendue, n'avait reçu aucune atteinte sérieuse. Néanmoins il ne revint point sur sa résolution de rester à Rome, et il la confirme encore dans sa lettre à M. de Chantelou du 22 juin 1643, où il l'assure de sa reconnaissance et de l'empressement qu'il mettra toujours à répondre à ses désirs. « Je ne doute point, lui dit-il, que vous n'éprouviez beaucoup plus de crainte que de joie à retourner dans les embarras de la cour. Le repos et la tranquillité d'esprit que vous avez possédés sont des biens qui n'ont pas d'égal. Finalement, vous ne devez pas mettre la perte de ma conversation au nombre des choses qui méritent vos regrets; c'est bien moi qui dois me plaindre de ne jouir plus de votre douce présence; mais puisqu'il en est ainsi, à mon très-grand déplaisir, je me consolerai si j'ai du moins le bonheur de vous servir. Si donc, monsieur, vous connaissez en moi quelque talent qui vous puisse apporter quelque sorte de plaisir, me voici attendant vos commandements, et vous assurant bien que je les exécuterai de tout mon cœur :

pour cet effet, je ne m'engagerai avec personne, afin de demeurer tout entier votre très-humble et très-affectionné serviteur [1]. »

Tels furent les adieux du Poussin à ses amis de France. Le commerce de lettres qu'il entretint avec M. de Chantelou dura jusqu'à sa mort, moins fréquent d'année en année. Il prit soin, dans cet intervalle, de quelques intérêts français, toujours en rapport avec la peinture; mais ses travaux personnels furent nécessairement l'objet de sa sollicitude exclusive. Nous suivrons désormais ses destinées à Rome, qu'il ne quittera plus, où il assurera une si glorieuse place au génie de la France; histoire simple et calme, sans événements imprévus comme sans graves émotions, et qui n'est guère que celle des inspirations de son génie.

La mort de Louis XIII et celle de son ministre, sans frapper le Poussin d'une affliction exagérée, l'avaient disposé à la tristesse, comme on le voit par les regrets qu'il témoigne. L'altération de sa santé et de celle de sa femme aggrava cette disposition. Il s'y joignit encore sans doute quelque autre cause. Mais ce que le Poussin ne disait à personne, ce que peut-être il ne s'avouait pas à lui-même, c'est que la fréquentation de la cour, ses intrigues, la guerre perpétuelle à soutenir contre des adversaires peu scrupuleux sur les moyens de parvenir, avaient été un malaise de tous les instants dont il sentait encore

[1] *Lettres.*

la fatigue. De plus, quoique son esprit sérieux et réfléchi ne vît dans les choses que ce qu'elles portent en elles-mêmes, ne cherchât dans l'exercice de la peinture ni l'éclat du luxe ni celui des honneurs, et ne demandât à cet art que la modeste aisance qui lui permettait de se vouer tout entier à son culte, il restait attaché à ses plans d'ornementation de la galerie du Louvre, et se prenait à craindre qu'ils ne fussent remplacés par l'œuvre d'un autre. Aussi, malgré ces souvenirs un peu tristes, malgré sa répugnance à revenir en France, on voit le Poussin encore occupé du Louvre, se félicitant de l'assurance que lui donne Remy Vuibert [1], son ami, que les travaux commencés continueront, dessinant des cartons pour l'ornement de la galerie, et traitant, dans sa correspondance, tous les détails qui se rapportaient à ce sujet [2]; œuvre du reste qui fut bientôt abandonnée.

Cette tristesse et ce découragement du Poussin ne furent pas de longue durée, et il est vrai qu'il les prenait assez gaiement : « La vieillesse, disait-il, est désirée comme le mariage; et puis, quand on y est arrivé, il en déplaît. Je ne laisse pas pourtant de vivre allègre le plus que je peux [3]; » mais à cette disposition d'une sage philosophie se joignit, vers le mois de décembre, une amélioration dans ses affaires, et probablement aussi dans sa santé. « Quant à moi,

---

[1] Remy Vuibert était peintre, et élève de Vouët.
[2] *Lettres*, 9 juin 1643.
[3] *Lettres*, 5 octobre 1643.

écrit-il à la date du 11, je suis fort bien ici, et je me peux entretenir joyeusement, particulièrement, s'il vous plaît que quelquefois je m'emploie à vous servir. Si je voulais embrasser toutes les choses qui me viennent, cent bras ne me suffiraient pas; mais je n'ai pas envie de m'incommoder pour des biens dont je ne jouirai que le peu de temps qu'il me reste à vivre [1]. » C'est surtout dans le fragment suivant d'une lettre du 9 juin 1643, qu'il a exprimé d'une manière très-vive ce mélange de regret de la mort du roi, et de plaisir en espérance du repos qu'il entrevoit, se proposant de l'employer dans l'intérêt de la peinture. Après avoir plaint M. de la Varenne et le cher Lemaire, comme il l'appelle, des appréhensions qu'ils ont dû éprouver pendant l'absence de M. de Chantelou, il continue à s'adresser à celui-ci dans les termes suivants : « La mort du roi et la retraite de la cour de Monseigneur ont été deux choses qui m'eussent fait mourir de déplaisir, lorsque je me trouvais en même temps engagé dans un long voyage. Je vous assure, monsieur, que, dans la commodité de ma petite maison, et dans l'état de repos qu'il a plu à Dieu de m'octroyer, je n'ai pu éviter un certain regret qui m'a percé le cœur jusqu'au vif, en sorte que je me suis trouvé ne pouvoir reposer ni jour ni nuit; mais à la fin, quoi qu'il m'arrive, je me résous de prendre le bien et de supporter le mal. Ce nous est une chose si commune que

---

[1] *Lettres*, 11 décembre 1643.

les misères et disgrâces, que je m'émerveille que les hommes sensés s'en fâchent, et ne s'en rient plutôt que d'en soupirer. Nous n'avons rien à propre, nous avons tout à louage [1]. »

La lettre de M. de Chantelou, dont celle-ci est la réponse, et à laquelle nous avons fait allusion plus haut, est datée de Turin, du 21 mai, et annonce à notre artiste l'arrivée de son protecteur dans cette ville. Peu de temps après, il en reçut une autre de Lyon, qui le tranquillisa sur la manière dont se terminait le voyage de son ami. Soit en effet que des circonstances particulières rendissent le retour difficile, soit qu'à cette époque où les communications étaient moins rapides et moins sûres que de nos jours, le voyage de Rome à Paris ne fût pas sans dangers de plus d'un genre, le Poussin ne cache pas ses appréhensions. Il est vrai que, dans les craintes qu'il exprime, il faut faire la part de la courtoisie, comme du caractère peu aventureux de l'artiste, et de cet amour de la sécurité et du repos, qui lui avaient rendu si redoutable le double voyage entrepris pour aller en France et pour revenir à Rome.

On peut croire aussi qu'à son retour, malgré les bonnes intentions de ceux qui l'avaient appelé à la cour, le Poussin n'était pas plus riche qu'il ne l'avait été à l'époque de son départ. La mort du cardinal de Richelieu, celle de Louis XIII,

---

[1] *Lettres*. — Il vécut néanmoins encore vingt-deux ans. Il est probable que l'état de sa santé ne lui faisait pas concevoir une si longue espérance.

la retraite de M. de Noyers, l'absence de Paris de M. de Chantelou, avaient retardé, ou fait passagèrement oublier le remboursement de quelques sommes qui lui étaient dues; et comme il n'avait pas encore eu le temps de renouer des relations qui lui fussent fructueuses, il souffrait en ce moment de la gêne. C'est sans doute aux réclamations qu'il adressait alors à la cour nouvelle, pour quelques travaux qu'on semblait avoir perdus de vue, que nous devons rapporter l'intervention qu'il réclame de M. de Chantelou, *touchant ses intérêts*, dans sa lettre du 22 juin 1643. A la fois pressé par le besoin et retenu par sa discrétion naturelle, il fait entendre avec une convenance et une adresse sans égales à son protecteur, que plus tôt il pourra s'occuper de sa réclamation, mieux cela vaudra. « Si c'était chose, dit-il, qu'avec le temps et l'occasion vous puissiez faire, je vous en serais grandement obligé; » puis il ajoute avec l'originalité que nous avons déjà reconnue dans son style : « Néanmoins, mon mal est de la qualité de la brûlure, à qui il faut incontinent appliquer le médicament pour en être bientôt guéri [1]. »

Faut-il croire qu'à cette époque le Poussin faisait encore espérer autrement que par des ménagements de politesse et de condescendance, un prochain retour en France?.... Nous ne le pensons pas. Nous voyons bien dans sa lettre du 23 septembre 1643 [2],

[1] *Lettres.*
[2] *Lettres.*

qu'il remercie qu'on lui ait conservé son logement à Paris, qu'il remet au printemps qui vient de se disposer plus *volontiers* au voyage; mais la réserve qu'il fonde sur la santé de sa femme, sur celle de son beau-frère Jean, garde à son amour du repos la possibilité d'un refus définitif. Ce serait ne connaître qu'imparfaitement le Poussin que de voir dans ces paroles autre chose qu'un refus déguisé, autre chose que l'expression de la reconnaissance, et les précautions employées par un caractère modeste et conciliant pour dénouer doucement des liens qui lui pèsent, sans que l'amitié et la gratitude en soient altérées.

Il y avait sans doute quelque raison d'amour-propre qui se mêlait à ses goûts principaux; car, après le retour de M. de Noyers à la cour, pressé de nouveau de revenir pour finir la grande galerie, il répondit dans une lettre du 26 juin 1644, « qu'il ne désirait y retourner qu'aux conditions de son premier voyage, et non pour achever la galerie, dont il pouvait bien envoyer de Rome les dessins et les modèles; qu'il n'irait jamais à Paris pour y avoir l'emploi d'un simple particulier, quand on lui couvrirait d'or tous ses ouvrages [1]. » Le Poussin avait-il quelque crainte de ne plus retrouver son titre de peintre du roi? Un autre motif encore pouvait lui inspirer ces réserves; c'était l'insistance de M. de Noyers, qui, écrivant à M. de Chantelou, à

---

[1] Félibien, t. IV.

Rome, en 1642, semblait regarder comme engagée la parole du Poussin [1]. Les plus grandes précautions étaient nécessaires pour ne pas s'exposer au reproche d'inconstance, et attendre du temps une solution favorable.

Cet éloignement du Poussin pour retourner dans sa patrie, tenait, comme nous l'avons fait voir, à la nature même de son génie ; il dut lui obéir, et fit bien de ne pas céder aux sollicitations qui le rappelaient. Il recueillit le fruit de cette résolution, et l'art en profita comme lui. Qu'eût-il fait sous la minorité de Louis XIV, au milieu des troubles qui l'agitèrent, alors que se préparaient sans doute tous les éléments de ce grand règne, mais alors aussi que ce grand règne n'était pas commencé?.... Le Poussin n'eût guère trouvé que des particuliers, moins nombreux, moins riches, surtout moins connaisseurs qu'à Rome, pour apprécier ses tableaux. Plus tard, lorsque Louis XIV entra enfin dans sa gloire, lorsqu'il appela autour de son trône, pour qu'il brillât d'un éclat nouveau, les lettres et les arts, était-ce bien le Poussin qui eût pu répondre à l'appel de cette gloire, grande et noble sans doute, mais plus terrestre que sa pensée si profondément religieuse, si solidement morale n'eût aimé à la peindre? Que serait-il devenu au milieu de ce fracas des batailles, de ces pompes nuptiales, de ces vastes allégories mythologiques où se

[1] *Lettres inédites.*

jouait si à l'aise le génie de Lebrun, et auxquelles répugnait la calme sérénité de celui de Lesueur ? Poussin s'en fût éloigné par des raisons analogues, et par d'autres encore, particulières à la nature de ses inspirations. Il resta donc à la véritable place que réclamaient sa gloire et la nôtre.

Car, pour n'avoir point quitté Rome, le Poussin n'en fut pas moins présent aux chefs-d'œuvre qui immortalisèrent en France la seconde moitié du XVIIe siècle. L'œil attentif de l'historien des arts saisit et sait développer le lien qui unit les leçons données par ce grand homme aux œuvres de ceux qui lui succédèrent, et qui s'étaient formés à l'école de ses exemples et de ses conseils. C'est un fait digne d'attention, que la plupart des peintres qui se distinguèrent sous Louis XIV avaient passé plus ou moins de temps à Rome, participant, dans des mesures diverses, à la familiarité et à la conversation du Poussin; de sorte qu'à l'aspect de leurs tableaux, on peut affirmer que ce fut là, et sous cette heureuse discipline, que se décida le caractère de l'école française au XVIIe siècle. Il nous sera facile, dans une autre partie de ce travail, d'en suivre la trace au milieu du siècle suivant.

Les plus durables institutions, comme les meilleures lois, ne sont que la consécration des mœurs, des besoins ou des usages nés de la nature même des circonstances, et déjà consolidés par le temps; tel fut l'établissement de l'école de France à Rome. On peut dire que le Poussin en fut le premier directeur, encore qu'il n'y eût rien d'officiel dans une mission dont les circonstances l'investissaient naturellement, et que l'institution qui consacra plus tard cette présence d'artistes français à Rome, n'ait pris naissance que l'année qui suivit sa mort [1].

Nous apprenons de Baldinucci, dans la vie de François Duquesnoy, qu'à l'époque où le Poussin arriva en France, Louis XIII venait d'obtenir du statuaire flamand la promesse de s'établir à Paris pour y ouvrir, sous la protection et aux frais du prince, une école de sculpture, dans laquelle la munificence royale promettait d'entretenir douze élèves [2]. Ce projet, qui honore Louis XIII et ses ministres, montre que Louis XIV ne fit que suivre, avec plus de bonheur et de ressources, les traditions de sa famille. Il ne fut point réalisé, par suite d'un accès de folie, et d'une maladie qui retint quelque temps Duquesnoy au lit. Un semblable plan pour l'enseignement de la peinture était arrêté avec le Poussin, qui en avait remis l'exécution à l'époque à laquelle, revenu de Rome où il allait chercher sa femme, il se serait définitivement fixé à Paris. Le lecteur sait ce que devinrent ces projets,

---

[1] L'établissement de l'école française à Rome est de 1666. Le Poussin était mort le 19 novembre 1665.

[2] Les lettres de M. De Noyers confirment ce fait et ajoutent qu'en même temps Louis XIII appelait en France l'Algarde et Pietre de Cortone, qu'il appelle, avec Poussin et Duquesnoy, la troupe des vertueux. Le Poussin seul répondit à cet appel, encore ce ne fut, comme nous l'avons vu, que pour moins de deux ans. (*Lettres inédites.*)

non moins glorieux pour Louis XIII, que le choix même des hommes qu'il voulut charger de les exécuter. L'école projetée de peinture avait donc suivi le sort de celle de sculpture, et ces deux généreuses conceptions n'avaient pas même atteint un commencement d'exécution. Il était réservé à Louis XIV, sous l'inspiration de Lebrun, de leur donner à Rome même l'existence qu'elles ont conservée jusqu'à ce jour.

Les accidents qui rendirent passagèrement impuissantes les favorables dispositions de Louis XIII furent heureux. Ces deux écoles une fois établies, on leur eût donné en France tous les développements qu'elles comportaient, et l'idée ne serait peut-être pas venue de les transporter à Rome, où elles furent plus utilement placées. La simple observation des faits montrait dès lors que l'instinct divinateur des artistes les poussait vers la ville éternelle; mais ce séjour à Rome ne pouvait être que le complément d'études déjà commencées. L'École de peinture, depuis École des beaux-arts, en France, fut la préparation à celle de Rome, et compléta cet ensemble merveilleux de moyens de se perfectionner offerts à la jeunesse éprise de cette noble culture.

La sculpture et la peinture n'ont, dans les temps modernes, fleuri nulle part plus tôt qu'en Italie. La Flandre et l'Allemagne, où l'on cite quelques noms d'artistes dès le dixième siècle, ne comptent néanmoins aucun peintre célèbre, contemporain de

Giotto, si recherché déjà et si fécond à la fin du treizième. Les Van Eyck appartiennent au quatorzième, et, malgré leur talent incontestable, ne jouent point un rôle comparable à celui du pâtre de Vespignano [1]. La peinture monumentale appelait déjà Giotto à Arezzo, à Assise, à Florence, à Rome, à Faënza et dans un grand nombre d'autres villes d'Italie, avant que Jean de Bruges essayât, dans des proportions restreintes, la consciencieuse timidité de son pinceau. Les monuments de Rome, les innombrables débris de la statuaire et de l'architecture antique, répandus sur le sol classique du Latium et de la grande Grèce, donnaient à cette contrée une physionomie particulière, favorable à la renaissance des arts. Cette impulsion, d'accord avec les dispositions du génie italien, une fois donnée, ne s'arrêta point. Les grands artistes qui se succédèrent, tels que Raphaël, le Squarcion, les Carraches, etc., augmentèrent ces richesses de leurs chefs-d'œuvre, plusieurs même de leurs acquisitions. Les souverains pontifes, les princes, les seigneurs, les villes rivalisèrent de zèle, et au commencement du seizième siècle, l'Italie brillait sur tous les points de la gloire de la peinture, de l'architecture et de la statuaire. Deux siècles avaient transformé cette contrée en un vaste musée, où l'histoire des arts était écrite sur une multitude de

---

[1] Giotto était né en 1276, à la villa di Vespignano, à 14 milles de Florence; son père était laboureur.

chefs-d'œuvre, où la variété des écoles témoignait de la fécondité du génie italien, où le zèle de l'artiste trouvait à chaque pas, au milieu des mille accidents d'un beau ciel, d'une riche nature et d'un sol historique, des modèles propres à développer son talent dans tous les genres, des souvenirs capables d'élever son esprit à toutes les grandes pensées.

La France ne possédait point encore les richesses que ses rois ont accumulées depuis. Telles qu'elles sont, elles ne sauraient être comparées à l'aspect que présente l'Italie tout entière, telles qu'elles étaient alors, la comparaison n'eût pas même été essayée.

Ce fut donc une heureuse idée, lorsqu'on mit à exécution la pensée de Louis XIII, que d'en transporter la réalisation à Rome, et de représenter la France dans cette capitale du monde, par la culture des arts, la plus capable entre toutes les études, de la recommander aux sympathies de la nation italienne. Ce fut, comme nous l'avons dit, à l'influence de Lebrun qu'on dut l'institution qui nous a donné droit de cité dans la cité des Césars et des pontifes.

Mais cette conduite était indiquée, dictée pour ainsi dire par les faits antérieurs, et par le mouvement qui entraînait individuellement les artistes français.

Déjà Martin Fréminet y était resté sept ans, et avait puisé, dans l'étude attentive des tableaux de Michel-Ange, le style dont il peignit la chapelle de Fontainebleau, et exécuta quelques autres composi-

tions. Jacques Blanchard et Simon Vouët s'étaient
empressés de suivre cet exemple, et, de retour en
France, avaient montré dans leurs œuvres tout ce
qu'ils avaient gagné à leur séjour en Italie, et à
l'étude qu'ils avaient faite de tant de chefs-d'œuvre.
Le premier était resté dix-huit mois à Rome, et
quelque temps à Venise; le second demeurait
depuis quatorze ans en Italie; il était prince de
l'académie de Saint-Luc, lorsque Louis XIII le
rappela en France en 1627. La même impulsion y
avait conduit le Poussin, et nous avons vu comment ce ne fut qu'après deux tentatives infructueuses, qu'il y arriva enfin en 1624. Il y apportait
des dispositions plus sérieuses que Blanchard et
Vouët : le premier s'était abandonné aux séductions
de la couleur du Titien, et le second laissait affaiblir ses précieuses facultés et les résultats de ses
études par une facilité de pratique qui dégénérait
en négligence. Le Poussin, au contraire, était destiné
à recueillir à Rome tout ce que d'innombrables
chefs-d'œuvre présenteraient à son esprit judicieux,
et à ajouter son cachet particulier aux riches traditions de tant de sublimes génies. Vouët et Blanchard
y avaient, l'un trouvé la gloire, l'autre puisé d'utiles
leçons. Ils étaient venus tous deux triompher, dans
leur patrie, de leurs succès et de leurs talents. Le
Poussin devait au contraire s'identifier avec le génie romain et négliger, pour la ville éternelle, la
France et avec elle la faveur de Louis XIII, celle de
Richelieu, et celle qui l'eût sans doute accueilli à la

cour de Louis XIV. Mais sous l'influence d'un semblable représentant, le génie français, infiltré dans les traditions italiennes, allait créer une école nouvelle, dont la destinée semble avoir été de transporter de Rome à la France le sceptre de la peinture contemporaine.

Lebrun, qui à Rome avait profité des conseils et reçu les encouragements du Poussin, savait quelle heureuse influence il avait exercée sur les jeunes peintres réunis dans cette ville. Nul doute qu'il n'ait puisé dans ces circonstances l'idée d'une école française à Rome, placée sous la direction d'un artiste éminent envoyé par la France. En cela il voulut assurer une succession officielle à l'œuvre de dévouement et de bienveillance qu'il avait vu poursuivre par le Poussin. Aussi attendit-il la mort de celui-ci pour proposer à Louis XIV et obtenir de lui l'établissement d'une si féconde institution. Nous ne tarderons pas à présenter le Poussin groupant autour de lui ses jeunes compatriotes par sa supériorité seule; mais auparavant nous allons appeler l'attention du lecteur sur la grande œuvre de sa vie, sur les deux suites des Sept Sacrements.

V

Les deux suites des Sept Sacrements. — Suite del Pozzo. — Suite Chantelou. — Scarron. — Le Baptême. — La Confirmation. — La Pénitence. — L'Eucharistie. — L'Ordre. — Le Mariage. — L'Extrême-onction. — Le Testament d'Eudamidas. — La Passion de J. C.

1636 — 1648.

Il y a dans la vie du Poussin une œuvre principale, autour de laquelle se rangent en quelque sorte ses plus sérieuses compositions. Interprète le plus souvent de l'Ancien et du Nouveau Testament, dont le premier annonce les merveilles du second, il s'est élevé dans cette conception à la plus haute expression de la foi chrétienne et des secours divins qui lui correspondent. Il a laissé à l'admiration de la postérité deux séries de compositions, ayant pour objet les Sept Sacrements, sans compter un certain nombre de tableaux dans lesquels il a traité à part les mêmes sujets. De ces deux collections, la première en date fut commencée et achevée pour le commandeur Cassiano del Pozzo, l'un des plus anciens, et avec M. de Chantelou, le plus fidèle des protecteurs du Poussin. Les tableaux qui composent cet ensemble furent exécutés en différents temps, mais tous vers les dernières années du premier séjour à Rome; celui qui représente le Baptême ne fut achevé qu'à Paris en 1642, par suite des lenteurs qu'apportèrent à son exécution les nombreux travaux du Poussin. A la mort du commandeur del Pozzo, ils passèrent par héritage dans la galerie du marquis Bocca Paduli à Rome, où ils furent achetés pour celle du duc de Rutland en Angleterre. Ils sont plus petits que ceux de la seconde collection, et les figures n'ont que deux palmes de haut. L'un d'eux malheureusement a été brûlé.

La seconde collection fut exécutée à Rome, pour M. de Chantelou, lorsque le Poussin eut quitté la France, et pendant les années dont nous avons raconté l'histoire dans le chapitre précédent. Devenue plus tard propriété du duc d'Orléans, elle passa ensuite en Angleterre dans la galerie du comte de Stafford, dite galerie de Bridgewater [1]. Le Poussin commença cette œuvre en 1644, un peu plus d'un an après son retour dans la capitale des beaux-arts. Le projet en avait été formé à Paris, où M. de Chantelou venait de voir achever le tableau du Baptême. Se souvenant d'avoir vu à Rome ceux

---

[1] « La galerie Rridgewater est ainsi appelée du nom de son fondateur le duc de Bridgewater, qui la forma au milieu du dix-huitième siècle, et la légua à son frère le marquis de Stafford, sous la condition de la transmettre à son second fils lord Francis Égerton, qui s'appelle aujourd'hui lord Ellesmere. Du vivant du marquis de Stafford elle a été en très-grande partie gravée par Ottley, sous le nom de *Galerie de Stafford*, en 4 vol. in-fol. (Cousin, du Vrai, du Beau, etc. Appendice, p. 479). »

que possédait déjà le commandeur del Pozzo, il estima d'un grand prix l'ensemble de ces compositions, et conçut le vif désir que le possesseur et le peintre permissent qu'on en fît des copies. Ce projet, auquel le Poussin ne paraît pas avoir été d'abord favorable, n'eut pas de suite à cette époque. Sans doute les fatigantes préoccupations que lui donnèrent, ainsi qu'à M. de Chantelou, les grands travaux qui s'exécutaient au Louvre en furent la cause principale. Aussi lorsque notre peintre, rendu à ses modestes et studieuses habitudes, retrouva à Rome la régularité dans le travail et le loisir pour la réflexion, M. de Chantelou le sollicita de nouveau de faire exécuter, sous ses yeux cette fois, les copies qu'il tenait si fort à avoir dans sa galerie. Cette concession devait être désormais d'autant plus facile à obtenir que des relations amicales s'étaient établies entre le commandeur del Pozzo et M. de Chantelou pendant le récent séjour de ce dernier à Rome. Le cœur reconnaissant du Poussin croyait n'avoir rien à refuser à ce protecteur et à cet ami, et il fut un instant presque convenu qu'il se chargerait de reproduire lui-même ces tableaux tant désirés. Cependant il lui répugnait de se copier et de suspendre, dans le devoir d'une imitation fidèle, le progrès que le temps et la réflexion avaient fait faire à sa pensée revenant sur des sujets déjà étudiés, mais non encore complétement approfondis.

Aussi fut-il d'abord question de confier ces copies à Errard, au Napolitain Chiéco et à Claude

Lerieux. La promesse des deux derniers artistes était obtenue, et ils allaient se mettre à l'ouvrage, lorsque de nouvelles réflexions vinrent arrêter le Poussin, peu satisfait de laisser transmettre à la postérité une traduction de son œuvre à laquelle il n'eût pas mis la main. Il revint donc à sa première idée d'exécuter lui-même ces tableaux, mais les mêmes réflexions l'éloignèrent encore une fois d'une copie servile. Il proposa alors à M. de Chantelou de traiter pour lui les mêmes sujets, mais sans s'astreindre à l'imitation rigoureuse de ses premières compositions. « Pensant en moi-même, lui écrit-il le 12 janvier 1644, j'ai cru faire bien, et pour mon honneur et pour votre contentement, de vous prévenir que, demeurant ici, je souhaiterais être moi-même le copiste des tableaux qui sont chez M. le commandeur del Pozzo, soit de tous les sept, soit d'une partie, ou bien encore d'en faire de nouveaux d'une autre disposition. Je vous assure, monsieur, qu'ils vaudront mieux que des copies, ne coûteront guère plus, et ne tarderont pas plus à être faits[1]. » M. de Chantelou n'eut garde de refuser cette offre : elle lui promettait une collection qui ne serait probablement pas inférieure à celle du commandeur, et nous voyons par la réponse suivante du Poussin que son consentement ne se fit pas attendre. « Monsieur, j'ai reçu en même temps deux de vos très-chères lettres. Par

---

[1] *Lettres.*

l'une et l'autre vous me montrez que la proposition que je vous ai faite touchant les Sept Sacrements vous a été agréable; aussi vais-je me préparer à vous servir, et, laissant à part les autres choses que j'avais pensé de vous faire, je m'occuperai uniquement de celles-ci, et avec d'autant plus de soin et de plaisir que vous voulez bien vous en remettre entièrement à moi pour ce qui concerne la disposition des sujets, la grandeur des figures et toutes les autres particularités.

« Si je suis si heureux que d'avoir la santé à l'avenir, telle seulement comme je l'ai maintenant, néanmoins que la fatigue soit longue, j'espère les avoir bientôt faites [1]. » A ce moment il pensait déjà à un autre tableau que M. de Chantelou lui demandait. A un mois de date, il lui écrivait : « Je ne tarderai guère à commencer le tableau que vous me commandez que je fasse, et ce sera des meilleurs pinceaux que j'aie, vous assurant bien que toutes les forces me manqueront s'il n'est le meilleur de tous ceux qui sont sortis de mes mains [2]. » Mais l'invitation de s'occuper à nouveau des sacrements fit négliger cette composition.

Poussin se mit en effet à l'ouvrage, et dès le milieu d'avril suivant il annonce déjà à M. de Chantelou l'ébauche du premier tableau qui avait pour sujet le sacrement de l'*Extrême-onction*,

---

[1] *Lettres*, 17 mars 1644.
[2] *Lettres*, 25 février 1644.

« sujet digne d'Apelles, dit-il dans sa lettre, car il se plaisait fort à représenter des mourants[1]. » Le tableau de *la Pénitence* suivit, *la Confirmation* vint après; mais ces deux derniers n'étaient pas encore achevés que déjà celui de l'*Extrême-onction* voyageait vers la France, annoncé à M. de Chantelou par une lettre[2] dans laquelle le Poussin lui disait: « Sans mentir, je me console de quelque manière de ce que vous recevrez l'extrême-onction sans être malade. » Le *Baptême*, commencé plus tard que *la Pénitence*, nous est donné cependant comme ayant été terminé avant et envoyé dès janvier 1647; mais il fut sur le point de se perdre par suite du meurtre commis entre Suze et Pise sur le courrier qui le portait. La cause qui força le Poussin à ne mettre que plus tard la dernière main au sacrement de Pénitence vient sans doute du dessein qu'il avait formé, et qu'il annonce lui-même, d'y représenter un triclinium lunaire[3] que les anciens appelaient *sigma*, comportant une grande variété de figures, de poses, de costumes, etc. En effet, dans ce tableau, le lieu de la scène, le sujet principal et les accessoires sont, comme nous le verrons plus tard, d'une grande richesse, et par suite d'une exécution compliquée. Cette savante composition fut enfin envoyée à M. de Chantelou au commencement de juin 1647, mais ne

---

[1] *Lettres*, 25 avril 1644.
[2] *Lettres*, 19 novembre 1644.
[3] A cause de sa forme demi-circulaire. Voir le Trésor de Henri Étienne, au mot Σιγμα.

le rejoignit pas immédiatement à cause de son absence, et semble ne l'avoir pas complétement satisfait.

Un peu plus de trois ans s'étaient écoulés depuis qu'il avait commencé cette nouvelle série de sacrements; il fallut encore au peintre jusqu'au mois de mars 1648 pour terminer les trois derniers qui se succédèrent de la manière suivante : l'*Ordre*, l'*Eucharistie*, le *Mariage*. En tout, le Poussin mit quatre ans à composer et à exécuter cette suite de sept tableaux d'une dimension médiocre. Et comme il répète souvent lui-même qu'il renonce à toute autre pratique, tant qu'il n'aura pas terminé ces sacrements, pour satisfaire M. de Chantelou, comme on sait d'ailleurs qu'il ne fit pendant ces quatre années que très-peu de chose en dehors de l'exécution de cette œuvre capitale, ceux qui n'admirent dans un peintre que la facilité d'exécution, ou du moins à qui cette rapidité plaît avant tout, concevront par là du Poussin une opinion moins grande que celle qu'il est juste de se faire de cet homme supérieur. Mais l'examen auquel nous nous livrerons plus tard de cette suite de tableaux célèbres, en les comparant à ceux qu'il avait déjà exécutés pour le commandeur del Pozzo, réduira, nous l'espérons, à leur juste valeur, les sentences inconsidérées de critiques irréfléchis. En attendant, nous le laisserons faire allusion lui-même aux jugements peu favorables que quelques-uns de ses contemporains semblaient disposés à porter à son égard : « La grande quantité de maladies, dit-il à M. de Chantelou en date du 20 août 1645[1], et la mortalité qui court a fait que je n'ai pensé à autre chose que me conserver la santé; c'est pourquoi si je peux finir votre tableau de la Confirmation et vous l'envoyer pour la fin de l'année, je croirai avoir fait beaucoup. Il contient vingt-quatre figures quasi toutes entières, sans l'architecture de derrière, de manière qu'il ne faut pas moins de cinq ou six mois pour le bien finir. De plus, monsieur, si vous le considérez, ce ne sont pas des choses que l'on peut faire en sifflant, comme vos peintres de Paris, qui, en se jouant, font des tableaux en vingt-quatre heures. Il me semble que je fais beaucoup quand je fais une tête en un jour, pourvu qu'elle fasse son effet. Je vous supplie de mettre l'impatience française à part; car si j'avais autant de hâte comme ceux qui me pressent, je ne ferais rien de bien. » La leçon est bonne en tout temps; elle reçoit ici une plus grande autorité des vertus et du génie de l'homme qui s'attribue avec raison le droit de la donner.

Afin de s'assurer le loisir nécessaire pour exécuter cette grande œuvre avec tout le soin qu'elle méritait, le Poussin n'avait voulu s'engager envers aucune des personnes qui lui témoignaient avec instance le désir d'occuper ses pinceaux. Il n'exécuta donc, pendant ces quatre ans, d'étranger aux

---

[1] *Lettres.*

Sept Sacrements, qu'une *Mort du Christ*, pour laquelle il avait été sollicité par M. de Thou à une époque où rien n'était encore arrêté sur les copies des tableaux du commandeur. Peut-être se donna-t-il aussi le loisir de faire un tableau, dont le sujet nous est resté inconnu, pour l'évêque de Constance, *passionné depuis très-longtemps d'avoir quelque chose de lui*[1]. M. de Chantelou, frère aîné de son protecteur, lui avait demandé un Baptême de saint Jean, d'une petite dimension. Quoique le Poussin fût autorisé par le frère puîné à prendre sur le travail des tableaux qui lui étaient destinés le temps indispensable pour satisfaire à cette demande, fidèle à la promesse qu'il avait faite, il ne s'y appliqua que lorsqu'il eut achevé les *Sept Sacrements*[2]. Enfin, à la considération de M. de Chantelou lui-même, il avait promis à M. Delisle, son ancien ami, un Passage de la mer Rouge, dont l'exécution ne fut certainement pas commencée avant celle du Baptême de saint Jean, vers le milieu de l'année 1648. En cela il donna l'exemple de ce que doit être le peintre, le peintre d'un véritable, sincère et profond génie; car ce ne fut pas le temps matériellement nécessaire à l'exécution qui lui manqua pour s'acquitter de sa promesse et terminer cette œuvre peu considérable; mais, tout entier à l'élaboration d'un sujet, il ne laissait que rarement à

---

[1] *Lettres*, 14 mai 1644.
[2] *Lettres*, 17 août 1647.

sa pensée la liberté d'en aborder un autre en même temps, et son horreur pour le désordre ne lui permettait pas de mêler ensemble des objets divers dans une méditation nécessairement confuse. Il n'exécuta donc ce Baptême de saint Jean qu'après avoir adressé en France le dernier des *sept Sacrements*, le Sacrement de *Mariage*, « celui, écrivait-il à M. de Chantelou, que vous devez affectionner le moins[1], » faisant allusion peut-être à ce que ce seigneur n'était pas encore marié.

Parmi les personnes qui témoignaient alors au Poussin le désir d'obtenir un tableau de sa main et qui insistaient sur ce vœu, nous trouvons un écrivain célèbre à plusieurs titres, mais à aucun de ceux qui pourraient nous aider à comprendre par quel côté de ses dispositions intellectuelles et de ses sentiments il put sympathiser avec les sérieuses pensées et la sévérité de goût de ce grand artiste. Cet homme est Scarron. Ami et compatriote de M. de Chantelou, il n'avait pu manquer d'entendre parler souvent du Poussin et de voir quelques tableaux de lui, des meilleurs certainement entre ceux qui le faisaient admirer depuis longtemps. D'ailleurs il avait lui-même cultivé la peinture dans sa jeunesse et connu le Poussin à Rome en 1634. Soit qu'un sentiment de vanité lui inspirât l'envie de se donner l'importance d'un protecteur des arts, soit plutôt que, sous cette bizarre enveloppe et au

---

[1] *Lettres*, 24 novembre 1647.

fond de ce génie burlesque, se cachassent des pensées plus graves et des goûts plus délicats, il fit intervenir M. de Chantelou auprès du Poussin pour en obtenir la faveur qu'il sollicitait. Poussin savait quel était Scarron ; il ignorait toutefois la voie que ce singulier esprit s'était ouverte dans les lettres depuis qu'il avait quitté Rome et la peinture. Il refusa, mais par les motifs que nous avons indiqués plus haut, et qu'il avait déjà opposés à beaucoup d'autres admirateurs de son talent. La connaissance néanmoins s'était renouvelée, elle devint même bientôt un peu plus intime, et Scarron, auquel le Poussin avait exprimé le mieux possible son refus par lettre, ne voulut pas rester en arrière de politesse. Il envoya à notre artiste un livre de facéties, qui fut loin de produire l'effet qu'il en espérait peut-être. Aussi à quelque temps de là, Poussin, écrivant à M. de Chantelou, terminait-il sa lettre de la manière suivante : « J'ai reçu du maître de la poste de France un livre ridicule des frénésies de M. Scarron, sans lettre et sans savoir qui me l'envoie. J'ai parcouru le susdit livre une seule fois pour toujours : *vous trouverez bon que je ne vous exprime pas tout le dégoût que j'ai pour de pareils ouvrages*[1]. » Un instant il put espérer se voir délivré des sollicitations de Scarron ; le bruit de sa mort avait couru, mais ne tarda pas à être démenti, et

---

[1] *Lettres*, 4 janvier 1647. Le passage souligné n'est pas le texte du Poussin ; l'éditeur n'a pas voulu, avec juste raison, reproduire la crudité d'expression des lettres autographes.

il fallut, bon gré mal gré, le remercier de l'envoi de son *Typhon burlesque*, en s'excusant sans doute de ne pouvoir rien lui promettre. Néanmoins Scarron ne se tint pas pour battu, comme nous le verrons plus loin.

Les critiques auxquelles Poussin fait allusion, dans un passage de ses lettres que nous avons cité plus haut, n'en continuèrent pas moins de se produire, malgré la supériorité incontestable de ceux des *Sept Sacrements* de la nouvelle collection déjà arrivés en France. La correspondance du peintre constate qu'elles exercèrent une influence défavorable sur le jugement de M. de Chantelou. Le tableau représentant le Sacrement de *Baptême* en fut l'occasion. Il était arrivé le troisième en France, où l'avaient précédé ceux de *la Confirmation* et de *l'Extrême-onction*, où celui de *la Pénitence* l'avait suivi quelques mois après. Tous trois étaient d'une grande richesse de composition et d'accessoires; la comparaison devait nuire à la simplicité de celui du *Baptême*. Il avait été en effet facile au peintre de choisir un lieu où il pût heureusement placer la représentation de ces trois grands actes empruntés à la vie du Sauveur et à celle du chrétien, et grouper des circonstances qui suggérassent d'intéressants motifs. *La Confirmation* permettait de retracer le spectacle des saintes pompes du culte catholique; *l'Extrême-onction* justifiait les scènes les plus pathétiques et les plus touchantes; *la Pénitence*, dont l'artiste avait emprunté le type attendrissant au repentir de la Madeleine, autorisait dans la salle du festin et dans les convives une magnificence d'édifice, d'ameublement et de costumes, justifiée par la réputation de richesse et de luxe des publicains de l'empire. L'emploi de contrastes qui sortaient des sujets mêmes était encore une autre source de beautés du premier ordre. Mais Jean n'avait point établi son séjour dans les palais des rois; il habitait au désert, prêchant le baptême de la pénitence; vêtu de poil de chameau, il portait autour de ses reins une ceinture de cuir, et se nourrissait de sauterelles et de miel sauvage. Nous montrerons plus loin quel habile parti le Poussin sut tirer de ces circonstances, et de quelques autres encore que nous font connaître les saints Évangiles. Quoi qu'il en soit, les yeux de M. de Chantelou et ceux de ses amis, charmés par l'éclat et l'ordonnance des deux premiers Sacrements, se reposèrent moins agréablement sur l'image de ce désert aride, sur ce mince filet d'eau, sur ces corps brûlés par le soleil, sur ces vêtements qui trahissaient la pauvreté de la multitude dont sortaient ces pécheurs touchés de repentir. Là il eût fallu pénétrer jusqu'à la pensée, le sujet ne justifiant ni pompe ni éclat qui pussent en dissimuler la sérieuse et sévère grandeur. Pour en apprécier la beauté cachée, les connaissances ordinairement répandues parmi les amis des arts ne suffisaient pas; peut-être une étincelle du génie créateur eût-elle été nécessaire pour initier le spectateur aux sentiments d'ascétisme chrétien et d'abnégation pieuse qui respirent dans cette composition. Quelques personnes sans doute pénétrèrent la pensée du peintre; mais l'envie, habile à sentir les perfections rivales, est par cela même instinctivement poussée à les dissimuler. Que M. de Chantelou fût disposé de lui-même à éprouver ce désenchantement, ou qu'un envieux saisît l'occasion favorable de le faire naître dans son esprit, il le laissa percer dans une lettre du 15 mars 1647[1]. L'artiste ne s'en étonna point, et dans une réponse à son protecteur, en date du 7 avril suivant, il aborde, avec la dignité qui lui est propre et la conscience de son mérite, les explications qu'il lui paraît bon d'opposer au jugement de ses adversaires. Après quelques considérations pleines de convenance et de modestie sur les attaques dont il est l'objet; après l'aveu reconnaissant de ce qu'il leur doit de progrès dans son art et d'efforts pour se corriger de ses défauts, il en vient à son tableau du Baptême. « Je passerai donc, ajoute-t-il, à vous dire que, lorsque je me mis en la pensée de peindre votre tableau du Baptême de la manière qu'il est, en même temps je devinai le jugement que l'on en feroit; et il y a ici de bons témoins qui vous l'assureroient de vive voix. Je n'ignore pas que le vulgaire des peintres ne dise que l'on change de manière si tant soit peu l'on sort du ton ordinaire, car la

---

[1] Citée dans celle du Poussin du 7 avril suivant. Voy. *Lettres*.

pauvre peinture est réduite à l'estampe, je pourrois dire mieux si je disois à la sépulture (si hors de la main des Grecs quelqu'un l'a jamais vue vivante). Je vous pourrois dire des choses sur ce sujet qui sont très-véritables et connues de personne : il les faut donc passer sous silence. Je vous prie seulement de recevoir de bon œil, comme c'est votre coutume, les tableaux que je vous enverrai, bien que tous soient différemment dépeints et coloriés, vous assurant que je ferai tous mes efforts pour satisfaire à l'art, à vous et à moi. » M. de Chantelou ne se rendit sans doute pas immédiatement à ces raisons, et à d'autres que nous n'avons pas citées, car il reproduisit encore ailleurs ses regrets irréfléchis sur ce sujet. Le Poussin y revient à son tour dans plus d'une de ses réponses; il termine, entre autres, de la manière suivante une de ses lettres les plus instructives, et de laquelle quelques traits trouveront leur place ailleurs : « Si ce n'étoit que ce seroit plutôt composer un livre qu'écrire une lettre, je vous avertirois de plusieurs choses importantes qu'il faut considérer dans la peinture, afin que vous connussiez amplement combien je m'étudie à faire de mon mieux pour vous contenter : car, bien que vous soyez très-intelligent en toutes choses, je crains que la contagion de tant d'ignorants et d'insensés qui vous environnent ne parvienne à vous corrompre le jugement[1]. » Du reste, il désespère

---

[1] *Lettres*, 24 novembre 1647.

plus tard de voir dominer les bonnes raisons : « Il n'est plus temps, dit-il [1], d'illuminer les aveugles, Christ mesme en fut mal voulu. »

Telles sont les opinions que l'envie s'efforçait alors d'accréditer en France sur celles des productions du Poussin auxquelles la postérité s'est empressée de rendre le plus juste hommage. Quel jugement porterons-nous à notre tour de cet ensemble imposant où sont représentées, dans leurs conditions les plus favorables à l'art, les sept formes sous lesquelles le catholicisme fait pénétrer la vie religieuse jusqu'au dernier de ses enfants? Quel sera le résultat de la comparaison si intéressante à établir entre la pensée primitive du Poussin, celle qui donna naissance à la première collection, et la même pensée mûrie par plusieurs années de méditation et laborieusement développée dans une sorte de solitude, avec la conscience que ce grand artiste mettait dans la pratique de la peinture? Nous ne le dissimulons pas, nos préférences sont en faveur des tableaux de M. de Chantelou. La composition y est en général plus riche, plus élevée surtout, plus réfléchie, plus digne enfin de la majesté du christianisme. Les groupes sont plus étroitement liés dans leurs diverses parties; dans l'ensemble, ils sont mieux subordonnés, et les uns aux autres, et à l'effet général; les draperies ont plus de largeur, les têtes plus d'expression. Mais

---

[1] *Lettres*, 3 juin 1647.

c'est surtout la pensée qui s'élève en même temps qu'elle s'exprime sous des formes plus variées et plus appropriées aux détails du sujet. De nouveaux motifs accessoires viennent s'ajouter au motif premier et principal ; ceux qui existent déjà dans les premiers sacrements se retrouvent dans ceux-ci pour la plupart, mais repris et modifiés de la manière la plus heureuse.

Le jugement que nous portons ici résulte de la comparaison que nous avons faite des *deux suites des Sacrements*, et de l'étude longue et attentive des gravures qui nous les ont transmis. Nous croyons que tout observateur impartial arrivera à la même conclusion, conclusion d'ailleurs conforme à ce que l'induction devait faire pressentir. Il n'est pas naturel en effet de penser qu'un artiste, aussi égal à lui-même que le Poussin, en qui on n'a jamais surpris une faiblesse dans le soin et la conscience avec lesquels il accomplissait son œuvre, reprenant, après quelques années de réflexion, des sujets déjà traités, se retrouve au même point, sans que ses méditations aient rien ajouté à la pensée première. Aussi le résultat est-il d'accord avec cette conjecture, et les grandes qualités de la collection destinée à M. de Chantelou frappent-elles tous les regards.

Néanmoins, nous sentons s'accroître notre confiance dans le jugement que nous énonçons, lorsque nous voyons le Poussin convaincu lui-même de la supériorité de ses dernières compositions. Il s'exprime sur ce point d'une manière non équivoque dans une de ses lettres à M. de Chantelou, et, quoique le jugement qu'il porte alors n'ait pour objet que l'ébauche de *la Confirmation*, il est facile de s'apercevoir que l'artiste se sent, pour les autres *Sacrements* comme pour celui-là, plein d'espoir dans le succès de ses nouvelles compositions.

Les angoisses d'un amateur de tableaux, propriétaire d'une galerie, qui craint de se voir enlever le privilége envié de posséder seul une œuvre de cette importance, sont exprimées dans le passage suivant d'une manière ingénieuse : « J'ai, dit-il, ébauché le premier fort nettement, de sorte que l'on peut juger ce qu'il pourra être étant fini. M. le chevalier del Pozzo est venu le voir, et, quoiqu'il fasse bonne mine, l'on voit bien qu'il lui déplairait si les susdits tableaux demeuraient à Rome; mais comme ils vont entre vos mains, et bien loin d'ici, il boit le calice avec moins de contre-cœur. Il a été étonné de voir, sur un même sujet, une disposition si diverse et des actions de figures toutes contraires aux siennes; mais enfin il faut qu'il souffre, et lui et les autres, de voir *un de vos tableaux qui seul promet de valoir mieux que tous les siens ensemble*[1]. »

Tel est le jugement que porta le Poussin lui-même sur le premier essai de reprise de sujets déjà heureusement traités. Il est facile de voir qu'il apprécie de même les compositions qui vinrent à la suite,

---

[1] *Lettres*, 14 mai 1644.

et qu'il se plaît à faire remarquer dans chacune les détails nouveaux qu'il y a introduits. Cela ressort de nombreux passages de sa correspondance qu'il serait trop long de citer, et difficile d'introduire sans inconvénient dans un récit. Nous ne saurions cependant trop engager les admirateurs de ce peintre à s'assurer eux-mêmes, par la lecture de ces lettres, de l'opinion qu'il avait conçue de ses propres tableaux, car quelques-uns de ses amis semblent lui avoir fait défaut en cette occasion. Il est singulier, en effet, de trouver sur cet objet le frère même du possesseur de la dernière collection, M. de Chambray, d'un avis contraire à celui du Poussin. Voici le jugement par lequel il répond à ceux qui posaient la question de supériorité entre l'une et l'autre suite : « On demande si *les Sept Sacrements* de Rome sont plus beaux que ceux du Palais-Royal[1]. Cette question est trop vague pour qu'on y puisse répondre ; ces compositions sublimes ont des variétés, des avantages et de légères imperfections qui se balancent mutuellement. On reproche à ceux de Rome leur coloris défectueux et la dureté de l'exécution ; mais par la délicatesse de la conception et la beauté de l'expression, ils compensent ce qu'ils perdent sous d'autres rapports, lorsqu'on les compare à ceux de France[2]. »

---

[1] La collection de M. de Chantelou passa après sa mort dans la galerie du duc d'Orléans. M. de Chambray, qui survécut à son frère, avait pu la voir changer de possesseur.

[2] Cité par Maria Graham.

Nous ne saurions souscrire à ce jugement. Ne pouvant comparer ensemble, sous le rapport de la couleur et de l'exécution, des collections que nous n'avons point sous les yeux, et qui ne sont plus connues en France que par les gravures qui les ont reproduites, il est téméraire peut-être d'adopter une opinion contraire à celle d'un témoin qui a pu juger en présence même des tableaux, et qui paraît avoir pour lui l'assentiment de la judicieuse Anglaise à laquelle il a été facile de visiter souvent les collections du comte de Rutland et de lord Stafford. Il nous a donc fallu suivre une autre voie. Nous avons choisi dans la galerie du Louvre quelques tableaux du Poussin; nous les avons choisis parmi les œuvres contemporaines de chacune des époques où furent exécutées les deux collections des Sept Sacrements, d'un côté *la Peste des Philistins* (1630) par exemple, et le tableau de *la Manne* (1639); de l'autre, *le Ravissement de saint Paul* (1650). Quant au coloris et à l'exécution, nous n'avons point trouvé aussi grandes les différences indiquées par M. de Chambray; des artistes, dans le jugement desquels nous avons confiance, ont confirmé nos observations par les leurs. Or il serait singulier que le Poussin eût adopté, dans l'exécution des *Sept Sacrements* destinés au commandeur del Pozzo, une manière de peindre plus dure que celle qu'il mit en pratique à la même époque dans toutes les autres productions de son pinceau. On est, il est vrai, d'accord sur la supériorité de la manière du Poussin après son retour à Rome, mais cette opinion justifie notre préférence. Les reproches exagérés auxquels semble se rallier M. de Chambray, sur l'exécution des *Sept* premiers *Sacrements*, nous paraissent d'ailleurs d'autant moins à considérer que le jugement qu'il porte de la composition et de l'expression est à notre sens entièrement faux. Si nous avons plus de confiance dans celui que nous lui opposons, c'est que nous pouvons juger directement de l'expression et de l'ordonnance générale par les copies que la gravure en a multipliées avec succès dans toutes les dimensions. Nous allons tenter de démontrer pour chaque sacrement, par la comparaison attentive des compositions correspondantes des deux suites, la supériorité de la collection de M. de Chantelou sur celle qui fut exécutée la première [1].

Parmi les Sept Sacrements, tous ne sont pas également de nature à fournir, dans les circonstances de leur institution, un sujet favorable à la peinture, plusieurs même se refusent à toute représentation. Les textes sur lesquels repose l'établissement du Sacrement de Confirmation sont épars, et il n'y a pas dans la vie de J.-C. un jour et une heure, où il ait le premier administré ce sacrement, comme il l'a fait

[1] Ce livre étant destiné surtout à des lecteurs français, nous avons pris de préférence nos exemples parmi les tableaux de la galerie du Louvre, qu'il leur est plus facile d'aborder que les galeries étrangères. Le cabinet des estampes de la Bibliothèque impériale possède toutes les gravures de l'œuvre du Poussin, et en particulier les deux suites des Sept Sacrements, dans un très-grand format, dues au burin de Pesne.

pour l'Eucharistie ou pour l'Ordre. Moins encore trouverait-on les éléments d'un tableau représentant l'Extrême-onction dans le verset de l'épître où saint Jacques[1] rappelle l'usage consacré, dès les temps apostoliques, de faire sur les malades des onctions au nom du Seigneur. Il en est de même du Mariage, institué, selon l'opinion la mieux fondée, par la présence de J.-C. aux noces de Cana. Si le peintre se fût arrêté au choix de cette circonstance, le caractère sacramentel ne se fût pas facilement distingué, malgré les efforts de l'artiste, au milieu de la joie tumultueuse du repas qui eût dû faire comme le cadre principal de cette scène. Le Poussin préféra avec raison, pour ce sacrement comme pour la Confirmation et l'Extrême-onction, emprunter au cérémonial de l'Église, dans l'administration de chacun d'eux, les motifs principaux de ses compositions. Il se réserva d'en représenter l'institution pour les sacrements du Baptême, de l'Eucharistie, de la Pénitence et de l'Ordre. Seulement nous devons faire remarquer qu'il en eût été de l'institution du Baptême comme de celle de la Confirmation et de l'Extrême-onction, si l'artiste s'en fût tenu aux paroles du fondateur. Il aima mieux, dans cette dernière circonstance, s'arrêter à la représentation du Seigneur baptisé par saint Jean, baptême différent de celui que J.-C. recommande à ses apôtres d'aller donner aux nations, que de reproduire en ce point

---

[1] C. 5, v. 15.

la cérémonie de l'Église. Si ce choix n'est pas d'une grande exactitude théologique, il témoigne au moins d'une juste appréciation des conditions favorables à l'art. Les détails dans lesquels nous allons entrer, en comparant l'un à l'autre les tableaux analogues des deux collections, développeront les points qui n'ont pu être que rapidement touchés plus haut, et suppléeront à ceux qui auraient été omis¹.

Le Baptême. — Nous commençons par celui de la seconde suite. Ce tableau est d'une fort belle composition. Le Jourdain traverse le site dans toute sa largeur; la rive opposée se relève en âpres rochers, à gauche surmontés par des arbres, à droite portant des édifices qui annoncent une ville. Vers le milieu, une fontaine verse son eau dans un bassin, duquel elle coule ensuite dans le fleuve.

Le centre du tableau est occupé par J.-C. et par saint Jean. J.-C. est à droite, un genou en terre et la tête inclinée, il reçoit avec foi et avec soumission l'eau que verse Jean, debout devant lui dans une attitude simple et comme d'obéissance. Derrière celui-ci un groupe formé de trois jeunes gens

---

¹ En lisant ce qui va suivre, il serait bon que le lecteur plaçât sous ses yeux les gravures des deux suites des *Sept Sacrements*. Bellori a donné des sept compositions de la collection del Pozzo une description fidèle. Le lecteur nous excusera, sans doute, d'avoir fait connaître ces deux grandes œuvres avec plus de développement. D'une part, elles sont dans leur ensemble l'œuvre capitale du Poussin, de l'autre elles fournissent des éléments frappants à l'étude pleine d'intérêt des progrès de son génie; la seconde en marque la maturité.

et un vieillard précise l'objet de la scène : ils sont tous presque nus et attendent leur tour, leurs poses sont diverses et bien combinées. Trois de ces personnages ont les yeux fixés exclusivement sur J.-C., le quatrième, l'un des jeunes, sur le plan le plus reculé du groupe, lève la tête et reste comme frappé d'étonnement à la vue d'un miracle qui s'opère dans le ciel : on voit en effet la colombe symbolique à la hauteur de la montagne du fond. Celui des jeunes gens qui est à genoux derrière les autres relie le groupe dont il fait partie à un groupe un peu plus éloigné. Ce dernier est composé de trois femmes et de deux enfants, l'un au maillot, l'autre qui saisit la robe de sa mère, et dont la tête, le bras, l'ensemble ne manquent point de grâce. La mère figure dans le groupe de toute sa taille, bien posée et bien drapée ; une autre femme derrière elle n'est vue que jusqu'à la ceinture ; de la troisième, près de l'enfant au maillot, on n'aperçoit que la tête : ces figures nous ont paru respirer le souvenir de Raphaël. L'extrémité du tableau de ce côté est occupée par un groupe de trois jeunes gens à la chevelure ondoyante et bouclée ; ils sont rapprochés, les bras mutuellement placés sur les épaules, ils se montrent avec étonnement la colombe, et semblent chercher le sens des paroles divines que, sans doute, ils viennent d'entendre [1] ; celui d'entre

---

[1] Au même instant une voix se fit entendre du ciel qui disait : « Celui-ci est mon fils bien-aimé, dans lequel j'ai mis toute mon affection (*Matth.* ch. III, v. 17.) »

eux qui est sur le premier plan, est d'un beau galbe, drapé avec ampleur et avec goût. L'extrémité opposée de la composition est occupée par un groupe de quatre hommes encore nus, qui remettent leurs vêtements, après avoir reçu le baptême. Trois d'entre eux tournent les yeux vers l'apparition miraculeuse: l'un, comme pour en affaiblir l'éclat, porte la main devant ses yeux; un vieillard encore vert qui remet son bas, assis sur un tertre au premier plan, est d'un grand style et d'un beau dessin.

Entre le Jésus-Christ agenouillé et ce groupe, un peu en arrière, trois hommes que leur vêtement peut faire prendre pour des philosophes, des pharisiens ou d'autres sectaires, s'entretiennent de ce qui se passe sous leurs yeux. L'un d'eux semble réfléchir profondément, et ses yeux, légèrement élevés vers le ciel, expriment l'incertitude et l'hésitation. Des deux autres, l'un signale à son compagnon cet acte, qui lui paraît singulier, et autour duquel s'empresse le peuple.

L'unité de cette composition mérite d'être admirée; les groupes sont bien ordonnés et très-heureusement liés les uns aux autres, les expressions y sont nobles, mais simples et naturelles.

Au premier coup d'œil jeté sur le même sujet, tel qu'il est traité dans la première collection, on s'aperçoit que la grandeur du style n'est pas la même. Au lieu de cette suite de groupes, chacun si bien conçu, si bien liés les uns aux autres, un seul se présente, autour duquel sont disposées quelques figures n'ayant que peu de rapport entre elles, et dans des attitudes moins belles que celles que nous avons eues à décrire tout à l'heure. Le groupe des femmes n'y est point, celui des jeunes gens non plus, celui des trois pharisiens ou philosophes n'est qu'imparfaitement représenté par plusieurs hommes assis dans le lointain, au delà du fleuve. L'idée de faire apercevoir la colombe et entendre la voix par quelques-uns des spectateurs, appartient à cette première conception, mais elle est mieux sentie, mieux développée, plus riche de détails dans la seconde.

Dans celle que nous décrivons en ce moment, deux jeunes gens placés derrière le Christ, et qui sans doute sont des anges, semblent l'assister de leurs soins ; l'un des deux tient son manteau. Ces figures nobles et gracieuses manquent absolument, dans le baptême de la seconde collection. Pourquoi le Poussin, qui a développé dans ce second tableau plusieurs des motifs qu'il n'avait fait qu'indiquer dans le premier, a-t-il renoncé à y placer ces deux figures, que leur noble attitude et leur grâce céleste semblaient devoir lui faire conserver? Ce sacrifice lui aura été commandé sans doute par un mûr examen, et nous sommes disposés à croire que cet artiste, si parfait dans le sentiment délicat des convenances, pensa que l'humilité du Christ, pendant son séjour sur la terre, ne comportait pas cet appareil réservé au jour où il entrerait dans sa gloire [1].

---

[1] Il est facile de s'assurer par divers passages des Évangiles

LA CONFIRMATION. 149

Nous conclurons donc que ce peintre, qui redoutait avec tant de raison d'introduire même une demi-figure de trop dans une composition, sut renoncer à un détail, fort beau en lui-même, mais qu'une réflexion nouvelle lui fit envisager alors comme inopportun, et qui, en effet, dans le premier tableau, semble faire un trop grand contraste avec l'austérité du reste. Cette suppression est donc encore à l'avantage du *Baptême* de la collection Chantelou, à laquelle nous avons donné déjà la préférence sous tous les autres rapports [1].

La Confirmation. — La supériorité de la collection Chantelou se montre plus clairement encore dans le tableau de *la Confirmation.* La scène est au milieu d'un temple, en avant du sanctuaire, au fond duquel brûle une lampe. Un large vase, de forme arrondie, destiné sans doute à l'administration

---

(*Matth..* ch. IV, v. 6, 7; ch. XXVI, v. 53. 54.), que J.-C., pendant sa mission terrestre, n'a jamais voulu se servir de sa puissance surhumaine pour éviter la pauvreté ou la persécution.

[1] Le Poussin a traité encore ce même sujet dans deux compositions différentes, mais où la scène est restreinte et les figures de plus grande dimension par rapport à l'étendue de la toile. Dans l'une, J.-C. est seul avec saint Jean, et au-dessus de sa tête on voit Dieu le Père, soutenu par des anges. Dans le second, quelques hommes agenouillés attendent leur tour. La scène se passe au milieu d'un beau paysage, le Saint-Esprit apparaît au-dessus de Jésus. Dans tous deux, les figures sont d'une grande noblesse, et les expressions soumises et pieuses. Le baptême de saint Jean, peint pour M. de Chantelou aîné, se rapproche plus des compositions des deux suites. Ce sont des motifs analogues; la composition en est cependant moins élevée, le paysage plus riche et plus varié.

du baptême, occupe le centre. A droite et à gauche, deux autres lampes sont suspendues à la voûte.

Le principal groupe se dessine à droite. L'évêque ou hiérarque est assis, la tête couverte de l'amict, revêtu de l'aube et portant l'étole. Agenouillé près de lui, un clerc à la chevelure bouclée et tombante, largement drapé, l'air recueilli, lui tend l'huile sainte dans un vase posé sur un plat arrondi. Derrière le pontife, plusieurs clercs, très-étudiés dans leurs traits, dans leurs chevelures et dans leurs vêtements, vaquent à diverses fonctions du ministère autour d'une table et d'une urne; un d'eux allume un cierge à un autre déjà enflammé, symbole de la vie divine, qui se communique sans diminuer.

Déjà, devant l'évêque, s'agenouille un homme que son vêtement, sa physionomie, sa noblesse et la gravité de sa pose, désignent comme appartenant à un rang élevé ou à de hautes fonctions (le christianisme est désormais en possession de la société romaine), puis un autre inférieur en âge. Derrière eux s'approchent une jeune fille et un enfant. La manière dont sont drapés les deux premiers, l'expression de modestie de la jeune fille, l'attitude un peu distraite de l'enfant varient heureusement la scène, sans lui ôter sa grandeur. Au delà, un autre ministre du culte essuie le front d'un adolescent déjà confirmé. De l'autre côté, un groupe de femmes se fait remarquer par la noblesse des traits et l'ampleur des vêtements; une surtout debout respire toute la grandeur d'une statue antique et d'une matrone romaine. A cette extrémité du tableau se dessinent, dans des attitudes variées, trois hommes, un vieillard, un jeune homme qui, le rameau sacré à la main, jette l'eau bénite sur les assistants, un troisième enfin, dans lequel le Poussin a reproduit ses propres traits. Ce tableau est, sans contredit, un des mieux et des plus richement composés qu'ait produits le pinceau de ce grand artiste. Nous ferons observer, pour n'y plus revenir dans nos jugements sur des compositions analogues, que le Poussin a adopté, pour les figures de ses évêques et de ses prêtres, un costume qui, tout fidèle qu'il est aux traditions de l'Église catholique, rappelle la simplicité et la noblesse de l'antiquité par la sobriété des ornements, le facile et noble mouvement des draperies, d'accord avec le choix des têtes. C'est le prêtre sans doute triomphant depuis Constantin, mais retenant encore toute la grandeur du chrétien des Catacombes.

La Confirmation de la collection del Pozzo nous paraît inférieure de tous points. Le lieu de la scène est une chapelle décorée de la statue de la Vierge, mais dont l'effet n'a rien de la grandeur du temple que nous avons décrit plus haut. La modestie du costume de l'évêque et de celui de ses ministres en petit nombre, rappellerait les temps de la primitive Église, si l'architecture et le lieu permettaient l'illusion. La cérémonie d'ailleurs perd de son importance, en ce que le sacrement n'est conféré qu'à des enfants. Le groupe des mères est ce qu'il y a de mieux dans le tableau, mais il n'a point le caractère de grandeur réfléchie qu'il présente dans celui auquel nous donnons la préférence. Les deux hommes qui se tiennent derrière elles ne sont pas aussi immédiatement rattachés à l'action que le sont, dans l'autre composition, les trois figures parmi lesquelles le peintre a placé son image.

Il n'y a du reste qu'à considérer, l'une en regard de l'autre, ces deux compositions, pour voir aussitôt que la richesse de l'invention, la grandeur de l'ordonnance et la profondeur de l'idée ont fait, dans le Poussin, d'immenses progrès pendant l'intervalle qui sépare la pensée du premier de ces deux tableaux, des développements qu'elle a reçus dans le second; il est impossible de les méconnaître.

La Pénitence. — Des différences analogues se remarquent entre les deux tableaux, ayant pour objet le sacrement de pénitence. Dans le premier en date (collection del Pozzo), une riche salle à manger, soutenue par des colonnes composites, s'ouvre en élégant portique sur une campagne riante. Le nombre et la variété des détails disposent l'esprit du spectateur, sinon à considérer les figures comme accessoires, du moins à ne pas leur donner toute la part que le sujet comporte. Aussi la scène qui se passe ne saisit-elle pas l'attention comme elle devrait le faire. Des trois figures principales et qui résument la composition, celle du Christ est la mieux posée; mais peut-être son geste d'étonnement ne paraîtra-t-il pas justifié, si nous pensons à la connaissance surnaturelle qu'il avait des pensées, et des sentiments de ceux que les circonstances mettaient en rapport avec lui. Le maître de la maison, Simon le lépreux [1], placé en face de Jésus, porte des regards curieux sur cette scène inattendue; quelques apôtres font de même. Le reste des convives ou des serviteurs est peu attentif. La Madeleine agenouillée nous paraît toutefois mieux disposée que la Madeleine debout de la seconde collection. Celle-ci en effet s'incline d'une manière peu gracieuse sur les pieds du Sauveur. Quoi qu'il en soit, l'économie de la composition dans la collection Chantelou est mieux entendue et d'un plus grand effet. L'architecture simple de la salle du festin, la draperie qui règne dans toute l'étendue, attachée à la moitié de la hauteur des pilastres d'où elle tombe avec grâce, présentent un fond d'une heureuse uniformité, qui laisse tout leur effet aux différentes parties de l'ensemble. La figure de Simon, auquel un esclave lave les pieds, marque, par l'ampleur de ses draperies et le caractère olympien de la tête, le point du tableau où l'attention se porte d'abord. Peut-être penserait-on avec raison que l'unité de la composition dût en souffrir; mais il dirige son regard vers le groupe formé à l'autre côté par le Christ et la Madeleine, et le spectateur suit naturellement la direction de ses yeux jusqu'au sujet principal. La figure du Sauveur, souvent trop courte dans plu-

---

[1] *S. Matth.*, ch. XXVI, v. 6.

sieurs compositions du Poussin, a ici plus de noblesse et de taille. Appuyé d'un côté sur le coussin qui termine le lit près de la table, Jésus lève une main vers la Madeleine, dans le geste du prêtre qui absout le pénitent. Derrière lui saint Jean attentif comprend ce pieux délire et y applaudit. De l'autre côté, quelques convives, disciples ou autres, semblent comparer avec étonnement l'acte servile accompli par l'esclave sur les pieds du maître, et le libre mouvement de la Madeleine à laquelle rien n'a paru trop précieux pour exprimer son amour.

Ce qui assure à cette dernière composition la supériorité sur la précédente, c'est avant tout la sévérité plus grande de l'ordonnance générale et des expressions. Le triclinium[1] du premier tableau est le triclinium d'un riche Romain menant joyeuse et splendide vie ; le second représente bien la vie romaine introduite depuis longtemps dans la Judée, mais il retient quelque chose de l'austérité des observateurs de la loi mosaïque. Les accessoires ne démentent pas les parties principales : les esclaves qui servent sont moins mêlés de femmes que dans le tableau de la collection del Pozzo, le serviteur qui, sur le devant, transvase le contenu de l'une

---

[1] Dans ses lettres des 2 et 4 février 1646 aux deux frères Chantelou, le Poussin annonce son tableau de la *Pénitence* en citant le triclinium à l'antique, autour duquel se développe le sujet. A la manière dont il en parle et dont il y revient, on doit croire qu'il trouvait cette disposition très-heureuse.

dans l'autre des amphores, et dont les formes, la pose rappellent le style des bas-reliefs antiques, est bien supérieur à l'enfant dont la chevelure ondoyante, dans la première collection, témoigne des habitudes efféminées de Rome en décadence.

Il y a donc entre ces deux compositions un grand progrès accompli dans le génie du Poussin, et rien ne prouve mieux l'action incessante de la réflexion qui distingua par-dessus tout ce grand homme dans les phases successives de sa manière de composer.

L'Eucharistie. — Le Poussin a plusieurs fois traité le sujet de la sainte Cène et l'établissement de l'Eucharistie. Nous avons déjà eu l'occasion de citer le tableau qu'il fit en 1642 pour la chapelle de Saint-Germain-en-Laye, et que possède aujourd'hui le Musée du Louvre ; mais nulle part il n'a mieux réussi que dans celui qui fait partie de la seconde collection des sacrements.

Le lieu de la scène est une vaste salle d'ordre toscan, vue dans son ensemble symétrique. Dans le fond, d'un pilastre à l'autre, de toute la longueur de la table, s'étend une draperie suspendue à la moitié de leur élévation. Une lampe à trois becs, tombant du plafond, éclaire tout le tableau. Autour de la table règnent des lits sur lesquels sont couchés et s'appuient les convives. Des accessoires, tels que les pieds des lits, les vases, aiguières ou cuvettes, quelques linges destinés au service sont d'un effet simple, mais grand.

Le Christ, placé presque sous la lampe, s'élève au-dessus des disciples. Il est l'objet de l'attention de tous ; ils sont frappés, à la vue de l'action qu'il accomplit, d'un étonnement qui se manifeste sous des formes diverses. Là réside l'unité de la composition. Judas seul détourne la tête avec un sourire moqueur ; tout entier à ce qui se passe, le disciple vers lequel se dirige son regard ne fait point attention à lui. L'expression de saint Jean auprès du Sauveur est rêveuse et tendre : le mystère de l'amour divin ne l'étonne pas, il y paraît initié depuis longtemps ; mais quelque chose de douloureux dans son regard fait soupçonner qu'il prévoit le sacrifice inévitable qui devra en être le témoignage et la consécration. Dans l'apôtre placé auprès de saint Jean, l'action du Christ produit la surprise, il se porte brusquement en arrière ; chez quelques autres, une sorte de vénération se mêle à leur étonnement ; une curiosité respectueuse dans la plupart suspend les autres sentiments.

Les figures les plus remarquables, avec celles que nous avons citées, sont un disciple au bout de la table, du côté de saint Jean : la pose est grave et simple, la draperie large, le galbe d'un beau style ; un autre est placé à l'extrémité opposée ; l'expression et l'ensemble de celui-ci ne sont pas moins grandement conçus, la draperie joue aussi un grand rôle dans ce disciple : la tête est belle, et le pan du manteau qui la couvre à dessein rappelle le prêtre antique. La figure qui est en avant de la table forme un très-beau raccourci ; la difficulté était grande, elle a été heureusement vaincue.

Un dernier apôtre, qui n'est point à table, ajoute au caractère profondément réfléchi du tableau ; c'est toute une création du génie du Poussin. Il occupe l'extrémité de la composition du côté de saint Jean ; debout, dans l'attitude du silence, doigt sur la bouche, il est tourné vers la porte, ou plutôt vers le monde relégué en dehors du sanctuaire ; il semble lui recommander la vénération pour le miracle qui s'accomplit : c'est le *mysterium fidei*[1] de la messe traduit dans les conditions de la peinture.

Nous oserions reprocher à ce tableau l'uniformité du type des têtes, excepté cependant pour celles du Sauveur et de saint Jean. Quoique le peintre les ait diversifiées autant que possible par les accessoires, elles se ressemblent trop, surtout celles qui sont vues de profil. La tête du Christ n'est pas sans quelque rapport avec celle des catacombes, on peut néanmoins lui reprocher d'être trop forte ; les traits de saint Jean sont d'une beauté jeune et touchante.

Le type israélite semble bien être celui de toutes ces figures, mais les poses, les draperies, le galbe, les accessoires, la disposition et l'architecture de la salle

___
[1] A la messe, lorsque le prêtre prononce sur le calice les paroles de la consécration : *Hic est calix sanguinis mei, novi et æterni testamenti*, il ajoute, comme entre parenthèses, *mysterium fidei*.

sont romains et grecs. Les disciples ont l'air de sages de l'antiquité plus que de pêcheurs israélites.

Ce tableau est, entre *les Sept Sacrements* de la seconde collection, celui dont la composition est la plus profondément pensée et la plus grande. A notre sens, il s'élève de beaucoup au-dessus de tous les tableaux faits sur le même sujet, à quelque peintre qu'ils appartiennent. Dans ce chef-d'œuvre, Poussin n'a pas seulement surpassé les autres, il s'est surpassé lui-même ; ainsi le voulait sans doute la grandeur du sacrement même qu'il avait à représenter; car tandis que les autres ne sont que des secours passagers accordés à l'homme pécheur, l'Eucharistie est le symbole vivant de notre union indissoluble et éternelle avec Dieu. L'impression faite par cette composition sur M. de Chantelou fut des plus heureuses, et le Poussin, dans une lettre du 12 janvier 1648, lui en témoigne sa joie et sa reconnaissance[1].

Le Sacrement de l'Eucharistie, dans la collection del Pozzo, est de beaucoup inférieur au tableau que nous venons de décrire. La disposition générale s'en rapproche, et même on distingue çà et là l'idée première de plusieurs des poses et des raccourcis que nous avons admirés. Cependant les attitudes, les draperies, les expressions, quoique étudiées, ne sont point comparables, pour la grandeur et la portée, à celles que nous venons de décrire. Le disciple, debout, dont nous avons fait ressortir le caractère

---

[1] *Lettres.*

symbolique, est une création qui n'appartient qu'à la seconde collection. Dans la première, saint Jean, selon le texte de l'Écriture, repose sur le sein de Jésus-Christ. Cette circonstance, dont la peinture pouvait difficilement tirer un heureux parti, a été négligée avec raison par le Poussin dans la composition de 1647, c'est là une preuve du progrès de son goût.

Le Sacrement de l'Ordre, ou le pouvoir des clefs donné à saint Pierre par Jésus-Christ, avait déjà exercé le pinceau du Poussin avant qu'il eût entrepris l'une ou l'autre des deux collections qui nous occupent. Mais il avait eu, dans son premier essai, à se prendre à un maître devant lequel il s'inclinait avec respect. Parmi les cartons exécutés par Raphaël pour les tapisseries destinées à la décoration du Vatican, s'en trouve un qui a pour sujet le don des clefs fait par Jésus-Christ au prince des apôtres. Sur le devant d'un riche paysage, saint Pierre, déjà en possession des clefs mystiques, est à genoux devant le Christ. Celui-ci, debout, en partie nu et couvert d'ailleurs d'une simple draperie, porte aux pieds la marque des clous ; il annonce ainsi que le sacrifice est accompli, et que c'est du ciel même qu'il apporte aux apôtres la puissance de lier et de délier. A sa gauche, il montre un troupeau, allusion à ces paroles : *Pasce oves meas ;* de la main droite il indique les clefs déjà aux mains du saint apôtre. Derrière saint Pierre les dix autres (Judas était mort et ne fut remplacé que plus tard), bien posés et dans des mouvements d'une heureuse diversité, expriment tous l'étonnement qui les frappe à cette apparition inattendue de leur maître.

Dans la première de ses compositions sur ce sujet, composition étrangère aux deux suites des Sacrements, le Poussin, tout en s'inspirant de Raphaël, nous paraît être resté au-dessous de lui. Ni la figure du Christ, ni celle de saint Pierre, ni enfin les figures des apôtres n'approchent de celles qui entrent dans la composition due au crayon de Raphaël.

Le Poussin a été plus heureux en traitant le même sujet pour sa première collection des Sacrements. On y reconnaît encore la pose du Christ et les disciples à genoux de la composition précédente; mais les groupes sont déjà plus distincts, mieux conçus, les attitudes et les expressions plus variées, le paysage plus riche et plus grand; néanmoins, malgré ces améliorations, nous sommes forcés de conserver la supériorité au carton de Raphaël.

Il n'en est pas ainsi du *Sacrement de l'Ordre* de la seconde collection. Le paysage est le même, il est vrai, que celui de la collection del Pozzo, mais la composition nous paraît bien supérieure. Le Sauveur est placé de face au milieu, une clef dans chaque main. De celle qu'il tient à droite, il montre le ciel, la clef à gauche, inclinée vers la terre, désigne ce que la langue de l'Église a appelé l'enfer (*infernum*). Saint Pierre, à genoux devant lui, tend la main et semble répéter les paroles sacramentelles ; des deux côtés les disciples diversement groupés, dans des attitudes habilement combinées, drapés avec ampleur, lèvent la plupart les yeux, comme pour remercier le ciel de l'établissement de ce sacerdoce, qui va porter la bonne nouvelle par toute la terre. A cette scène, qui se passa pendant la vie du Sauveur, le Poussin n'a point mêlé l'allusion au *Pasce oves meas* qui suivit sa résurrection ; aussi a-t-il dû introduire les douze apôtres dans son tableau, Judas faisant encore en ce moment partie de la réunion. Cette composition nous paraît au-dessus du carton de Raphaël : l'ensemble est plus solennel, les poses plus grandes, les expressions plus particulièrement en harmonie avec le sujet. La supériorité, tant dans les détails qu'au point de vue de la profondeur de réflexion, appartient ici au Poussin.

Le Mariage. — Le Poussin disait, assure-t-on, que rien n'est plus difficile à faire qu'un mariage, même en peinture. Néanmoins la difficulté lui parut moins grande plus tard, et, dans une lettre [1] en date du 24 novembre 1647, il se montre rassuré et espère que le tableau auquel il met la main ne sera pas inférieur à celui des six qui plaît le plus à M. de Chantelou. Devons-nous penser que cette tâche est restée au-dessus de ses forces ? Ou la difficulté du sujet tient-elle à une stérilité que le génie, même le plus fécond, ne saurait conjurer ? Nous sommes dis-

---

[1] *Lettres.*

posés à admettre ce dernier motif. Le mariage, malgré sa gravité, est entouré, dans nos habitudes, d'idées de fête et d'allusions voluptueuses qui ne permettent pas de l'élever, même dans la cérémonie religieuse, à la hauteur de l'Eucharistie ou de l'Extrême-Onction.

Les peintres de genre trouveront toujours pour y réussir, dans les mille accidents de nos mœurs vulgaires, plus de ressources que la sévérité du lien conjugal, considéré en lui-même, n'en offre à la peinture sérieuse.

Dans sa première composition, le Poussin a fait ressortir davantage l'élément religieux, soit par la simplicité de l'architecture, soit par le costume épiscopal que porte le ministre de la religion, soit enfin par la présence du Saint-Esprit au-dessus des époux. Le titre de *Maria desponsata Joseph*, qu'on trouve sur quelques gravures, ne saurait répondre à la pensée du Poussin ni dans la première ni dans la seconde composition. Le mariage, considéré comme sacrement, relève de la loi nouvelle, et, quel que soit le respect qui s'attache à l'union des parents de Jésus-Christ, elle n'en appartient pas moins dans sa forme à la loi judaïque. Ni dans l'un ni dans l'autre tableau le célébrant n'a le costume israélite. Dans celui de la première suite, malgré son caractère religieux, le sentiment qui domine parmi les spectateurs de la cérémonie nuptiale semble être, plus que tout autre, celui de la curiosité; que l'on ajoute à cette expression, de la noblesse dans les attitudes, une heureuse variété dans les figures et dans les groupes, une belle disposition dans les draperies, on aura l'idée d'une œuvre remarquable sous plus d'un rapport, mais dans laquelle nous ne retrouvons pas cette inspiration supérieure, ces traits inattendus et frappants que nous avons eu occasion de signaler déjà dans les autres Sacrements.

Dans la composition destinée à M. de Chantelou, Poussin s'est plus inspiré de l'esprit de fête qui accompagne ordinairement ces sortes de cérémonies. Le temple orné de guirlandes, laissant apercevoir un riant paysage par ses ouvertures, ressemble moins à une église. Si ce n'était la position agenouillée des deux époux, on pourrait les croire devant un magistrat romain; la draperie du célébrant convient en effet autant à un préteur qu'à un prêtre ou à un évêque. Du reste, les attitudes et les têtes sont supérieures à celles de la première composition, les draperies plus amples, les expressions plus variées, et cependant plus sérieuses témoignent d'un intérêt plus vif porté au fait qui s'accomplit. Quelque chose de plus antique se fait remarquer dans tout le mouvement des figures et dans les ajustements. La tête de la mariée est d'une expression grave et pure, l'ensemble de la figure et du vêtement sont du plus noble effet.

Parmi les différences qui se remarquent entre les deux compositions, est l'introduction dans la seconde de quelques personnages qui, non loin de la scène principale, expriment des sentiments étrangers à ceux des assistants. La cérémonie du mariage ne s'accomplit guère, sans que plus d'un des spectateurs ne mêlent à l'émotion de la famille et des amis quelque pensée profane ou même peu bienveillante; mais il n'eût pas été d'un goût pur de briser l'unité d'impression que l'art doit produire par l'introduction de passions peu relevées, capables de diversifier un tableau de genre, mais indignes d'un sujet traité avec la sévérité de la peinture historique. Poussin nous paraît néanmoins, dans cette circonstance, avoir gardé une juste mesure, tout en sacrifiant à cette fidélité au vrai. Ces expressions accessoires sont contenues dans de sages limites, et celles des deux vieillards, père et mère de la mariée, graves et touchantes, dominent assez la composition, pour que le groupe que nous venons de signaler se perde dans l'arrière-plan. Sous ce rapport donc, cette seconde composition n'est point inférieure à la première; elle lui est supérieure sous tous les autres. Elle fut accueillie avec ce sentiment. Dans sa lettre du 24 mai 1648, le Poussin se félicite de la satisfaction éprouvée par M. de Chantelou à la vue de cette conception qui fut exécutée la dernière[1].

L'*Extrême-Onction*[2]. Cet acte qui s'accomplit

[1] *Lettres.*
[2] L'idée principale de cette composition est prise dans un bas-relief représentant, à ce que l'on croit, la mort de Méléagre.

tous les jours au nom de la religion pour adoucir, par un secours suprême, les derniers moments du chrétien, ne pouvait manquer d'inspirer au Poussin des compositions dignes de son génie. La première, celle qui fait partie de la collection du commandeur del Pozzo, se compose de treize ou quatorze figures, groupées et mises en rapport avec réflexion et talent. Le sujet principal occupe le devant. Le mourant étendu sur sa couche, le prêtre et deux clercs qui l'assistent, une femme au pied du lit, assise dans l'attitude de la plus profonde douleur, ensemble éclairé de la lumière du cierge tenu par un des acolytes, donnent au sujet l'accent lugubre qu'il comporte. A gauche, derrière les clercs, deux femmes expriment la douleur; une troisième, plus éloignée, tient dans ses bras un enfant, introduit sans doute dans les deux compositions pour y faire contraster les extrémités de la vie humaine; elle paraît attirée par la curiosité plus que par tout autre sentiment. Au fond, de l'autre côté du lit, un vieillard, le médecin sans doute, et à sa droite une femme, semblent épier sur la figure du moribond l'espoir de la vie, qui pourrait peut-être se réveiller encore; à sa gauche, une autre femme est en prières; à la droite extrême du tableau, une servante et un serviteur. Celui-ci,

---

Il est intéressant de voir quels emprunts lui a faits le Poussin, et de quelle manière il les a développés en harmonie avec son sujet. — Voir l'opinion du Poussin lui-même sur la seconde *Extrême-Onction* dans sa lettre du 25 avril 1644.

replaçant sur une table une fiole et en tendant une autre, exprime que tout remède n'est pas encore abandonné. Cette partie de la scène est plus facile à interpréter dans la seconde composition, elle laisse poindre toutefois moins d'espoir encore. Le lieu où se pressent toutes ces douleurs est convenable, modeste, et n'annonce ni la richesse, ni la misère. Les expressions sont justes, les groupes bien conçus, naturellement liés les uns aux autres; le prêtre et ses acolytes largement drapés; la femme assise est posée et vêtue avec toute la noblesse de l'antique.

Devant la simplicité de cette composition ressort davantage la richesse de la seconde; on en saisit mieux en même temps la supériorité, et peut-être en aperçoit-on mieux aussi les défauts. Dans la dernière, le mourant appartient à une classe plus élevée de la société. Le lieu de la scène, la draperie à laquelle s'appuie le lit, l'annoncent, surtout la lance et le bouclier suspendus à la muraille. Les expressions sont en général plus précises, comme elles sont aussi plus variées que dans la première. Le geste du médecin à l'esclave laisse lire plus clairement qu'il n'espère désormais aucun succès des remèdes; la servante appuyée sur la table peint bien le repos du découragement, après des fatigues desquelles il n'y a plus rien à attendre. Derrière la femme qui est au pied du lit et qui, dans sa douleur, montre encore plus de laisser-aller, deux autres femmes sont debout, l'une drapée, la tête couverte et pleurant, l'autre les mains jointes et les yeux levés au ciel. Le prêtre est posé comme le même personnage dans la première composition; il est comme lui noblement drapé, mais il fait l'onction sur une main, au lieu de la faire sur le front, et de cette manière il coupe en un point plus heureux la ligne horizontale du lit, et laisse à découvert la poitrine puissante et la tête caractérisée du mourant. Un seul clerc l'assiste, un genou en terre; la manière dont il est drapé est en harmonie avec le vêtement du prêtre : il tient de la main gauche un livre, et de la droite un cierge qui, éclairant de plus bas, répand la lumière sur cette scène d'une manière analogue à celle que nous remarquons dans la composition destinée au commandeur del Pozzo. Derrière le mourant, une jeune fille, les yeux au ciel, les mains jointes, prie agenouillée; un jeune garçon semble se lever sur la pointe des pieds pour satisfaire sa curiosité; au-dessus de la tête, un frère peut-être ou un fils, une lumière à la main, exprime l'effroi à l'aspect de ces traits dont la vie se retire. Derrière lui, une femme âgée, aïeule et mère sans doute, porte la main à ses yeux voilés par les larmes; une tête d'homme, qui apparaît entre les deux, donne plus de profondeur à l'ensemble.

A ce seul exposé, il est facile de voir quelle réflexion a présidé à cette distribution des figures, à ce choix des expressions habilement graduées et variées. Toutes sont justes, saisissantes. L'ampleur de la draperie, qui se développe au delà du lit, forme le fond général du tableau ; il est riche, quoique sévère, et offre à la lumière une surface à peu près uniforme où rien ne nuit à la saillie des groupes sur les divers plans qu'ils occupent.

Nous sommes toutefois tenté de ne pas approuver l'expression de curiosité du jeune garçon, et surtout le geste de la mère qui présente à la face du guerrier expirant un enfant qui sourit, et tend les mains à cette figure déjà envahie par la mort. L'enfance ignore, il est vrai, la nécessité de ce redoutable passage, mais il y a, dans le caractère de nos passions ou de nos douleurs, des expressions que repoussent ses instincts, comme il y en a qui les charment. L'enfant, ainsi que l'animal, et avec une égale ignorance, s'éloigne des spectacles funèbres. Ce sourire n'est donc point dans la nature, et y fût-il, il aurait encore ici le tort de rompre l'unité du sentiment, en mêlant un éclair de joie, naïve sans doute, mais déplacée, à l'accent lugubre qui doit exclure de ce tableau tout ce qui n'est pas en harmonie avec la tristesse du sujet. Nul n'a su, mieux que Le Poussin, faire parler un langage précis à la peinture ; il n'est donc point surprenant qu'il ait profité de toutes les occasions d'exercer cette précieuse faculté, qu'il les ait même quelquefois multipliées, sans les limiter peut-être toujours par un goût assez sévère. Quel que soit néanmoins le devoir d'impartialité que l'historien ait à remplir, il est facile d'excuser ce grand artiste de cette sorte d'écarts, bien rares d'ailleurs dans son œuvre; il y a donc un progrès évident entre la première et la seconde suite des *Sept Sacrements.*

Le Poussin s'est-il arrêté, à ces deux dernières compositions, dans le parti à tirer du même motif? Devant le célèbre tableau du *Testament d'Eudamidas*, nous devons reconnaître qu'il sut en faire sortir une nuance nouvelle d'inspiration. Il est impossible, même au premier coup d'œil, de n'être pas frappé de la parenté de cette composition avec celles que nous venons de décrire. Deux au moins des cinq figures qui en font partie, le *Mourant et sa fille*, appartiennent à l'une et à l'autre *Extrême-Onction;* la figure du notaire, comme celle du prêtre, coupe la ligne du lit sans cacher le personnage principal; celle du médecin, placée de l'autre côté, appartient aussi aux deux autres tableaux. La mère, au lieu d'être au chevet, est au pied du lit où elle domine de toute sa taille la jeune fille désolée. Il y a quelque chose de touchant à voir celle-ci, dans la faiblesse de la douleur, comme autrefois dans la faiblesse de l'enfance, s'abandonnant entre les genoux maternels. L'ensemble des lignes est fort heureux [1].

---

[1] « Cette magnifique peinture a été engloutie dans un naufrage comme on la transportait de Londres en Russie. Le même bâtiment portait un splendide manuscrit in-fol. des poëmes du Dante, qui avait été la propriété et le livre favori de Michel-Ange, et où ce grand homme avait dessiné sur les marges les sujets des poëmes. Là aussi se trouvait et a péri le seul buste antique de Platon qui portât son nom et en donnât les traits authentiques. En ces derniers temps un curieux, M. Demares, fouillant les magasins de tableaux, fit, sous

Malgré la majesté religieuse qui ajoute à la solennité de la mort dans les deux compositions ayant l'extrême-onction pour objet, nous regardons le *Testament d'Eudamidas* comme supérieur, et plus voisin du sublime, par sa grandeur et surtout par sa simplicité [1]. Rien ne distrait le spectateur du sujet réel. Le notaire écrit les dernières volontés d'Eudamidas qui ont fourni le sujet de cette scène, par lesquelles il lègue sa mère à Areté pour la nourrir et en avoir soin dans sa vieillesse, sa fille à Charixène pour la marier avec une aussi grande dot qu'il pourra lui donner; ajoutant que si l'un ou l'autre vient cependant à mourir, il entend que le legs qu'il lui a fait revienne au survivant [2].

---

un pouce de poussière, la précieuse découverte d'une composition première de l'*Eudamidas*, datée et signée du Poussin. Malheureusement cette composition, fort différente de celle qui a été gravée par Pesne et dont une autre planche va paraître, commencée par Berwick et terminée par son élève Toschi, est beaucoup moins heureuse et ne peut qu'augmenter nos regrets. » *N. B.* Cette note est la reproduction textuelle de celle qui se trouve à la page 167 de l'ouvrage de E. Feuillet de Conches, sur Léopold Robert; nous la donnons telle qu'elle est.

[1] On lira sans doute avec intérêt l'anecdote suivante : « Poussin, notre grand artiste, était aussi fort goûté du consul (Nap. Bonaparte). — Je ne connais la *mort d'Eudamidas*, disait-il, que par la gravure que j'avais avec moi en Égypte, mais quand une fois on a vu cette austère composition et celle de la *mort de Germanicus*, on ne les oublie plus. Denon, notre école s'est affadie, il faut la ramener à la pensée dans les voies du Poussin. » *Recueil de la Soc. Polytechnique*, mai 1849, p. 141 ; article communiqué par M. Courtois, et tiré des papiers de son père.

[2] Lucien, *le Toxaris*, Dialogue sur l'amitié. Voir note H.

Sans doute cette généreuse confiance de l'amitié
ne peut être exprimée par la peinture, et ce n'est
pas ce sentiment sublime que nous retrace directement cette page du Poussin ; c'est la mort au sein
de la pauvreté, mais de la pauvreté grave et digne
de respect. Le médecin, la main sur le cœur d'Eudamidas, semble attendre que son dernier battement ait annoncé le malheur irrévocable des deux
infortunées qui survivent. La mère du guerrier
tourne le dos à ce spectacle, elle verse des larmes,
mais elle semble résignée, de cette résignation que
donnent les épreuves d'une vie déjà longue. La fille,
assise sur un escabeau où repose un pied de son
aïeule, présente un beau développement d'attitude, de forme et de draperie ; moins accoutumée au malheur, elle s'abandonne sans réserve à
son désespoir. La ligne horizontale du lit relie au
groupe des hommes ces deux femmes qui se rattachent encore au fond de la scène par une table de
forme antique, couverte de vases de la plus grande
simplicité. Rien d'ailleurs n'est plus nu que la demeure du soldat de Corinthe : sa lance, son glaive
et son bouclier suspendus à la muraille en font
l'ornement ; il semble que la patrie et la famille
aient seuls fait battre ce cœur qui va s'éteindre.

Si le caractère d'un génie supérieur est de resserrer l'expression de sa pensée, de la résumer
dans sa forme la plus concise à la fois et la plus
complète ; s'il y est conduit par la réflexion que le
temps mûrit, et qui simplifie tous les rapports ;

nous devons croire que le *Testament d'Eudamidas* est postérieur aux deux *Extrême-Onction*. Ni les lettres du Poussin, ni Félibien n'en parlent, et n'aident à en conjecturer la date. Il n'est certainement pas antérieur à son séjour en France; on le chercherait en vain parmi les indications de tableaux nombreux données, après son retour à Rome, par la première et la plus active partie de sa correspondance, la seconde ne l'indique pas d'avantage. Nous croyons qu'il doit appartenir à cette époque, où la vie du Poussin devint de plus en plus solitaire, et où les approches de la mort unissaient à la grandeur de son génie la grandeur de tristes et sévères pressentiments. Nous ajouterons seulement quelques mots : Si, dans l'*Extrême-Onction*, Le Poussin a peint le chrétien mourant, dans *Eudamidas* il a peint l'homme, et montré qu'en lui la pensée philosophique n'était pas moins profonde que la pensée chrétienne.

Le lecteur ne blâmera sans doute pas les rapprochements que nous venons de faire, soit entre les deux suites des *Sacrements*, soit entre les deux *Extrême-Onction* et le *Testament d'Eudamidas;* nous les croyons fondés, nous les croyons surtout instructifs. On y voit que la pensée de l'artiste ne traverse pas son esprit comme une lumière qui brille et s'éteint, qu'elle s'y modifie, au contraire, qu'elle s'y élabore et s'y développe; qu'elle se reproduit à divers intervalles, chaque fois plus profonde, plus mûre, plus riche, plus sublime. C'est ce qui est arrivé au Poussin de 1636 à 1644 et années suivantes, et l'histoire de l'art est heureuse d'avoir à étudier ces deux précieux ensembles, placés comme de glorieux signes sur la route du plus grand des peintres français.

Il semble que, riche de ces nouveaux trésors, M. de Chantelou eût dû se féliciter d'avoir le premier recueilli les fruits de la supériorité croissante des conceptions du Poussin. Il n'en fut cependant point ainsi. Nous avons déjà eu l'occasion de mentionner la réception défavorable faite en France au tableau du *Baptême* par des hommes peu instruits des vraies conditions de la peinture, ou par des artistes envieux et jaloux, et l'influence que ces jugements exercèrent sur M. de Chantelou ; Poussin dut se justifier et se plaindre. Une autre circonstance vint encore réveiller les regrets inconsidérés de l'ami de notre artiste. M. Pointel, riche banquier de Paris, et qui semble avoir eu un instant l'idée de s'établir à Rome, était aussi ami du Poussin. Il possédait plusieurs de ses tableaux : *Rébecca*, un *Moïse sauvé des eaux*, le *Paysage du Polyphème*, la *Vierge aux dix figures*, le *Jugement de Salomon*, deux paysages, l'*Orage* et le *Temps serein*, *Notre Seigneur et la Magdeleine*. La vue de la Rébecca et du Moïse sauvé, dans le cabinet de ce riche amateur, excitèrent la jalousie de M. de Chantelou qui, dans une lettre qui doit être du milieu de novembre 1647, s'en plaignit au Poussin avec une certaine amertume. Le peintre se montra blessé de reproches qu'il ne méritait pas, et ce caractère si plein de douceur et d'amour pour la paix, trouva de dignes paroles pour répondre aux susceptibilités injustes d'un homme placé dans la hiérarchie sociale en un rang supérieur au sien, et aux plaintes duquel il n'avait pas même donné de prétexte.

« Quant à ce que vous m'écrivez, dit-il, par votre dernière, il est aisé pour moi de repousser le soupçon que vous avez que je vous honore moins que quelques autres personnes, et que j'ai moins d'attachement pour vous que pour elles. S'il en étoit ainsi, pourquoi vous aurois-je préféré, pendant l'espace de cinq ans, à tant de gens de mérite et de qualité, qui ont désiré très-ardemment que je leur fisse quelque chose, et qui m'ont offert leur bourse pour y puiser, tandis que je me contentois d'un prix si modique de votre part, que je n'ai pas même voulu prendre ce que vous m'avez offert? Pourquoi, après vous avoir envoyé le premier de vos tableaux, composé de seize ou dix-huit figures seulement, et lorsque je pouvois n'en pas mettre davantage dans les autres, et même en diminuer encore le nombre, pour venir plus tôt à fin d'un si long travail, ai-je, au contraire, enrichi de plus en plus mes sujets, sans penser à aucun intérêt autre que celui de gagner votre bienveillance? Pourquoi ai-je employé tant de temps et fait tant de courses de çà et de là, par chaud et par froid, pour vos autres services particuliers, si ce n'a été pour vous témoigner combien je vous aime et vous honore? Je n'en veux pas dire davantage; il faudrait sortir des termes de l'attachement que je vous ai voué. Croyez certainement que j'ai fait pour vous ce que je ne ferois pour personne vivante, et que je persévère toujours dans la volonté de vous servir de tout mon cœur. Je ne suis point homme léger ni changeant d'affections ; quand je les ai mises en un sujet, c'est pour toujours. Si le tableau de Moïse trouvé dans les eaux du Nil, que possède M. Pointel, vous a charmé lorsque vous l'avez vu, est-ce un témoignage pour cela que je l'ai fait avec plus d'amour que les vôtres? Ne voyez-vous pas bien que c'est la nature du sujet et votre propre disposition qui sont cause de cet effet, et que les sujets que je traite pour vous doivent être représentés d'une autre manière? C'est en cela que consiste tout l'artifice de la peinture. Pardonnez m'a liberté si je dis que vous vous êtes montré précipité dans le jugement que vous avez fait de mes ouvrages. Le bien juger est très-difficile, si l'on n'a, en cet art, grande théorie et pratique jointes ensemble : nos appétits n'en doivent point juger seulement, mais aussi la raison [1]. »

Cette lettre ne changea rien, et l'on s'aperçoit que M. de Chantelou renouvela peu de jours après les plaintes qui lui avaient attiré cette juste et sévère leçon. Poussin lui écrit encore à la date du mois suivant : « Je vois que vous demeurez ferme dans l'opinion que vous aviez que j'ai

---

[1] *Lettres*, 24 novembre 1647.

servi M. Pointel avec plus d'amour et de diligence que vous. Si je n'eusse cru que vous étiez plus intelligent que lui en peinture, je n'aurais pas manqué de chercher à vous satisfaire avec ce que les Italiens appellent *leccatura* [1]; mais au contraire, tenant pour certain que vous étiez attaché aux véritables et bonnes pratiques de l'art, je me suis imaginé que je pourrois vous plaire avec les ouvrages que je vous ai envoyés, lesquels j'ai tous faits avec le plus de soin et d'amour qu'il m'a été possible. J'ai maintenant le dernier entre les mains : j'y observerai diligemment ce que vous aimez tant dans ceux que possèdent les autres, puisque je ne trouve point d'autre moyen de vous entretenir dans l'opinion que je suis toujours pour vous le plus affectionné de tous les hommes. » Il ajoute plus loin, avant de terminer cette lettre, et à propos d'une Vierge que M. de Chantelou lui demandait promptement : « Je me veux mettre la cervelle sens dessus-dessous pour trouver quelque nouveau caprice et quelque nouvelle invention, que j'exécuterai à son temps; le tout pour vous guérir de cette cruelle jalousie, qui vous fait paroître une mouche comme un éléphant [2]. »

Tels sont les faits que nous avons pu grouper autour de cette grande œuvre des Sept Sacrements deux fois tentée par le génie du Poussin. Nous

---

[1] Ce que l'on peut traduire par *manière léchée*.
[2] *Lettres*, 22 décembre 1647.

avons fait ressortir les progrès que marque dans l'art de la composition et de l'expression la collection destinée à M. de Chantelou. Rien, dans ce second et supérieur essai, n'a manqué à la gloire de l'artiste, pas même l'envie de ses rivaux, envie moins facile à expliquer, lorsque nous la voyons se réfléchir dans les susceptibilités d'un homme qui fut cependant son admirateur fidèle et son dévoué protecteur. L'incertitude du goût de ce seigneur et sa vanité de possesseur d'une galerie précieuse en sont les seules excuses.

Il y eut, vers 1655, un projet de M. de Chantelou d'offrir au commandeur del Pozzo des copies des Sept Sacrements de la seconde suite, à la condition que ce riche amateur lui enverrait à son tour les copies de la première. Cette idée ne fut pas goûtée par ce dernier, et le projet en resta là. C'est Poussin qui nous l'apprend dans une lettre du 23 décembre 1655 [1] avec des détails intéressants : « Je suis allé saluer de votre part le chevalier del Pozzo, qui a eu grande joie de recevoir de vos nouvelles, et qui vous rend mille baise-mains. Je lui ai fait voir ce que vous m'avez écrit touchant les copies de ses *Sept Sacrements;* sa réponse a été assez froide. Il s'excuse sur ce qu'il ne connaît personne qui les puisse imiter, et même sur ce qu'il n'a pas de lieu commode pour les faire copier : en un mot, il n'en a jamais eu envie, et je sais une personne à laquelle

---

[1] *Lettres.*

il l'a également refusé. Ce lui serait cependant un avantage d'avoir la copie des vôtres, tant parce qu'ils sont du double plus grands que les siens, que parce que les compositions en sont plus riches et ont, sans parangon, un plus grand style. Mais peut-être craindrait-il que la comparaison ne diminuât le prix des siens, dont il tient véritablement grand compte : en effet, mes ouvrages ont eu cette bonne fortune, d'être trouvés clairs par ceux qui les savent goûter comme il faut [1]. »

On doit au burin de Claudia Stella, nièce du célèbre peintre ami du Poussin, dont elle reproduisit avec talent les compositions, treize estampes représentant un même nombre d'actes de la passion de Jésus-Christ, depuis l'entrée dans Jérusalem jusqu'à la comparution devant Hérode. Ces gravures, signées *Poussin pinxit*, sont néanmoins souvent attribuées à son disciple Stella, et les éléments nécessaires pour résoudre définitivement cette question nous font défaut. Il est vrai que ni Le Poussin dans ses lettres, ni Félibien, ni Bellori, ni les autres

---

[1] L'ordre dans lequel les Sept Sacrements furent envoyés à M. de Chantelou est le suivant, comme nous l'apprenons de la correspondance :

L'Extrême-onction, 31 octobre 1644.
La Confirmation, 12 février 1646.
Le Baptême, janvier 1647.
La Pénitence, juin, 1647.
L'Ordre, 19 août 1647.
La Cène, fin d'octobre 1647.
Le Mariage, 23 mars 1648.

biographes italiens n'en parlent; mais la correspondance passe sous silence bien d'autres tableaux du maître, et si Félibien est plus fécond dans les indications de ce genre, il en omet plus d'une et des plus importantes. Bellori a donné la description de plusieurs compositions principales ; quant à Baldinucci et Passeri, à peine en citent-ils quelques-unes. Ces omissions ne sauraient donc prouver contre l'authenticité des tableaux que nous citons ici.

D'un autre côté, la probité connue de la famille Stella nous permet d'affirmer que le burin de Claudia n'aurait pas inscrit le nom du Poussin au bas de gravures qui n'eussent point reproduit les œuvres de son pinceau, et le caractère des compositions, l'expression des figures, le mouvement dramatique de la plupart, la supériorité de quelques-unes autorisent à les attribuer au Poussin, surtout en l'absence de preuves du contraire.

Cet ensemble n'a point été terminé. On y joint ordinairement pour le compléter un *Ecce homo* et un *Crucifiement*, dont l'origine n'est point contestée, mais dont les dimensions différentes de l'un à l'autre, et différentes de celles des treize qui nous occupent, prouvent que ce sont des œuvres isolées du peintre.

Il est vrai que J. Stella imitait, de manière à faire illusion au premier coup d'œil, la manière du Poussin, et que Félibien cite de lui trente petits tableaux représentant la Passion du Sauveur; mais cette circonstance même éloigne l'idée de lui attribuer la suite dont il est ici question. Ce serait, en effet dix-sept compositions à trouver entre *la Comparution* devant Hérode et *la Résurrection*. Or, l'imagination la plus féconde ne saurait y parvenir, et les conditions que le peintre doit demander à un sujet, pour le traduire dans sa langue, rejettent toute idée d'une aussi malheureuse fécondité dans un cercle qui ne la comporte pas. D'ailleurs si Claudia eût voulu tromper, elle eût aussi bien pu graver les trente compositions de son oncle que les treize qu'elle donne comme appartenant au Poussin. Il paraît, du reste, que ces trente tableaux n'ont pas eu les honneurs de la gravure [1].

Aurait-on, comme quelques critiques le prétendent, ajouté le nom de Poussin à l'insu ou après la mort de Claudia?.... C'est là un fait que l'on ne pourroit affirmer que sur des preuves bien cons-

---

[1] Nous devons les détails suivants à l'obligeance de M. le Vte H. de la Borde, conservateur des estampes de la Bibliothèque impériale : « Il existe dans l'œuvre de J. Stella que possède la Bibliothèque impériale un certain nombre de compositions sur la *Passion*, gravées par divers artistes et à diverses époques, soit en camaïeu, soit au burin. Toutefois ces pièces, dont le nombre ne s'élève pas à trente, et qui d'ailleurs ne se relient entre elles ni par la chronologie des scènes représentées, ni même par la similitude du format, ne sauraient être celles qu'a mentionnées Félibien, et il y a lieu de douter que les trente sujets en question aient jamais été gravés; car Mariette, si bien informé d'ordinaire, ne les décrit pas. Quant à ceux qui viennent d'être indiqués, ils ne rappellent en aucune façon les tableaux du Poussin que Claudia Stella a reproduits, et qui gardent sur les compositions de Jacques Stella **toute la supériorité du génie sur le talent.** »

tatées, et nous demeurerons dans notre opinion jusqu'à ce qu'elles nous soient fournies.

Reste à savoir à quelle époque de la vie du Poussin doivent être attribuées ces compositions. On peut affirmer qu'elles appartiennent à ses dernières années. Félibien et les biographes italiens, Bellori surtout, nous mettent au courant de ce qu'il produisit de 1628 à son voyage en France; nous savons quelles furent ses occupations pendant le séjour qu'il fit à la cour de Louis XIII, et depuis son retour à Rome jusqu'en 1648, où il termina les Sept Sacrements de la collection Chantelou, les tableaux en petit nombre qu'il exécuta en même temps nous sont indiqués par ses lettres. C'est donc nécessairement de 1648 à 1665 qu'il faut chercher la date de ces compositions qui ont la *Passion* pour objet; nous ne saurions la fixer avec plus de précision sans nous appuyer sur des données peu sûres.

Jetons maintenant un coup d'œil rapide sur cet ensemble, et en particulier sur quelques-uns des tableaux qui le composent. Parmi les caractères généraux de cette suite de compositions, nous trouvons l'expression dramatique portée au plus haut degré, particulièrement dans *le Lavement des pieds*, dans *l'Arrestation*, dans *le Reniement de saint Pierre*, etc. Si ces expressions vont souvent jusqu'à la familiarité, elles en tirent une plus grande force, et sont justifiées par la mission du Christ dont le caractère divin se voile sous la persécution et la pauvreté. Ces scènes populaires saisissent d'autant plus vivement le spectateur que le sens profond qu'elles cachent resta, nous le savons, ignoré des acteurs qui les accomplirent : « Pardonnez-leur, mon père, parce qu'ils ne savent ce qu'ils font[1]. » Les passions de la multitude, la sauvage grossièreté des gardes et des bourreaux, les sentiments divers des juges et des persécuteurs, sont reproduits avec une fidélité que l'histoire nous permet d'apprécier. C'est bien dans Hérode l'air moqueur qui accueille cette royauté spirituelle dont il ne comprend pas le mystère ; l'hypocrisie pharisaïque est peinte sur la physionomie de Caïphe et des autres membres du Sanhédrin ; le dédain du vainqueur respire dans le calme de Pilate : le magistrat romain laisse la bassesse empressée des Juifs venger l'honneur et les droits de César ; il est plus touché des craintes de sa femme qu'un songe trouble encore, et qui l'engage à épargner le sang du juste[2].

De beaux effets de lumière au milieu de la nuit ajoutent plus de solennité à la scène du lavement des pieds, plus de terreur à celle de l'arrestation ; l'ouragan qui, dans cette dernière, fouette les feuilles et courbe les arbres exprime bien le trouble de la nature devant ce redoutable moment de suspension volontaire de la puissance divine.

Dans toutes ces compositions la figure du Christ

---

[1] Luc. xxxvi, v. 34.
[2] Voir le récit de la Passion dans les divers Évangélistes.

est trop courte, mais la tête est partout noble et simple, l'expression de douceur et de résignation fait avec les passions qui s'agitent autour de l'homme-Dieu un contraste qui frappe la pensée. Le peintre a sauvé habilement la dignité du juste, même dans les mouvements défavorables que lui impriment les mauvais traitements de ses ennemis.

Mais la plus belle, la plus poétique de ces compositions est celle qui représente la prière au Jardin des Oliviers. Le Christ, anéanti devant le spectacle des péchés des hommes qui se présentent à la fois en ce moment à ses yeux, est courbé et comme prosterné sur le lieu de sa méditation; c'est le moment de ces paroles : « Mon père, s'il est possible, faites que ce calice s'éloigne de moi [1]. » Le secours divin ne lui manque pas tout à fait, un ange le soutient, d'une beauté grave et touchante. Un peu au-dessus de la terre, sur des nuages dont l'extrémité inférieure vient affleurer le sol, sont disposés les instruments de la passion depuis le moindre signe de l'insulte jusqu'à la croix dont le sommet touche le ciel. Ils sont aux mains d'anges heureusement groupés, et dont quelques-uns témoignent par la tristesse et les larmes de l'emploi douloureux qui leur est réservé. Non loin de là, deux apôtres cèdent au sommeil [1] et au fond du

---

[1] « S'étant levé après avoir fait sa prière, il vint à ses disciples qu'il trouva endormis à cause de la tristesse dont ils etaient accablés, et il leur dit : Pourquoi dormez-vous?... » Concordance des

tableau on aperçoit, éclairée par des torches et par la lune, la troupe des soldats du Prince des prêtres conduite par Judas. Rien ne manque à la grandeur du poëme, ni la vérité de l'expression, ni l'enchaînement des pensées, ni la disposition de l'effet [1].

Telle est l'impression que nous avons reçue de ces treize compositions. L'impartialité nous fait un devoir de dire que des artistes recommandables ne partagent pas entièrement notre avis. En reconnaissant l'inspiration supérieure du Poussin, plusieurs semblent croire que l'exécution est restée imparfaite dans quelques parties. Le lecteur pourra se former lui-même un jugement par l'étude des estampes.

Évangélistes, ch. cxxxvii, v. 45 et suiv. ; il est bon, du reste, de lire tout le chapitre.

[1] Voir après *la Vie du Poussin*, la liste de ces treize tableaux dans la nomenclature de son œuvre. En l'absence de documents positifs sur eux, ne pourrait-on pas hasarder la conjecture que ces gravures ont été exécutées d'après des dessins finis du maître?

VI

Le Poussin précurseur des directeurs de l'École française à Rome. — Les peintres français à Farnèse. — Chapron. — La copie de la *Transfiguration*. — Bustes antiques recueillis. — Lebrun. — Influence du Poussin. — Prix de ses ouvrages. — Caractère de sa vie.

La mort du roi de France avait, comme nous l'avons dit [1], servi au Poussin de prétexte pour ne plus quitter sa maison du Monte-Pincio, et lorsqu'il revint à Rome, en 1643, sa réputation déjà grande dans cette ville, et le titre de peintre du roi qu'il rapportait de son séjour en France, le désignaient à l'estime des Romains, et plus encore au respect des artistes français qui venaient en foule s'instruire en Italie. En même temps il avait conservé des relations intimes avec son protecteur particulier, M. de Chantelou, ami sincère des arts, quoiqu'il se trompât quelquefois dans ses jugements. Ce seigneur consacrait sa fortune à faire copier les chefs-d'œuvre de Rome, et à réunir ce qui se pouvait trouver de plus précieux parmi les fragments anti-

[1] Chap. IV.

ques mis à découvert par les fouilles. Son voyage avait été comme le signal du commencement de ces travaux, et dès le 22 juin 1643, tandis qu'il était encore en route pour rentrer en France, nous voyons installés au palais Farnèse, devant plusieurs des chefs-d'œuvre qu'il renferme, les peintres qu'il avait décidés à employer leurs talents pour lui. C'était le Poussin qui se chargeait de surveiller l'exécution des copies, d'en rémunérer les auteurs, de leur donner quelquefois des avis, de choisir les morceaux antiques, de présider à leur emballage, non sans quelques récriminations, fort douces d'ailleurs de sa part, lorsqu'il lui semblait que M. de Chantelou oubliait ces peines, ces pertes de temps, regrettables surtout pour un peintre qui savait si bien l'employer. Aussi lui en fait-il, dans une lettre que nous rappelons ici [1], un affectueux reproche dans les termes suivants : « Pourquoi est-ce que j'ai employé tant de temps et tant de courses de çà et de là, par chaud et par froid, pour vos autres services particuliers, si ce n'a été pour vous témoigner combien je vous honore ? »

Nous voyons, en effet, par les lettres du Poussin le détail de ces demandes et de ces envois [2].

---

[1] Page 174.
[2] Félibien donne aussi sur ces achats du Poussin quelques détails qui peuvent servir à l'histoire des morceaux de sculpture qui contribuent à la richesse de nos musées. « Vers la fin de juillet 1644, il acheta encore quatre têtes de marbre. La première représentait le dernier Ptolémée, frère de Cléopâtre, et il l'estimait

C'est au mois d'août 1643, six chandeliers commandés à un sculpteur en bois nommé Pietro Paolo et donnés au doreur, avec cette réflexion : « Il m'a semblé qu'il serait plus riche de les faire dorer entièrement, que de faire qu'il y en eût de couleur de chair; cela a trop de son pauvre homme et du saint de village [2]. » Ce sont des plaintes sur l'infidélité d'un nommé Antoine, sculpteur, employé par M. de Chantelou, des éloges de la probité et de la modestie d'un monsieur Thibaut, aussi statuaire, qui s'occupait avec le Poussin du choix des morceaux antiques à envoyer à ce seigneur. Celui-ci avait moulé l'Hercule Farnèse, et ce moule, recueilli par Poussin après son départ, afin qu'il ne fût pas perdu, occupa longtemps à lui seul la moitié de sa maison. « Pour M. Thibaut, dit notre peintre, il mérite qu'on lui fasse du bien : vous l'avez ressuscité, tant par les vingt écus que vous voulez que je lui paye, que par les témoignages que vous lui montrez de l'affection que vous avez pour lui; il vous remerciera par lettres, et vous servira en effet, si vous lui commandez.

---

seule cent pistoles, la deuxième était une tête de femme d'une excellente manière, elle regardait en haut et appartenait autrefois à Chérubin Albert, fameux peintre. Elle a les oreilles percées pour y attacher quelques ornements. On la nommait chez les Alberti, la *Lucrèce*; la troisième est de Julia Augusta; la quatrième paraît un Brutus. Mais n'ayant pas eu moins de difficultés à faire sortir de Rome ces quatre bustes que les huit précédents, on ne les reçut qu'au mois de février 1646 (t. IV.)

[1] *Lettres*, 4 août 1643.

Il fait bien de demeurer ici encore une année; je vous assure qu'il a fait grand profit en peu de temps [1]. »

Les bustes et fragments antiques au choix desquels le Poussin s'arrêtait pour servir son protecteur en France, avaient souvent besoin d'être restaurés ou nettoyés, et dans ce but il les confiait à un nommé Vitelleschi dont l'habileté en ce genre, plus que la probité, lui donnait les garanties nécessaires. C'était des intérêts à débattre, des marchés à faire, et lorsque tout était prêt, il fallait obtenir les permissions indispensables pour que ces objets sortissent de Rome; car le gouvernement pontifical, jaloux des trésors que les fouilles arrachaient au sol de la ville éternelle, se montrait sévère, et interdisait le plus souvent l'exportation. Bien des choses étaient d'ailleurs à prévoir pour ces envois : la probité et le soin des commissionnaires, la sécurité des routes, l'époque de l'année, etc.

Il fallait s'occuper même du dessin de costumes antiques à composer pour des bustes mutilés dans leur partie inférieure. A cette occasion il est bon

---

[1] *Lettres*, 5 octobre 1643. — D'après une autre lettre du Poussin, du 3 novembre 1647, Thibaut n'aurait pas si bien fini qu'il avait commencé. De retour à Paris il aurait donné de justes sujets de mécontentement à M. de Chantelou, dont les plaintes trouvèrent de l'écho dans l'esprit du Poussin, désabusé par ce qu'il apprenait à Rome, depuis le départ de son protégé, de ses mauvais procédés et de son indélicatesse. Nous ne pouvons rien affirmer sur ces accusations.

de citer les propres paroles du Poussin ; on verra quelles précautions il croyait devoir être prises pour mettre en harmonie les diverses parties des figures :
« Il m'est souvenu que vous me demandiez... quelques esquisses d'habits à l'antique pour l'ornement de vos têtes de marbre, le Drusus et le Ptolémée : je vous en envoie quatre, trois loriques pour le Ptolémée, et une trabée pour le Drusus. Je vous les envoie seulement pour vous témoigner combien je veux être prompt à vous obéir, et tout en ne croyant pas qu'elles puissent servir ; car il faudroit les modeler, et en voir le relief, pour en mieux connoître la vraie forme sous divers aspects : il ne seroit peut-être pas mal à propos de chercher, dans les galeries de Paris, quelque chose qui pût vous servir [1]. »

Le Poussin était seul pour suffire à ces démarches que lui faisait entreprendre sa reconnaissance pour M. de Chantelou ; il n'avait pas, comme eurent depuis les directeurs de l'École de Rome, des bureaux et des agents chargés, sous leur surveillance, de ces mille soins matériels, de ces recherches laborieuses, et l'on peut croire que plus d'une fois il regretta le temps qu'il dérobait, pour des soins vulgaires, au calme de sa pensée réfléchie et féconde ; néanmoins son cœur faisait taire son esprit, et les désirs de M. de Chantelou étaient des lois pour lui. Celui-ci ayant offert, au nom de Louis XIII et d'Anne d'Au-

---

[1] *Lettres*, 16 août 1648.

triche, en action de grâces de la naissance de Louis XIV, deux couronnes de diamants à Notre-Dame-de-Lorette, et un enfant d'or porté par un ange d'argent, Poussin s'occupa de tous les détails, jusqu'aux soins à donner à la plaque d'argent qui devait porter l'inscription. On peut dire, il est vrai, qu'en cela il servait le Roi dont il était encore, selon toute probabilité, le premier peintre ordinaire; mais il voulut bien, par amitié pour M. de Chantelou, descendre un jour jusqu'aux gants à la frangipane qu'il lui demanda; il sut les marchander et les choisir [1].

Les peintres surtout appelaient sa surveillance. M. de Chantelou en occupait plusieurs à faire pour lui des copies de tableaux, et le prix qu'il donnait de ces copies, quoique mesuré par le Poussin sur les sommes limitées qui lui étaient envoyées, aidait ces jeunes artistes, dont plusieurs devinrent célèbres, à satisfaire à leurs besoins pendant le temps qu'ils passaient à Rome pour se perfectionner dans la peinture. On sait que les grandes copies que nous possédons au Louvre de l'*Incendie du bourg*, de l'*École d'Athènes*, de *la Dispute du Saint-Sacrement*, sont l'œuvre des premiers élèves envoyés à Rome, après l'établissement de l'École française ou Académie. Ainsi, un simple particulier, aidé par un grand artiste, faisait alors à Rome, dans de moindres proportions, il est vrai, ce qui se fit plus tard par

---

[1] *Lettres*, 7 octobre 1640 et 18 octobre 1649.

l'entremise du gouvernement de la France sous les yeux d'un directeur officiel.

Le Poussin, dans ses recherches, ne restait point inactif pour lui-même. A sa mort on trouva réuni chez lui un choix judicieux de marbres antiques, de dessins et de gravures, dont l'étude servait à entretenir en lui les traditions du beau, du vrai et l'inspiration des maîtres [1].

Les artistes qu'il employait à satisfaire au goût de M. de Chantelou et à son amour pour les tableaux étaient Mignard, Lemaire [2], Errard, Lerieux, Nocret, Chapron et le Napolitain Chieco. Mignard copiait à Farnèse une Vierge qui ne nous est pas indiquée d'une manière plus particulière. A la date d'une lettre du Poussin du 4 août 1643, cette copie venait d'être achevée, et Mignard en faisait faire une autre d'après elle; il demandait quatre-vingts écus de la sienne, quoique Poussin jugeât qu'elle était pour le coloris différente de l'original, « autant comme il y a du jour à la nuit [3]. » Lemaire avait entrepris de reproduire le *Dieu de pitié* d'Annibal Carrache, et le terminait, tandis qu'Errard avait fait de plusieurs portraits des copies auxquelles le Poussin donnait son entière approbation; Lerieux, après avoir fini une Vierge à mi-corps, découvrant une petit Christ

---

[1] Voir à la fin, note I.

[2] Lemaire (François) né en 1620, mort en 1688, après avoir été reçu à l'Académie en 1656. Poussin l'appelle le petit Lemaire pour le distinguer de son ami le gros Lemaire.

[3] Voir *Lettres*, 27 octobre, 5 novembre, 11 décembre 1643.

couché sur un oreiller, avait ébauché la *Vierge au chat*[1], dont déjà le Napolitain Chieco avait commencé la copie. C'est de celui-ci que le Poussin augure le mieux, il juge que sa copie vaudra les soixante-dix écus qu'il demande ; il se plaint, il est vrai, de sa lenteur. « Il est si long, dit-il, que c'est la mort [2]. »

Mais ceux qui n'attiraient pas seulement l'attention, ou n'avaient pas seulement besoin des conseils du malheureux Poussin, et qui lui faisaient encore tourner la tête, c'était Nocret, et par-dessus tout Chapron.

Encore Nocret [3] n'avait-il guère d'autre prétention que celle de se faire mieux payer, profitant de l'incertitude où restaient encore les conditions faites avec M. de Chantelou avant son départ, et se fondant de plus sur quelques corrections que Poussin

---

[1] Cette Vierge est connue sous le nom de Vierge *della Gatta*.
[2] *Lettres, Ibid.*
[3] Nocret était Lorrain et disciple de Duclerc. Il resta longtemps à Rome où il s'exerça à la peinture du portrait, dans laquelle il se distingua plus que dans toute autre. Le Poussin, dans la lettre où il se plaint de ses procédés, ne paraît pas faire grand cas de son talent. Néanmoins Nocret peignait d'une manière agréable et fraîche. Il est mort recteur de l'Académie de peinture en 1672. De plusieurs discours qu'il a faits pour cette assemblée, et qui font honneur à son esprit, il en a consacré un à l'examen du *Ravissement de saint Paul* et un autre au *Pyrrhus* du Poussin. Dans ces deux morceaux intéressants il rend la justice la plus éclatante et la mieux motivée aux qualités supérieures du peintre auquel il avait dû à Rome d'utiles conseils. (*Mém. inédits sur les membres de l'Académie royale de peinture*, etc. Paris, Dumoulin, 1854, t. Ier.)

l'avait forcé de faire à la copie d'une madone du Parmesan. Il avait d'ailleurs cela de commun avec Lemaire, Lerieux et Mignard, « qui, tous, de commun accord, se vouloient faire payer à leur mode, et ne vouloient point faire les secondes copies qu'ils avoient commencées [1]. »

Quant à Chapron, originaire de Châteaudun, et élève de Vouët, il était installé à Rome où il copiait des tableaux, plus célèbre aujourd'hui pour avoir gravé, avec assez de talent, les Loges de Raphaël, que par les œuvres de son pinceau. A l'époque où le Poussin eut, pour son malheur, affaire à lui, le tableau de *la Transfiguration* de Raphaël, transporté depuis au Vatican, était chez les moines de Saint-Pierre *in montorio*, sur le maitre-autel de cette église. M. de Chantelou, dans le désir d'en avoir une grande copie, avait prié le Poussin de trouver un peintre qui s'en chargeât. Chapron s'était présenté et avait été agréé. Il paraît que, dans la place alors occupée par lui, le tableau ne recevait pas un jour favorable. On obtint la permission de le déplacer; mais il ne fallut pas moins pour y parvenir, que l'intervention du cardinal Barberini. Cette circonstance eût fait comprendre à tout autre qu'à Chapron la nécessité de ne point abuser de cette condescendance, et de terminer sa copie dans un délai proportionné à l'importance du tableau, et à la gêne que ce déplacement cau-

[1] *Lettres*, 25 août 1643.

sait aux moines et à leur église. Il n'en fut point ainsi.

L'ouvrage avait été d'abord conduit rapidement et bien; il était déjà très-avancé, lorsque Chapron, après le départ de M. de Chantelou, refusa de continuer[1], sous des prétextes et avec des circonstances que le Poussin nous fait connaître dans les termes suivants : « Entre toutes les choses qui se passent ici touchant vos affaires, merveilleuse est l'extravagance du sieur Chapron, lequel, après nous avoir remis de jour à autre, et n'ayant jamais voulu travailler pour vous, depuis votre départ jusqu'à ce moment, dit enfin qu'il a eu lettres de M. Renard, comprises dans celle que ledit Renard a écrite à M. Passard, qui disent que vous avez dit tant de mal de lui audit Renard, que vous le lui avez rendu ennemi déclaré, d'ami et protecteur qu'il lui étoit, et que ce n'étoit pas ce qu'il attendoit de vous; enfin, sous ce faux et grossier prétexte, il a totalement renoncé à la continuation de l'œuvre si bien commencée. Mais parce que, et les moines du lieu et moi et M. Errard l'avons prié, comme à jointes mains, de ne laisser point une œuvre si avancée pour de fausses impressions, et celle pour laquelle vous aviez dépensé de l'argent et employé tous vos amis d'ici; enfin, vaincu, il a dit qu'il en avoit perdu le goût, et qu'il ne savoit pour qui il travailloit ni à

---

[1] Ce contre-temps dut être d'autant plus désagréable pour M. de Chantelou, qu'une copie en petit, qu'il avait demandée à un autre peintre, ne fut pas non plus achevée.

quelle condition. Nous l'avons prié de s'accommoder du prix et se mettre à quelque raison ; mais nous n'en avons pu tirer qu'une demande qui nous a fermé la bouche, disant qu'il n'y travailleroit jamais à moins de six cents écus de payement et qu'il vouloit toucher présentement deux cents écus. Enfin, je n'ai osé rien lui offrir plus que cent pistoles, dont il s'est moqué, et il a dit aux moines qu'ils remissent leur tableau à sa place s'ils vouloient, quant à lui, qu'il n'y travailleroit jamais. Vous pouvez ordonner ce que vous voulez que l'on fasse de l'ébauche, que nous laisserons chez les moines jusqu'à tant que nous aurons de vos réponses. Nous avions pensé de chercher quelqu'un qui le voulût finir ; mais nous ne trouvons personne qui veuille finir les choses commencées par un autre, si ce n'est des copistes à la douzaine, qui ne feroient rien qui vaille ; outre que les moines susdits sont extrêmement las d'attendre, et en toute manière veulent remettre ledit tableau en son lieu, pour les quarante heures que l'on y va faire, et jurent fort et ferme que jamais plus ils ne souffriront qu'on l'ôte de son lieu [1]. »

Ces plaintes de la conduite de Chapron, le Poussin les renouvelle encore dans une lettre du 25 août suivant ; mais ce capricieux artiste n'était pas le seul qui le fît sortir de ses habitudes de calme et de douceur. Il paraît que ses exigences avaient été

---

[1] *Lettres.* 4 août 1643.

contagieuses, car le Poussin ajoute dans cette même lettre : « Ceux qui copient à Farnèse ne se montrent pas plus affectionnés à faire leur devoir que Chapron, principalement Nocret, Le Maire, Le Rieux et Mignard... Je ne sais pas quelles espérances vous leur avez données ; mais quand ils ont vu la chose retournée, ils ont tous montré les dents comme des chiens enragés, et ont pris plaisir à vous maltraiter de leur mieux ; ce qui m'a contraint de m'accorder avec eux aussi bien que j'ai pu. Enfin, j'ai retiré de leurs griffes, de Le Maire, la copie du Dieu de pitié d'Annibal Carrache ; de Nocret, la Vierge d'après le Parmesan ; la Vierge à mi-corps copiée de Vieus [1] ; les portraits de M. Errard ; votre portrait et la copie faite par Nocret. Il ne reste que la Vierge au chat que le Napolitain finit, et celle de Mignard qu'il retient chez lui pour la faire copier. Vous aurez donc une copie de chaque sorte, de quoi vous vous pourrez contenter, car ce n'est pas chose que vous deviez beaucoup souhaiter que d'en avoir de doubles copies. Je n'estime pas que votre argent y fût bien employé ; vous le verrez bien par celles que je vous enverrai, et, si ce n'eût été pour ne perdre point vos arrhes, votre argent eût été aussi bien employé à autre chose [2]. »

Mais l'affaire de la copie de la *Transfiguration*

---

[1] Nous copions ce nom tel que nous le trouvons dans la lettre originale du Poussin, sans connaître le peintre qu'il désigne.
[2] *Lettres*, 25 août 1643.

n'en resta point là. Le Poussin ne laisse passer aucune occasion de se plaindre de Chapron, et sa mauvaise humeur s'accroît à mesure qu'il rappelle tous ses mauvais procédés. Il annonce à M. de Chantelou qu'il en apprendra bien d'autres encore de la bouche de M. Errard qui se dispose à retourner en France. Les moines, malgré leurs menaces, par considération pour M. de Chantelou, et dans la crainte de déplaire au cardinal Barberini, n'avaient point replacé sur l'autel l'original dont Chapron avait ébauché la copie. Mais cette complaisance fut inutile; Chapron avait disparu. Était-il allé à Malte, comme Poussin l'avait cru d'abord? Était-il retourné à Paris, comme le bruit s'en était répandu plus tard? On l'ignorait encore, et la copie ne pouvait être achevée ni par lui, ni par un autre, attendu qu'en manquant à ses engagements, il ne les avait pas rompus d'une manière complète, qui pût laisser le Poussin libre d'agir. Les moines s'étaient enfin décidés à rétablir leur tableau en sa place. Restait l'ébauche. Le Poussin pressait M. de Chantelou de consentir à la recevoir, ne sachant lui-même qu'en faire, et craignant qu'elle ne se perdît, lorsque l'ambassadeur de France intervint, tandis que Chapron revenait de Malte où en effet il était allé. Poussin, avec sa vivacité ordinaire raconte cette circonstance dans les termes suivants :

«....Huit jours avant que je retirasse le tableau, M. l'ambassadeur se rendit à Saint-Pierre *in Mon-*

torio, et, après avoir vu ladite copie, qui lui sembloit abandonnée, il dit aux moines qu'il falloit la finir, puisqu'elle avoit été commencée pour le Roi. Peu de jours après, je fis porter ladite copie chez moi. Lundi dernier, ledit seigneur ambassadeur envoya quérir le sieur Chapron, qui étoit revenu de Malte la veille du jour où le tableau fut retiré, et lui demanda brusquement qui il étoit, et pourquoi il avoit abandonné et laissé imparfait un ouvrage commencé pour le Roi ; que, comme ambassadeur, il en vouloit avoir connaissance. Chapron fit ses excuses à son avantage, disant que l'argent lui avoit manqué, et que moi qui avois la commission de le faire finir, je ne l'avois pas voulu payer.

« Après cela, je fus appelé chez M. l'ambassadeur, qui, du commencement, me reprit de ce que je ne l'avois pas été saluer, et me dit que j'avois besoin de la protection du Roi ; qu'il falloit que je retournasse en France, et qu'en cela il me vouloit favoriser. Je le remerciai bien humblement : alors il me demanda que vouloit dire que le tableau de Saint-Pierre *in Montorio* n'avoit pu être fini ; je lui racontai brièvement toute l'histoire. « Or ça, me dit-il, puisque vous l'avez chez vous, je vous défends de l'envoyer ; mais écrivez-en à Monseigneur de Noyers, et montrez-moi la réponse qu'il vous fera, car je veux la voir. » Voilà brièvement ce qui se passa touchant M. l'ambassadeur.

« Chapron, d'un autre côté, veut encore avoir raison. Il dit qu'il a travaillé longtemps au susdit ta-

LA COPIE DE LA TRANSFIGURATION. 199

bleau, et qu'il n'est pas satisfait, à beaucoup près, de l'argent qu'il a reçu ; qu'il prétend que son ébauche lui soit rendue, et qu'il restituera les arrhes qu'on lui a payées. Pour mon particulier, je ne veux point disputer contre une bête comme il est ; je lui ai promis de vous faire savoir ses prétentions, et que je lui montrerai votre réponse. Il vous plaira donc, Monsieur, de m'adresser une lettre sur ces deux sujets, que je puisse montrer et à M. l'ambassadeur, et au gros Chapron [1]. »

Cette pièce, sollicitée par le Poussin dès le 20 juin 1644, lui fut remise quelques semaines après, car il raconte l'usage qu'il en fit dans une lettre adressée probablement du mois d'août à M. de Chantelou.

« Je suis allé chez M. l'ambassadeur pour lui montrer la lettre que vous m'avez écrite touchant le tableau de Saint-Pierre *in Montorio*. Mais après l'avoir lue et vu que vous prétendiez d'être remboursé des dépenses que vous y avez faites, il est demeuré court, croyant que les frais eussent été faits aux dépens du Roi. Quant à moi, je crois que le coût lui en fera perdre le goût, néanmoins qu'il ait pensé à faire finir le tableau par un peintre à bon marché qu'il tient chez lui. Il n'a néanmoins rien conclu ; car, premièrement, il veut le voir tendu chez lui et le considérer. Lundi prochain, je le lui ferai porter, et l'ordinaire venant, je vous écrirai

---

[1] *Lettres*, 20 juin 1644.

ce qu'il aura résolu de faire. J'ai montré à Chapron ce qui était écrit pour ce qui touche son ébauche; mais je ne vous écrirai pas sa réponse, parce que c'est un bœuf qui n'a ni entendement ni raison [1]. »

L'ambassadeur de France renonça à son projet, Chapron, quoique se vantant de reprendre son tableau et d'avoir l'ordre de le finir pour le Roi, dut laisser l'ébauche, déjà suffisamment payée, entre les mains du Poussin, et ce ne fut qu'au mois de décembre 1648, quatre ans et plus depuis l'origine de ce débat, et après bien des hésitations et des contre-temps, qu'elle fut expédiée de Rome à M. de Chantelou. Peut-être est-ce à cette fâcheuse circonstance que la France doit le désavantage de n'avoir de la *Transfiguration* aucune copie due à une main habile, tandis que Louis XIV s'empressa de faire reproduire, par les premiers élèves de l'Académie de France à Rome, les grandes compositions dont Raphaël a décoré le Vatican [2].

Les ennuis que causaient au Poussin les exigences des artistes que nous venons de nommer, et dont plusieurs sont restés célèbres, s'expliquent par la situation nécessiteuse où, jeunes encore, encore

---

[1] Cette lettre n'est datée d'avril 1644 que par une faute d'impression; cette date est impossible, il faut probablement lire 30 août.

[2] On voyait, il y a peu d'années, au musée du Louvre, dans la salle des Sept-Cheminées, l'*Incendie du Bourg*, l'*École d'Athènes*, etc. On a remplacé ces tableaux par un choix des meilleures productions de l'École française au commencement de ce siècle.

peu connus, ils devaient se trouver, et aussi par la parcimonie de M. de Chantelou dont l'amour pour les chefs-d'œuvre se mesurait nécessairement aux limites de sa fortune. Néanmoins la supériorité du grand artiste n'était contestée par aucun de ceux dont il surveillait les travaux dans l'intérêt de son ami.

Tels étaient les services que rendait le Poussin par suite de son séjour à Rome au plus zélé de ses protecteurs. Ce commerce entre deux particuliers s'agrandit, après l'établissement de l'Académie de France dans la capitale des arts et de la chrétienté en 1666, de tout ce que lui donna d'importance la dignité officielle du chef de l'École, et la majesté du prince qu'il était chargé de représenter. Tels furent, en effet, une partie des rapports des directeurs de cette institution, d'abord avec Louis XIV, ensuite avec tous les gouvernements qui se succédèrent en France jusqu'à nos jours. Achats et copies de tableaux, fouilles, acquisition des plus précieux morceaux de la statuaire antique, etc., il était naturel que l'administration confiât cette surveillance et ces soins à l'artiste distingué que le choix de ses collègues de l'Académie désignait pour présider, sur la terre classique de la peinture, de la statuaire, de l'architecture et de la musique, aux glorieux intérêts de l'École française. Nul doute que, dans ces conditions nouvelles, le directeur de l'Académie n'eût une tâche plus considérable que la tâche modeste que l'amitié du Poussin remplissait en faveur de M. de Chantelou ; mais cette tâche était la même, au moins quant à sa nature.

Il n'en fut point ainsi de l'influence exercée par le Poussin, au nom de la supériorité de son talent, sur les jeunes peintres qui vinrent travailler à Rome pendant sa vie et perfectionner leurs études. L'ascendant incontesté de son génie se fit sentir sur l'École française au berceau avec une force et une fécondité que n'atteignit aucun de ceux qui succédèrent, dans une position officielle, au droit de protection et de conseil que, sans autorité et sans mission, il puisa dans l'affection et le respect dont l'entourèrent ses compatriotes. La part qu'il apporta au développement de la peinture dans l'École française trouvera sa place plus opportune et plus étudiée dans la seconde partie de cet essai ; là nous apprécierons son œuvre dans son ensemble, dans ses détails et dans sa relation chronologique avec les écoles antécédentes et postérieures ; mais nous en résumerons dès aujourd'hui l'aspect historique dans le souvenir de quelques faits. Jacques Stella, lié d'amitié à Rome avec le Poussin, avant le voyage de celui-ci en France, et déjà habile peintre, quand il le connut, reçut si fortement l'empreinte de sa manière qu'un grand nombre de ses compositions ont été attribuées au peintre français. Revenu à Paris en 1634, il y rapporta ses premières traditions fortement modifiées à la source dont nous venons de parler, et il semble à l'empressement que mirent les Jésuites, M. de Chambray et M. de Noyers à lui com-

mander des tableaux, qu'ils saluèrent en lui avec
bonheur un rayon du génie du Poussin apparaissant dans sa patrie [1].

Les circonstances du voyage avaient mis Lebrun
sur les pas du Poussin. Lorsque celui-ci retourna à
Rome en 1642, il le rencontra à Lyon et se lia d'amitié avec lui. Très-probablement il lui fut confié
par M. Séguier, son protecteur. Plus jeune de vingt-
cinq ans que ce grand peintre, Lebrun en reçut d'utiles conseils, et se forma avec le plus grand zèle sur
sa manière et d'après l'étude de ses œuvres. Aussi fit-
il à Rome plusieurs tableaux dans un goût tellement
conforme à celui du Poussin que quelques-uns furent attribués à celui-ci. Deux *Nativités*, une *Sainte
famille*, le *Christ servi par les anges dans le désert*,
une *Entrée à Jérusalem*, un *Portement de croix* et
d'autres tableaux sur des sujets analogues que possède le Musée du Louvre [2], dus au pinceau de
Lebrun, rappellent cette parenté avec des traits qui
ne permettent pas de la méconnaître [3].

---

[1] Voir au Musée du Louvre, n°ˢ 501, 502.
[2] *Id.*, n°ˢ 54, 55, 57, 58, 59, 60.
[3] On cite les faits suivants à l'occasion des rapports de Ch. Lebrun et du Poussin : « Les premières productions de Lebrun furent
en partie la cause qui détermina M. Séguier à lui procurer les
moyens d'aller en Italie, prévoyant que les bontés du roi et les
siennes propres lui seraient plus utiles en lui donnant la facilité
d'étudier et de contempler les beaux objets d'art qui se trouvent dans
ce pays. Il lui donna une pension considérable, et sa protection lui
procura un accès facile à Rome, par le moyen du cardinal Antonio,
qui, sur sa demande, le présenta au pape Urbain VIII avec une lettre

Sébastien Bourdon, qui fréquenta le Poussin à Rome vers 1636, et fit en 1666, devant l'Académie de peinture, un discours sur les *Aveugles de Jéricho*, reçut une impression également vive quoique peut-être plus fugitive, des exemples de

d'introduction du roi. Il le recommanda aussi au fameux M. Poussin, qui retournait à Rome en 1642. Ils se rencontrèrent à Lyon et achevèrent le voyage ensemble. Ce rapprochement fit naître d'un côté beaucoup de bienveillance pour M. Lebrun, chez M. Poussin, et ce jeune homme conçut pour ce grand artiste un respect et une estime qui ne se sont jamais démentis ; il a souvent déclaré qu'il lui avait de grandes obligations de lui avoir fait part des profondes observations qu'il avait faites sur son art. En peu de temps il se perfectionna tellement, grâce à son application, qu'à l'occasion de certaines fêtes il fit un tableau qui fut exposé et montré comme une nouveauté aux artistes romains. Il est vrai de dire que c'était la première flamme française qui depuis longtemps eût jeté quelque étincelle. Chacun eut d'abord l'idée que c'était un tableau de M. Poussin, qui en reçut les compliments. Lebrun était venu le voir exprès ce jour-là ; M. Poussin lui dit : « Plusieurs personnes sont venues me parler d'un tableau qu'elles m'attribuent, mais je ne sais ce que cela veut dire ; allons le voir ensemble. » La surprise de M. Poussin ne fut pas petite, car, bien que ce fût une imitation de sa meilleure manière, il ne connaissait ni l'auteur, ni l'ouvrage, et pendant quelques moments il se sentit secrètement indisposé contre ce peintre inconnu, lorsque M. Lebrun, venant à lui, lui demanda ce qu'il en pensait, car il avait fait de son mieux pour l'imiter dans son plus beau style. Il fut, comme on peut l'imaginer, agréablement surpris, et ne détrompa personne, quoique sa réputation semblait alors être mise en rivalité avec celle d'un si jeune homme. Ce tableau qui représente Horatius Coclès sur le pont, a été longtemps pris à Paris pour l'ouvrage du Poussin. » (Manuscrit original de Claude Nivelon, intitulé : *Description des œuvres de M. Lebrun*, dédiée à Louis XIV, p. 10, biblioth. de M. Lamy.) A la suite de ce passage, Maria Graham ajoute, p. 85 : « Il est maintenant à la galerie du collège de Dulwich.

notre peintre. Celui-ci fut avec le Titien, le modèle qu'il se proposa de suivre, et qu'il suivit en effet; il le prenait pour guide dans la disposition et l'ordonnance de ses tableaux. On en trouvera facilement la preuve en étudiant les deux *Saintes familles* du Musée du Louvre par ce peintre, le *Noé offrant un sacrifice à Dieu à la sortie de l'arche*, le *Christ et les enfants* de la même galerie, et même la *Décollation de saint Protais* [1], quoique les figures de cette composition, de grandeur naturelle, s'écartent beaucoup des proportions habituelles de celles du Poussin.

Il n'est pas jusqu'à Pierre Mignard, dont le nom désigne aujourd'hui une toute autre manière que la manière sévère et réfléchie du peintre normand, qui ne dut d'heureuses inspirations et des directions excellentes au commerce de ce dernier. Appelé en 1658 à Paris par Louis XIV après un séjour de vingt-deux ans à Rome, il quitta cette ville et son ami Poussin avec le plus vif regret, quoique celui-ci n'eût point manqué de sévérité envers lui comme ses lettres en font foi, et conserva dans ses compositions sérieuses plus d'une trace des leçons qu'il en avait reçues. On peut les découvrir sans efforts dans son *Jésus sur le chemin du Calvaire, succombant de fatigue* que possède la France [2], et dans plusieurs autres dont nous ne connaissons que les gravures.

---

[1] Voir au musée du Louvre, nos 34, 36, 37, 39, 41.
[2] Musée du Louvre, no 350.

L'habile et gracieux Dufresnoy n'a qu'un mot dans les lettres de notre artiste par lequel celui-ci annonce qu'il se prépare à retourner en France à la date de mai 1649. Il est à regretter que le peintre qui sut chanter son art en assez bons vers latins n'ait pas laissé quelque souvenir de ses relations avec le Poussin [1].

Telle est l'influence immédiate que ce grand maître exerça sur les jeunes peintres que l'amour de leur art avait amenés à Rome avant ou après son voyage en France. Cette influence est évidente et avouée, et l'examen du tableau de la *Manne*, développé en 1667 dans une séance de l'Académie de peinture, nous a fait voir [2] quel rang son auteur occupait aux yeux de ces hommes qui avaient joui de sa conversation et profité de ses exemples. La plupart étaient les disciples de Vouët, et malgré le talent de celui-ci, ils n'avaient pas balancé à reconnaître la supériorité du Poussin.

Lorsque plus loin, nous apprécierons l'ensemble de l'École française à partir de cette époque, nous développerons un peu plus l'élément que Nicolas Poussin a droit de revendiquer dans ses progrès; il nous suffit, dans cette partie historique, d'avoir indiqué quelques-uns des principaux artistes sur lesquels il exerça une influence immédiate, à Rome, par le double pouvoir du talent et de l'affection.

---

[1] *Lettres*, 24 mai 1649.
[2] Chap. II.

Nous devons toutefois ajouter à cette liste Bousonnet Stella, neveu de son ami, qui lui avait été recommandé par sa famille, et Jean-Baptiste Champagne, neveu de Philippe, qui fut accueilli par lui de 1657 à 1659, au nom de l'amitié qui le liait à son oncle.

Malgré ce grand et glorieux ascendant, on reconnaît avec plaisir que la modestie ne fit jamais défaut au juste sentiment que le Poussin avait de sa valeur propre. Nous en trouverons entre autres une preuve dans des faits qui paraîtront sans doute fort prosaïques à côté des idées qu'éveille l'étude de ses œuvres, mais qui n'en ont pas moins un caractère honorable, surtout si nous les opposons aux procédés de beaucoup d'autres artistes. Nous voulons parler de la manière dont il mettait un prix à ses tableaux et se les faisait payer. Ce côté positif de sa vie a besoin d'être indiqué, car ce que nous allons en dire contribuera à faire connaître à la fois la modération et l'esprit de justice du peintre, et nous donnera l'occasion de rectifier quelques opinions répandues à ce sujet, qui ne sont point d'accord avec la vérité.

Nous avons déjà vu un peu plus haut, à propos des réclamations que le Poussin adressait à la cour de France pour quelques sommes qui étaient restées en arrière, qu'une fausse pudeur ou un désintéressement inopportun ne l'empêchaient pas de demander, même avec instance quand il le fallait, ce qui lui était dû. Félibien nous a transmis sur un point analogue un renseignement précieux : « Ayant mis, dit-il, en parlant du Poussin, un prix raisonnable à son travail, il était si régulier à ne prendre que ce qu'il croyait lui être légitimement dû, que plusieurs fois il a renvoyé une partie de ce qu'on lui donnoit, sans que l'empressement qu'on avoit pour ses tableaux et le gain que quelques particuliers y faisaient lui donnât envie d'en profiter. Aussi on peut dire de lui, qu'il n'aimoit pas tant la peinture pour le fruit et la gloire qu'elle produit, que pour elle-même, et pour le plaisir d'une si noble étude et d'un exercice si excellent[1]. »

Ce qui se fait remarquer dans la disposition que nous voyons attribuer au Poussin par un de ses amis, c'est avant tout la résolution de n'accepter que rarement pour ses tableaux un prix plus élevé que celui qu'il avait fixé lui-même. Les faits que nous pouvons extraire de la correspondance confirment et développent les paroles de Félibien ; néanmoins nous y voyons le Poussin modifier cette manière d'agir selon le degré d'intimité qui l'unit aux personnes, et la connaissance qu'il a de leurs dispositions.

Ainsi, il se loue de la libéralité de M. de Chantelou au sujet du *Ravissement de saint Paul*, après avoir refusé de mettre en avant ses intérêts à cette occasion [2]. C'est encore à M. de Chantelou qu'il re-

---

[1] Félibien, t. IV.
[2] *Lettres*, 7 janvier 1644. Félibien dit, t. IV, que « comme on

met de fixer la valeur du tableau de l'*Extrême-Onction* [1], dont il annonce plus tard qu'il a été payé [2], sans faire connaître le prix qu'il en a reçu. Mais ce prix, nous pouvons supposer qu'il fut de 250 écus romains [3], d'après celui que la correspondance annonce avoir été payé pour les tableaux de *la Confirmation* et de *la Pénitence*, et étendre cette conjecture à celui de la Cène, et aux autres sacrements.

Néanmoins, nous n'aurions point d'après ces données une estimation exacte de la valeur que le Poussin attribuait à ses peintures, et du prix qu'il en demandait. Il reste ici au-dessous de son appréciation ordinaire. L'amitié qui le liait à M. de Chantelou, l'idée qu'il devait beaucoup à sa protection l'engageaient à le traiter plus favorablement et à retrancher, en reconnaissance de services rendus, une partie du prix auquel les nécessités de la vie ne lui permettaient pas de renoncer tout à fait ; et avec d'autant plus de raison que, de 1644 à 1648, comme nous avons déjà eu occasion de le faire observer, sa santé souvent altérée lui permit d'exécuter fort peu de tableaux, en dehors de la seconde

---

lui porta cent écus pour le tableau de saint Paul, il n'en prit que cinquante, et l'on sait que pour tous les autres tableaux qu'il a faits il en a usé de même. » La lettre du Poussin, du 7 janvier 1644, prouve qu'il accepta cette libéralité de M. de Chantelou, mais en se réservant de prendre sa revanche.

[1] *Lettres*, 30 octobre 1644.
[2] *Lettres*, 29 juillet 1645.
[3] *Lettres*, 3 juin 1647 et 19 août 1647. Environ 1537 fr. 50 c., cours actuel.

suite des Sept Sacrements. Mais la cour de France, il est vrai, si nous en croyons *Baldinucci*, qui put le savoir de la bouche même du Poussin, continua à lui payer ses appointements de peintre ordinaire du Roi, à lui conserver le logement que nous l'avons vu occuper dans le jardin des Tuileries, et il eut lieu de croire que le crédit de son ami n'était pas étranger à cette continuation de la munificence de Louis XIII, sous le règne de son fils. En offrant de reprendre lui-même la composition d'une nouvelle suite des Sept Sacrements, il avait annoncé dès ce moment que le prix de ces tableaux ne serait pas beaucoup plus élevé que ne le serait celui des copies qui avaient été d'abord projetées ; il tint parole, mais en même temps, ayant eu à se plaindre de quelques procédés de M. de Chantelou, il n'hésite pas à lui rappeler que pendant l'espace de cinq ans, il l'a préféré à beaucoup de gens de mérite très-désireux qu'il leur fît quelque chose, et dont la bourse lui était ouverte, tandis qu'il se contentait d'un prix si modique de sa part, qu'il n'a pas même voulu prendre tout ce qu'il lui a offert [1].

Un fait qui montre que son esprit de justice était quelquefois outrepassé par sa délicatesse, c'est que *le change étant fort élevé* en décembre 1657, il

---

[1] Page 174. Rappelons en passant ce que nous avons dit plus haut du prix de six cents écus, que Chapron demandait pour une *copie* de la *Transfiguration*. Voir note D.

trouve convenable, dit-il, dans sa lettre à M. de Chantelou, *de l'en décharger de la moitié* [1].

Le désintéressement du Poussin fut donc tel qu'il ne saurait laisser aucun doute dans l'esprit du lecteur; mais ce que nous avons surtout voulu faire remarquer, c'est que ce désintéressement n'était pas le fruit d'un laisser-aller imprudent ou d'un orgueil déplacé, qu'il était accompagné, de la part de notre peintre, d'un esprit de probité et de justice, dont il appliquait la règle aussi bien à ce qu'il devait de reconnaissance à quelques-uns, qu'à ce qu'il jugeait convenable de demander aux autres, et qu'il conciliait ainsi l'impérieuse satisfaction des exigences de la vie avec la dignité de l'homme de bien et du grand artiste. Il résulte sans doute de ces évaluations que la richesse ne visita point sa demeure, mais il est hors de doute qu'il ne souffrit de la gêne que dans de courts intervalles, puisque, comme on le verra plus loin, il put laisser à ses héritiers, sur ses économies, une somme assez ronde pour le temps.

Les relations que Le Poussin eut avec Fouquet, et dont témoignent plusieurs de ses lettres de la fin de 1655 [2], avaient-elles pour objet des réclamations intéressées? Il y a lieu de le croire, puisqu'il se plaint de n'avoir rien touché de ce qui lui est dû « de l'année 1643, employée aux dessins de la

---

[1] *Lettres*, 24 décembre 1657.
[2] *Lettres*, 29 août, 23 et 26 décembre 1655.

galerie, » ajoutant qu'il « n'a reçu aucun dédommagement pour la perte de la maison que le Roi lui donna pour sa vie, et dont d'autres que lui jouissaient depuis longtemps. » Il vit à Rome, à ce sujet, le frère du surintendant qui y était à cette époque. Ces relations avec la famille de Fouquet autorisent peut-être à croire qu'il dessina les bustes qui couronnent encore la grille du château de Vaux-le-Vicomte, bustes qu'on lui attribue, et dont le style ne dément pas l'origine supposée. Il est d'ailleurs certain que les Thermes qui ornent aujourd'hui les deux quinconces dans le jardin de Versailles, sont dus aux dessins du Poussin, que plusieurs ont été exécutés à Rome, et qu'ils étaient destinés au château où le surintendant prodigua les magnificences dont la vue provoqua sa disgrâce [1].

Dans le cours de l'année 1643, la première de la période nouvelle de la vie du Poussin où nous sommes entrés depuis son retour de France, il composa et exécuta un de ses meilleurs tableaux, le *Ravissement de saint Paul*, antérieur à celui que possède aujourd'hui le musée du Louvre [2]; voici à quelle occasion. M. de Chantelou, passant à Bologne, avait acheté un petit tableau de Raphaël représentant la vision d'Ézéchiel, auquel Dieu apparaît au milieu de quatre animaux. Il désira avoir du Poussin un tableau de même dimension qui pût

---

[1] Voir Bellori, *Vie du Poussin*. Piganiol de la Force, *Versailles*.
[2] N° 435.

servir de pendant, et le sujet choisi fut le Ravissement de saint Paul. Poussin en parle dans plusieurs de ses lettres, du 25 août 1643, où il annonce qu'il en a trouvé la pensée, au 11 décembre où il fait connaître à M. de Chantelou qu'il est expédié à Paris à M. Pointel qui le tiendra à sa disposition. Ce qui inquiétait dans cette circonstance la modestie du Poussin, c'était le voisinage de Raphaël, qu'il redoutait à tort à notre avis. Il n'en écrivait pas moins à son ami « qu'il craignait que sa main tremblante ne lui manquât en un ouvrage qui devait accompagner celui de Raphaël; qu'il avait de la peine à y travailler, s'il ne lui promettait que son tableau ne serviroit que de couverture à celui de Raphaël, ou du moins qu'il ne les feroit jamais paroître l'un auprès de l'autre, croyant que l'affection qu'il avoit pour lui étoit assez grande pour ne permettre pas qu'il reçût un affront [1]. » Il lui renouvelle les mêmes recommandations dans une autre lettre du 2 décembre suivant; « mais, ajoute Félibien, qui nous transmet ces paroles, le cavalier del Pozzo écrivit quasi dans le même temps deux lettres, par lesquelles il parle si avantageusement du tableau de saint Paul, qu'il ne l'estime pas moins que celui de Raphaël..... Il dit que c'est ce que le Poussin a fait de meilleur, et qu'en les comparant l'un avec l'autre, on pourra voir que la France a eu son Raphaël aussi bien que l'Italie [2]. »

[1] Félibien, t. IV.
[2] Félibien, t. IV.

Telle était la situation du Poussin à Rome vers 1648. Nous avons vu, par l'examen comparatif des deux suites des Sept Sacrements, et par celui de quelques autres compositions, combien son talent s'était mûri et développé, à quelle élévation sa pensée était parvenue, à quelle profondeur de sentiment elle avait pénétré. Si, pendant les dix-sept années qu'il vécut encore, nous ne surprenons pas en lui de nouveaux progrès, du moins il restera l'égal de lui-même, et ses dernières toiles ne le céderont point à celles qui viennent de faire l'objet de notre admiration.

Sans doute, les hautes qualités du Poussin acquirent une plus grande perfection. Dans la voie si droite et si vraie dans laquelle il marchait, chaque jour dut apporter à un goût si sûr un degré de délicatesse de plus, mais de cette délicatesse encore heureusement sentie par l'artiste, dans sa méditation solitaire, alors que l'ami des arts n'en saisit plus déjà l'imperceptible nuance. Poussin témoigne en plusieurs endroits du sentiment intime de cette perfection idéale à laquelle l'exécution est condamnée à faire défaut, surtout, lorsque l'âge qui amène la maturité de l'esprit, lui dérobe en même temps le secours des organes affaiblis, aux approches de la séparation dernière.

Ce serait une étude psychologique pleine d'intérêt que de rechercher par quelle mystérieuse transformation l'habitude de créer, de grouper des figures dans toutes les conditions de la beauté, engendre et développe dans l'âme du peintre une faculté contemplative qui, en l'absence même de toute image tracée, dans l'obscurité de la nuit, dans l'obscurité plus profonde encore des yeux éteints ou fermés, jouit d'un idéal qu'il s'est créé par l'étude de la nature, par l'attention donnée à la connaissance des formes humaines, à celle de la beauté propre à chacune, et à celle de leurs rapports.

Poussin a été, plus que beaucoup d'autres, l'homme de ces merveilles : la gravité de sa vie, son amour du silence et de la méditation, sont les preuves les plus sûres qu'il portait en lui cette nourriture de l'âme, qui rend à l'homme une puissance qu'il semble avoir possédée dans une autre existence, et perdue par quelque faute originelle, celle de créer des images et des ensembles dans lesquels il reconnaît sa fécondité et jouit de lui-même.

L'étude de la forme sous laquelle le peintre exprime sa pensée ne produit pas toujours en tous, il est vrai, les grands et salutaires effets qu'on aurait droit d'en attendre. Il faudrait que l'artiste éprouvât lui-même des sentiments élevés, pour se plaire à en reproduire l'expression, à en parler le langage, et, parmi ceux qui ont choisi la peinture héroïque, on n'en rencontre encore qu'un petit nombre qui voient dans leur art autre chose qu'un talent distinct d'eux, en quelque sorte, et qui n'engage en rien la responsabilité de leurs convictions et de leur conscience.

Les affections humaines qui peuvent être retracées par la peinture, sont diverses et nombreuses; il y a loin du ridicule, du grossier, du burlesque représentés par Téniers, par Callot, par Rembrandt, au sublime, au terrible exprimés par le pinceau de Michel-Ange, de Raphaël, du Dominiquin; il y a loin aussi de ces derniers caractères à l'aspect d'un riant paysage, à une scène populaire, gaie ou touchante, à la vue d'une plage de l'Océan, d'une mer calme ou agitée par la tempête. Or les habitudes d'esprit qu'engendre la culture de l'un ou de l'autre de ces genres ne sauraient être les mêmes, et l'homme se modifie selon l'influence des objets qui font la contemplation la plus ordinaire de sa vie.

Du moins il en devrait être toujours ainsi; mais c'est le propre du talent de saisir vite, sans efforts, d'exprimer d'une manière pittoresque et fidèle, puis d'oublier et de pouvoir se livrer aux écarts le moins en harmonie avec les conceptions quelquefois grandes, échappées à son insu d'un pinceau facile; conceptions destinées à aller, à travers les âges, éveiller dans les âmes enthousiastes des sentiments et des idées qui n'auront guère fait qu'effleurer celle du peintre, ou qui seront nées sans réflexion d'une fécondité superficielle.

Tels sont en réalité beaucoup de peintres pour le malheur de la peinture; tel ne fut pas Le Poussin. Si nous nous sommes exprimés avec l'exactitude désirable, le lecteur aura compris que tout entier à son art, étroitement uni aux sujets qu'il a traités, il y a fait passer sa substance et sa vie; caractère à peu près unique dans l'histoire, et que nous retrouverons dans le souvenir de ces dernières années, où se produit, dans l'homme qui sent faiblir ses organes, le dernier effort d'affranchissement de sa pensée.

Le Poussin était dans la force de son génie lorsque autour de lui se groupaient avidement les jeunes Français appelés à Rome par l'amour de la peinture. Ainsi s'inaugurèrent librement, sous l'empire d'une supériorité incontestée, les traditions devenues, l'année qui suivit sa mort, une institution officielle qui, depuis bientôt deux siècles, appelle la judicieuse pensée de la France à étudier les chefs-d'œuvre de l'Italie. Il semble que Lebrun et ses amis reconnaissants aient attendu que leur maître fût descendu dans la tombe, pour transformer en un établissement durable l'ascendant involontaire de son génie et de ses vertus.

VII

Encore l'abbé Scarron. — Les deux *Ravissements de saint Paul.* — Portraits et esprit du Poussin. — Sa philosophie. — Son patriotisme. — Sa maison des Tuileries. — La mort de M. De Noyers.

1645 — 1650.

Les circonstances font naître quelquefois entre certains hommes des rapprochements qu'il est difficile d'expliquer et que rien ne saurait faire prévoir. Tel est celui que nous avons déjà surpris entre le Poussin et Scarron. Il est vrai que l'attrait n'est que d'un côté, et que l'artiste éloigne cet ami inattendu avec toute l'énergie et toute la persévérance que lui permet la politesse.

Scarron, conduit à Rome par la curiosité ou quelque autre cause que nous ignorons, y avait connu notre peintre. De retour en France, il était resté quelques années sans le voir; mais, familier dans la maison de M. de Chantelou, son compatriote, il l'avait sans doute revu pendant son séjour de 1641, et leurs relations interrompues s'étaient renouées. Néanmoins ce ne fut que vers 1647 que l'envie le prit de lui demander un tableau, et de lui envoyer son *Typhon burlesque*. La demande, comme nous l'avons vu, n'avait pas été mieux reçue que l'envoi; néanmoins le Poussin ne témoigna sa répugnance qu'à M. de Chantelou, et il l'exprime de nouveau à la date du 12 janvier 1648, dans des termes qui méritent d'être fidèlement cités pour la rudesse de la pensée et la vivacité de l'expression.

« J'avois déjà écrit à M. Scarron, en réponse de la lettre que je reçus avec son *Typhon burlesque*; mais celle que je viens de recevoir avec la vôtre me met en nouvelle peine. Je voudrois bien que l'envie qui lui est venue lui fût passée, et que ma peinture ne lui plût non plus que me plaît son burlesque. Je suis marri de la peine qu'il a prise de me l'envoyer; mais ce qui me fâche davantage, c'est qu'il me menace d'un sien *Virgile travesti*, et d'une *Épître* qu'il m'a destinée dans le premier livre qu'il imprimera. Il prétend me faire rire comme les estropiés comme lui; mais, au contraire, j'en devrais pleurer, voyant qu'un nouvel Érostrate se trouve dans notre pays. Je vous dis cela en confidence, ne désirant pas qu'il le sache. Je lui écrirai tout autrement que je ne fais à vous; j'essaierai de le contenter, au moins de paroles [1]. »

Scarron n'avait pas cultivé la peinture sans quelque fruit, et il en avait conservé le goût; c'est par suite du sentiment qui survivait en lui à l'étude de cet art, qu'il témoignait au Poussin le désir de

---

[1] *Lettres.*

posséder quelque œuvre de son pinceau. En quel genre ? Rien ne l'annonce, mais nous serions tenté de croire qu'il désirait une composition sérieuse, en harmonie avec les goûts de M. de Chantelou, sous la protection duquel il plaçait sa requête.

Poussin, malgré le mauvais accueil fait d'abord à la demande de Scarron et à son *Typhon burlesque,* ne lui tint point rigueur. Si, comme nous l'avons vu, il suspendit un instant la résolution de le satisfaire, sur le bruit faussement répandu de sa mort[1], il revint bientôt à d'autres intentions. Le *Virgile travesti* même, qu'il reçut sans doute, ne lui fit point oublier sa promesse, il la rappelle dans plusieurs lettres, s'excuse sur le peu de temps dont il dispose, mais engage sa parole. Il est vrai qu'il fait connaître à M. de Chantelou que c'est à sa sollicitation plus qu'à celle de Scarron, que cette condescendance de sa part doit être attribuée. Il annonce même, dans sa lettre du 7 février 1649, la composition dont il se préoccupe en sa faveur. « J'ai trouvé, dit-il, la disposition d'un sujet bachique pour M. Scarron; si les turbulences de Paris ne lui font point changer d'opinion, je commencerai cette année à le mettre en bon état[2]. » Les turbulences de Paris aux-

---

[1] « M. Gueffier m'a donné un second livre de M. Scarron, avec une lettre à laquelle je m'étois disposé à répondre ; mais on m'a dit qu'il étoit mort, ce qui m'a empêché de mettre la main à la plume. Je vous prie, monsieur, la première fois que vous me ferez l'honneur de m'écrire, de me faire savoir s'il est mort ou vivant; vous m'obligerez infiniment. *Lettres,* 3 novembre, 1647. *P. S.*

[2] *Lettres.*

quelles il fait allusion sont les troubles de la Fronde. Ce sujet bachique ne resta pas longtemps dans la pensée du Poussin. Il se souvint que c'était pour l'abbé Scarron qu'il travaillait, et quelques autres circonstances, sans doute, étant survenues, il fut en mesure, dès le mois de mai 1650, d'adresser à ce célèbre écrivain... quelle œuvre?... Une de ses plus belles compositions. « Je pourrai, dit-il, envoyer en même temps à M. l'abbé Scarron son tableau du *Ravissement de saint Paul;* vous le verrez, et vous voudrez bien m'en dire votre sentiment[1]. » Le *Ravissement de saint Paul* pour l'auteur du *Roman comique* et pour le père de Ragotin[2] !

Nous avons déjà raconté, qu'en 1643 le Poussin avait peint pour M. de Chantelou un *Ravissement de saint Paul*[3]. Ce tableau, destiné comme on sait à servir de pendant à la *Vision d'Ézéchiel,* de Raphaël, avait donné occasion au peintre français de

---

[1] *Lettres,* 29 mai 1650.

[2] C'est ce *Ravissement de saint Paul* que possède la galerie du Louvre sous le n° 433. Voir la *Notice de l'École française.* — Nocret a fait sur ce tableau, devant l'Académie de peinture et de sculpture, entre 1667 et 1691, une dissertation intéressante, dont l'analyse nous a été conservée par Guillet Saint-George (*Mémoires inédits,* t. Ier, p. 315.)

[3] « La note suivante complétera ce que nous avons déjà dit sur ce tableau, p. 213. Sur la fin de la même année, 1643, il lui envoya ce tableau du *Ravissement de saint Paul,* et lui répète encore par sa lettre du 2 décembre 1643 « qu'il le supplie, tant pour éviter la calomnie que la honte qu'il avait qu'on vît son tableau en parangon de celui de Raphaël, de le tenir séparé et éloigné de ce qui pourroit le ruiner et lui faire perdre si peu qu'il a de beauté. (Félibien, t. IV.) »

faire paraître à plusieurs reprises la haute opinion qu'il avait du peintre d'Urbin. Appelé à traiter encore une fois le même sujet, il semble que le désir de se surpasser ait animé son pinceau. Le second *Ravissement de saint Paul* parut d'une inspiration plus haute. La terre qui s'abaisse au loin, en permettant à l'œil de mesurer l'espace qui la sépare du ciel, agrandit le lieu de la scène; les anges mieux groupés s'unissent à l'aspiration et reproduisent l'expression de l'apôtre; des couleurs heureusement alliées résulte un effet plein de douceur; le saint en extase s'élève, comme par le mouvement intérieur de l'amour, vers la patrie céleste qui s'ouvre pour lui.

Telles sont les circonstances qui marquèrent la production de ces deux œuvres si distinguées, séparées par un espace de plus de six ans. Le Poussin ne s'y montra pas inférieur à lui-même, ni moins soutenu par cette faculté de perfectionner sa manière, dont nous avons reconnu la puissance dans la seconde suite des *Sept Sacrements;* le *saint Paul ravi* de 1650 est assurément supérieur à celui de 1643.

Il y a deux portraits du Poussin, dont un, le plus ressemblant et le plus parfait, appartient au Musée du Louvre [1]. Celui-ci fut exécuté pour M. de Chantelou, l'autre pour M. Pointel. Dans la correspondance du Poussin et de M. de Chantelou, il com-

---

[1] N° 447.

mence à en être question à la date du 22 décembre 1647, et néanmoins il ne fut terminé que vers le mois de juin 1650, tant les admirateurs du Poussin se pressaient pour obtenir de lui quelques tableaux qui donnassent du prix à leurs collections. Poussin travaillait tranquillement, évitait de diviser le temps entre un grand nombre d'ouvrages, et comme il donnait beaucoup à la réflexion, il ne poursuivait que quelques sujets à la fois. De plus la peinture du portrait lui était désagréable, et il lui déplaisait surtout de se peindre lui-même. Aussi fut-il sur le point de choisir Mignard pour lui confier la reproduction de ses traits, mais il en fut détourné par l'opinion peu favorable qu'il avait de ce peintre, opinion qu'il exprime ainsi à cette occasion : « J'aurois déjà fait faire mon portrait pour vous l'envoyer, comme vous désirez; mais il me fâche de dépenser une dizaine de pistoles pour une tête de la façon de M. Mignard, qui est celui qui les fait le mieux, quoiqu'elles soient froides, fardées, sans force ni vigueur [1]. »

Malgré sa modestie, le Poussin, qui savait si bien apprécier et reproduire l'expression des figures, voulut sans doute que ses traits passassent à la postérité avec le caractère de force et de sérieux, fidèle expression de sa pensée; il finit donc par s'en charger, quelle que fût sa répugnance pour ce genre de peinture, auquel il ne s'exerça jamais que malgré

---

[1] *Lettres*, 16 août 1648.

lui. Aussi s'excuse-t-il des lenteurs apportées à cet ouvrage sur sa paresse à l'entreprendre et à le poursuivre, et sur le peu de goût qui le porte à traiter de pareils sujets ; ce ne fut que vers la fin de 1649 que ses travaux commençant à lui donner quelque relâche, il put s'occuper de cette œuvre.

Il termina ce portrait vers le milieu de l'année 1650 ; mais la nécessité d'en faire une copie pour un ami en retarda quelque peu l'envoi [1]. Il le dirigea enfin sur Lyon et Paris le 19 juin. Huit jours après, il expédiait à M. Pointel l'autre portrait, tout en affirmant à M. de Chantelou que le sien est le *meilleur et le plus ressemblant* [2].

Dans ce portrait, en effet, le caractère réfléchi, la physionomie grave, la force de la pensée sont mieux exprimés que dans l'autre. Le Poussin avait alors cinquante-six ans, il en vécut encore quinze ; mais déjà les rides commençaient à s'apercevoir sur son front, et la maturité de son génie était empreinte sur ses traits. Sa chevelure, partagée sur le sommet de sa tête, tombe en boucles sur son cou ; il est noblement drapé, comme un sage de l'antiquité, et sa main qui sort de son manteau repose sur un carton. Le fond est formé de quelques toiles debout, sur la plus reculée desquelles on aperçoit une figure qui semble celle de la fille de Pharaon d'un de ses *Moïse sauvé*. Tout le tableau est exécuté

---

[1] *Lettres*, 19 juin 1650.
[2] *Lettres, ibid.*

dans une demi-teinte un peu sombre, tout à fait en harmonie avec l'âge du peintre, la nature de sa physionomie et la gravité de ses inspirations.

Ces portraits et celui du cardinal Rospigliosi, élevé depuis au pontificat en 1667 sous le nom de Clément IX, sont les seuls qui soient sortis des mains du Poussin. « Ce cardinal avait une grande estime pour notre peintre, et si celui-ci eût encore vécu à l'époque de son élévation au siége pontifical, il lui en eût donné des preuves par les faits mêmes[1]. »

Les protecteurs du Poussin réservaient en France un honorable accueil à l'image de leur ami. Nous l'apprenons par une lettre dans laquelle il leur en témoigne à l'avance sa gratitude et sa joie. « La place que vous voulez donner à mon portrait dans votre maison, écrit-il à la date du 3 juillet 1650, ajoute encore à mes obligations ; il y sera aussi dignement comme fut celui de Virgile dans le Musée d'Auguste, et pour ma part, j'en serai aussi glorieux que s'il étoit chez les ducs de Toscane, avec ceux de Léonard de Vinci, de Michel-Ange et de Raphaël. Je suis impatient que vous l'ayez reçu, afin de savoir s'il vous aura plu. J'ai mis tout le soin possible pour qu'il fût ressemblant, et cela n'a pas été sans quelque incommodité[2] ; ceux qui l'ont vu ici en ont été fort contents[3]. »

[1] Passeri.
[2] A l'aspect du portrait il est facile de voir que posant dans cette attitude pour lui-même, le Poussin ne put manquer d'éprouver quelque fatigue.
[3] *Lettres.*

Le portrait, reçu avec grande estime, fut, qui plus est, bien payé, malgré la modestie de l'auteur qui se défend de son mieux d'en recevoir le prix. Il écrit en effet le 29 août suivant à M. de Chantelou : « Il n'y a non plus de proportion entre l'importance réelle de mon portrait, et l'estime que vous voulez bien en faire, qu'entre le mérite de cette œuvre et le prix que vous y mettez : je trouve des excès dans tout cela. Je me promettois bien que vous recevriez mon petit présent avec bienveillance; mais je n'en attendois rien davantage, et ne prétendois pas que vous m'en eussiez de l'obligation. Il suffisoit que vous me donnassiez place dans votre cabinet de peintures, sans vouloir encore remplir ma bourse de pistoles : c'est une espèce de tyrannie que de me rendre tellement redevable envers vous que jamais je ne me puisse acquitter [1]. »

Cette physionomie du Poussin, si d'accord avec la nature du génie dont ses tableaux portent l'empreinte, nous disposerait à en retrouver les traces dans les habitudes de son esprit; nous étudierions volontiers sa pensée sur les mille sujets qui appelaient à chaque pas son attention; nous verrions qu'au milieu du commerce qu'il entretenait avec les personnages distingués qui admiraient son talent, les lettres, les arts, les affaires présentes, les guerres, le gouvernement des États appelaient assez fréquemment, dans ses épanchements avec M. de

---

[1] *Lettres.*

Chantelou, ses judicieuses réflexions. Mais cette étude serait trop longue, étrangère à l'art qu'il cultiva si heureusement, et d'ailleurs les documents que nous avons sous les yeux seraient nécessairement incomplets. Nous nous bornerons donc à quelques traits. Ils démontreront que le Poussin fut le même en tout point, et que, dans cette nature supérieure, aucune partie ne démentit les autres. Quoique subordonnées, celles de ses pensées qui ne se rapportaient point directement à son art, ne furent pas en désaccord avec l'unité de son caractère.

Parmi les peintres dont l'histoire a conservé une glorieuse mémoire et marqué la place au premier rang, presque tous ont dû à une heureuse disposition de leur nature, aidée par le travail et l'étude, le haut degré de talent auquel ils sont parvenus. Mais nous avons déjà fait remarquer que cette disposition, en quelque sorte extérieure à leur personnalité intime, en créant avec plus ou moins de facilité des œuvres distinguées, ne se réfléchit pas toujours dans la vie du peintre; elle est le fruit d'une partie brillante ou grandiose de son génie, mais n'exprime pas l'homme tout entier, n'est pas le résultat d'un ensemble intellectuel et moral qui se traduise dans ses ouvrages. Raphaël, en exprimant avec tant de bonheur les grands sujets de la Bible et du Nouveau Testament, vivait au milieu des enivrements de la gloire et des entraînements de sa passion pour la Fornarina; Michel-Ange a plus, il est vrai, le caractère d'un penseur; mais son génie dantesque s'exagère encore dans la grandeur de ses conceptions, et méconnaît les expressions variées d'affections moins exclusives et de passions plus gracieuses. C'est le peintre lui-même qui respire dans ses compositions, mais ce peintre n'a, en quelque sorte, qu'un caractère, celui de la grandeur et de la puissance. Michel-Ange y est tout entier, mais l'homme y manque dans plusieurs de ses conditions. Plus près du Poussin et de nous, le Dominiquin, de laborieuse et patiente mémoire, compte en première ligne parmi les peintres réfléchis ; mais nous suivons moins facilement la trace de cette réflexion en dehors de la toile et de la fresque où s'est exercé son génie.

Il n'en est pas ainsi du Poussin; il semble que ses ouvrages ne soient que l'expression variée d'un sentiment un, réfléchi, fécond; d'une théorie qui règle non-seulement la marche du peintre, mais repose sur les principes qui dominent sa vie tout entière, et se fait jour dans les circonstances même étrangères à son art. Les sentiments retracés dans ses nombreuses compositions, dans ses œuvres principales : *les Sept Sacrements, le Testament d'Eudamidas, le Déluge,* etc., c'est le Poussin, produisant dans le langage qui lui est propre ce qui mûrit, ce qui se développe au dedans de lui ; c'est le Poussin dans son intérieur, dans ses études, dans ses relations avec ses amis, dans les pensées que font naître en lui les événements, dans celles que suggère à sa droiture l'expérience de la vie. Telle est, aux yeux du critique philosophe, la source sainte de ces œuvres nombreuses qui font et feront toujours l'admiration des amis des arts.

Les lettres du Poussin ont le précieux avantage de nous fournir le moyen de reconnaître cet état d'âme, si intéressant à étudier, et qui donne si bien l'idée du véritable artiste, idée rarement réalisée, souvent au contraire défigurée et méconnaissable; mais ces lettres ne sauraient suffire à une longue étude. Bornons-nous donc à constater par quelques faits, que dans ce grand peintre, le jugement littéraire et l'esprit religieux, la vue philosophique et le sens des arts partent de la même pensée profonde, honnête, pieuse, sublime.

Nous avons déjà vu combien il se sentait de répulsion pour le genre littéraire dont Scarron est resté le type. Ce qui suit expliquera facilement cette répugnance. Après avoir, dans sa lettre en date de Rome, 24 novembre 1647, expliqué d'une manière intéressante ce que les anciens entendaient par *modes* et l'usage qu'ils en faisaient et qui devait en être fait dans les arts[1], il montre que ces théories si heureuses n'étaient point étrangères à la pratique des poëtes de l'antiquité : « Les bons poëtes, dit-il, ont également usé d'une grande diligence et d'un merveilleux artifice, non-seulement pour accommoder aux sujets les paroles, mais disposer les pieds selon la convenance du parler;

---

[1] Nous reviendrons sur cette théorie dans les notes qui suivent cette biographie.

comme Virgile a observé par tout son poëme, parce qu'à toutes ces trois sortes de parler il accommode le propre son des vers avec un tel artifice que proprement il semble qu'il mette devant les yeux avec le son des paroles, les choses qu'il décrit. De sorte que, où il parle d'amour, l'on voit qu'il a artificieusement choisi de telles paroles, qu'il en résulte une harmonie douce, plaisante et grandement gracieuse à ouïr, tandis que lorsqu'il a chanté un fait d'armes, ou décrit une bataille navale ou une tempête, il a choisi des paroles dures, aspres et déplaisantes, de manière qu'en les oyant ou prononçant, ils donnent de l'épouvantement [1]... »

Il est facile de reconnaître, en examinant les tableaux du Poussin, le soin qu'il mettait à étudier les physionomies des figures qu'il introduisait dans ses compositions, et les modifications de ces physionomies, en rapport avec le sujet qu'il traitait. Cette expression, le plus souvent si vraie des passions, tient non-seulement à l'habitude de se souvenir des mouvements de la figure humaine, sous l'influence de telle ou telle affection, mais encore à la connaissance réfléchie des passions et des affections qui se traduisent par ces mouvements des traits de la figure. Il y a de la science du peintre sans doute, mais il y a aussi, et en particulier dans le Poussin, de la science du moraliste et du philosophe.

---

[1] *Lettres.*

SA PHILOSOPHIE.

Il se trouve dans cette philosophie de notre peintre un mélange de christianisme et de stoïcisme qui explique la nature pathétique de son talent. Aussi ne s'adressa-t-il guère, pour trouver des sujets à traiter, qu'à l'antiquité chrétienne ou païenne, et repoussa-t-il toujours les sujets modernes, peu favorables à l'idéal. Seulement si ses productions, empruntées à la mythologie païenne, sont nécessairement très-distinctes des autres, quoiqu'elles répondent à une nuance remarquable de son talent, on s'aperçoit que leur nombre diminue à mesure qu'il avance en âge, et que l'unité de son génie se prononce de plus en plus. Le mélange des souvenirs de la philosophie ancienne avec les habitudes chrétiennes de son esprit et de son cœur devient plus étroit, mieux fondu, comme on pourrait dire en empruntant le langage du peintre, et résolu dans une plus intime harmonie.

On le voit lorsqu'il prend pour sujet ou quelque vertu chrétienne, ou un acte de la sagesse antique.

Parmi les fragments de ses lettres qui témoignent de ce stoïcisme tempéré, nous citerons avec plaisir le suivant qui fait allusion à des malheurs éprouvés par M. de Chantelou, mais sur lesquels nous n'avons pas d'autres lumières : « Je souhaiterois, dit le Poussin, s'il étoit possible, que ces Sept Sacrements fussent convertis en sept autres histoires, où fussent représentés vivement les plus étranges tours que la fortune a jamais joués aux hommes, et particulièrement à ceux qui se sont moqués de ses efforts. Ces exemples qui ne seroient pas pris à l'aventure ou de petit fruit rappelleroient l'homme, par leur vue, à la considération de la vertu et de la sagesse qu'il faut acquérir pour demeurer ferme et immobile contre les efforts de cette folle aveugle. Mais il n'y a que l'extrême sagesse et l'extrême stupidité qui puissent se trouver à l'abri de ses tempêtes, l'une étant au delà et l'autre en deçà; tandis que ceux qui sont de la trempe moyenne sont sujets à sentir ses rigueurs. Je suis assuré que la rigueur dont elle use envers vous vous toucheroit plus vivement, si vous n'en étiez désormais hors d'apprentissage, et si une si triste expérience ne vous avoit préparé à voir sans beaucoup d'étonnement la perte de vos amis. Ceux qui n'ont fait que méditer sur les malheurs de la vie, lorsqu'ils sont assaillis de quelque disgrâce, qu'ils en sont touchés au vif, trouvent bien que l'expérience est autre que l'imagination; mais vous, monsieur, qui avez supporté avec constance la perte de la chose la plus chère que vous eussiez, votre fermeté pourroit-elle être renversée par le coup qui vous frappe maintenant, et qui est bien moins violent que les premiers? Vous devez soutenir ce choc et tout autre quel qu'il soit et faire rejaillir au-dehors tous les efforts du malheur, et quoique je voie en votre lettre je ne sais quoi de mol, vous vous saurez bientôt remettre en votre ferme et constante assiette [1]. »

[1] *Lettres*, 22 juin 1648.

Il y a bien des philosophes qui n'ont pas si dignement parlé du courage avec lequel nous devons supporter les revers de la fortune. On reconnaît dans ces paroles, à la fois touchantes et sévères, l'inspiration du tableau d'*Eudamidas*, de celui du *Diogène*, de plusieurs des *Sept Sacrements* et d'autres encore qui font la gloire de l'œuvre du Poussin. C'est du stoïcisme, mais non sans espérance, c'est du christianisme avec une certaine fermeté virile qu'on n'y rencontre pas toujours.

Évidemment, l'histoire de la religion était un des sujets sur lesquels la pensée du peintre se repliait avec le plus de plaisir et le plus de fruit. La manière supérieure dont il traita les sujets sacrés en est une preuve sans réplique, et non-seulement il l'étudiait sous le rapport du sentiment et de la morale, mais encore il se rendait, au point de vue de la composition, un compte réfléchi des faits miraculeux rapportés dans les livres saints.

A la vue de son tableau du *Frappement du rocher*, quelques personnes, remarquant qu'il avait peint le lit du ruisseau dans lequel les eaux miraculeuses allaient trouver leur écoulement, s'étonnaient que ce lit se trouvât tout creusé pour recevoir des eaux qu'un prodige seul avait fait jaillir d'un rocher aride jusque-là. Informé de ces observations, le Poussin, dans une lettre à J. Stella, auquel le tableau était destiné, s'en explique en disant : « Qu'on ne doit pas s'arrêter à cette difficulté ; qu'il est bien aise qu'on sache qu'il ne travaille pas au hasard, et qu'il est en quelque manière assez bien instruit de ce qui est permis à un peintre dans les choses qu'il veut représenter, lesquelles se peuvent prendre et considérer comme elles ont été, comme elles sont encore, ou comme elles doivent être. Qu'apparemment la disposition du lieu où ce miracle se fit devait être de la sorte qu'il l'a figuré, parce qu'autrement l'eau n'auroit pu être ramassée ni prise pour s'en servir, dans le besoin qu'une si grande quantité de peuple en avoit, mais qu'elle se seroit répandue de tous côtés. Que si, à la création du monde, la terre eût reçu une figure uniforme, et que les eaux n'eussent point trouvé des lits et des profondeurs, sa superficie en auroit été toute couverte, et par conséquent inutile aux animaux. Mais, dès le commencement, Dieu disposa toutes choses avec ordre et rapport à la fin pour laquelle il perfectionnoit son ouvrage. Ainsi, dans des événements aussi considérables que fut celui du frappement du rocher, on peut croire qu'il arrive toujours des choses merveilleuses, de sorte que, n'étant pas aisé à tout le monde de bien juger, on doit être fort retenu, et ne pas décider témérairement[1]. »

Dans ce passage, aux raisonnements duquel il y aurait sans doute plus d'une objection à faire, les réflexions sur les convenances de la peinture, et en même temps sur la religion elle-même, et la marche de la Providence prouvent jusqu'à quel point le

---

[1] Félibien. *Entretiens sur les vies des peintres*, etc. t. IV.

Poussin prenait l'une et l'autre au sérieux. Le caractère religieux du grand artiste se montre d'ailleurs dans cette prédilection qu'il témoigne pour les sujets tirés des livres saints, dans le sentiment de conviction manifeste avec lequel il les traite, dans la sincérité du rapport qui existe entre l'expression peinte de sa pensée et sa pensée elle-même. On ne peut donc douter du véritable caractère de la religion du Poussin, à la fois intime et extérieure, disposée à s'exprimer par des images, par des scènes dramatiques, et néanmoins éclairée, n'accordant à l'imagination que ce que l'art exige et que la nature de l'intelligence permet. On voit par un passage d'une tournure gaie et plaisante, qu'il ne confondait pas la pensée véritablement religieuse avec les superstitions trop communes à la multitude, et en particulier si familières à la mobilité du caractère italien : « Nous n'avons ici, écrit-il à la date du 8 mai 1650 à M. de Chantelou, rien de plus remarquable que des miracles, qui se font si fréquemment que c'est merveille. La procession de Florence y a apporté un crucifix de bois à qui la barbe est venue, et dont les cheveux croissent tous les jours de plus de quatre doigts : on dit que le pape le tondra incessamment en grande cérémonie [1]. »

Quoique fixé à Rome et sans idée de retour dans sa patrie, le Poussin n'oubliait pas la France, ses

---

[1] *Lettres.*

intérêts, sa prospérité, sa gloire. La correspondance qu'il entretenait avec M. de Chantelou le mettait au courant des nouvelles de la cour et du pays, nouvelles qu'il appréciait avec la verve et l'originalité de son génie artiste à la fois et philosophe. Pendant son séjour au Louvre il avait vécu, sinon à la cour, du moins près d'elle, il en avait vu les passions, les rivalités, et s'était retiré sous d'honnêtes prétextes, mais en réalité pour ne pas devenir victime des intrigues de ses rivaux. Il était donc prévenu contre ces abus, contre ces ruses hypocrites, contre cette avidité et cette bassesse des courtisans, dont la droiture de son caractère l'éloignait à toujours. Ce fut dans cette disposition qu'il apprit de son ami les faits et les circonstances qui, peu d'années après l'avénement de Louis XIV, préparaient les troubles de la Fronde. Il y avait six ans qu'il était de retour à Rome. Il reçut ces nouvelles dans un moment de découragement qui lui inspira les paroles suivantes : « Sans doute les affaires de delà ne me sont pas si indifférentes que je ne désire, comme bon Français, qu'elles soient mieux conduites qu'elles ne l'ont été depuis quelques années. Si ce grand désordre pouvoit, comme il arrive souvent, être cause de quelques bonnes réformes, pour mon particulier j'en serois extrêmement joyeux, et je m'imagine que tout homme de bien sera du même sentiment. Mais je crains bien la malignité du siècle : vertu, conscience, religion sont bannies d'entre les hom-

mes ; il n'y a que le vice, la fourberie et l'intérêt
qui règnent ; tout est perdu ; tout est rempli de
malheurs ; je désespère de tout. Les remèdes que l'on
applique n'ont point assez de puissance pour enlever le mal : que sert-il de tailler le doigt si le bras
est pourri ? La chute de ce vilain [1] que vous savez
ne me réjouit point, et j'attends avec impatience
ce qui en doit suivre [2]. »

Le Poussin avait alors cinquante-quatre ans,
mais l'esprit sérieux que nous lui connaissons, ses
habitudes de réflexion, les circonstances par lesquelles il avait passé, donnaient à ses jugements
cette teinte de mélancolie et de mécontentement
qui, sans diminuer l'énergie de l'âme, ajoute au
besoin de la retraite. Il accueille, avec les mêmes
sentiments le traité d'accord [3], dont l'instruit
M. Pointel, et qui amena le retour du roi à Paris ; il
félicite M. de Chantelou d'avoir échappé aux dangers
du blocus, et continué à se livrer à son goût pour
les productions des arts ; mais il croit, comme on
le croyait autour de lui, que l'accord prématuré a
tout perdu : « Ce qui a surpris tout le monde,
dit-il, et ce qui fait augurer notre totale ruine, c'est
l'accord que l'on a fait quand il falloit plutôt mourir. On étoit les plus forts, chacun étoit disposé à
bien faire, et on s'est laissé piper ; aussi sommes-
nous la moquerie de tout le monde, et personne

---

[1] Probablement le surintendant Émery.
[2] *Lettres*, 16 août 1648.
[3] Le traité de Rueil, 11 mai 1649.

ne nous plaindra quand il nous adviendra tout le mal du monde; l'on nous met en parallèle avec les Napolitains, nous sommes traités également. L'avenir, auquel nous pensons le moins, est plus à craindre que le présent, mais laissons-y penser ceux à qui il touche le plus, sauvons-nous si nous pouvons nous cacher sous la peau de la brebis, et éviter les sanglantes mains du Cyclope furieux[1]. » Ce retour sur lui-même, sur l'exercice recueilli et tranquille de la peinture, sur ce silence au milieu duquel il s'abstrait des événements, est toujours la conclusion du Poussin; c'est son résumé, son parti pris : « Nous avons ici, dit-il ailleurs, de bien étranges nouvelles d'Angleterre[2]. Il y a aussi quelques nouveautés à Naples[3]; la Pologne est sens dessus dessous. Dieu veuille, par sa grâce, préserver notre France de ce qui la menace. Nous sommes ici, Dieu sait comment. Cependant c'est un grand plaisir de vivre en un siècle où il se passe de si grandes choses, pourvu que l'on puisse se mettre à couvert dans quelque petit coin, pour voir la comédie à son aise[4]. » Ce sentiment d'un égoïsme facile à justifier est de tous les temps; c'est celui

[1] *Lettres*, 24 mai 1649.
[2] Le procès de Charles Ier.
[3] Il avait déjà parlé de Naples dans ses lettres des 3 novembre 1647 et 16 avril 1649. C'est l'époque du soulèvement de Mas Aniello contre les Espagnols et des troubles qui en furent la conséquence.
[4] *Lettres*, 17 janvier 1649.

que Lucrèce a célébré dans le magnifique morceau de poésie connu de tous [1], et que le Poussin exprime ici avec sa bonhomie ordinaire, relevée de quelque intention ironique. On voit du reste, par l'esprit général de ses lettres, que le Poussin partageait le sentiment de répulsion que la France tout entière éprouvait alors pour la politique de la cour. Il dit encore dans sa lettre du 7 février 1649 : « Ce que vous m'écrivez des affaires de delà est entièrement conforme à ce qu'on en dit ici. Dieu veuille que tout se termine à sa plus grande gloire, et en même temps au bien et au repos de notre pauvre patrie ! Quand il sera ainsi, nous en ferons les feux de joie ; mais jusque-là nous ne pouvons pas rire de bon cœur [2]. » Cette dernière phrase, dans sa simplicité, prouve que le Poussin ne prenait pas facilement son parti des malheurs de la France, même quand il était à l'abri de leurs coups. Aussi sa politique est-elle moins triste quand son patriotisme n'y est pas engagé, et qu'il s'agit des affaires des nations étrangères : « Toutes les nouvelles que je vous pourrois écrire de ce pays-ci ne sont que tristes, et indignes d'être racontées. Ceci seulement : les Espagnols ont banni l'archevêque Filomarino, et envoyé le duc de Guise prisonnier en Espagne [3]. Le prince de

---

[1] *Suave mari magno*, etc., *Lucrèce*, liv. II, v. 1.
[2] *Lettres*, 7 février 1649.
[3] Le duc de Guise, appelé à Naples par la nouvelle République, avait été battu et pris par les Espagnols.

Gallicano est en cette ville sous sa parole; les Espagnols l'obligent de revenir à Naples. Le duc de Montesarchio, par promesse et par torture, a découvert plusieurs secrets au préjudice de beaucoup de grands. L'on va mener en Espagne la nouvelle épouse [1] pour continuer la race des fous. Le pape fait faire l'août et la vendange pour le duc de Parme au duché de Castro; l'Africain a une flotte en mer, et on le trouve armé puissamment; les Italiens mettent Jules au-dessus de César [2] »; et ailleurs : « Les Vénitiens disent avoir défait l'armée navale du Turc : amen [3]. »

S'il avait peu d'estime pour ceux qui gouvernaient alors, il en avait moins encore pour la multitude. A propos du retour du roi et de toute la cour à Paris : « Nous savons, dit-il, tout ce qui s'est passé dans cette occasion ; ceux qui connoissent la bêtise et l'inconstance des peuples ne s'étonnent nullement de ce qu'ils font [4]. »

Plus loin il termine une lettre de la manière suivante : « Je vous remercie de vos nouvelles, quoiqu'elles ne soient bonnes pour nous ni en Italie, ni en France ; nous avons perdu Piombino et nous

---

[1] L'archiduchesse Marie-Anne, fille de l'empereur, mariée à Philippe IV, son oncle maternel.
[2] 24 mai 1649. — Ce Jules est probablement notre Mazarin. Voir note J.
[3] *Lettres*, 24 mai 1649.
[4] *Lettres*, 19 septembre 1649.

perdrons Porto Longone; et puis ici à Rome *Guai a noi* [1]. »

Si le Poussin ne se montrait pas insensible aux désordres qui affligeaient sa patrie, il sentait de plus près les vices de l'administration pontificale, et, quelle que fût sa reconnaissance pour le cardinal Barberini, il exprimait à M. de Chantelou le peu d'estime que l'on avait à Rome du gouvernement d'Urbain VIII : « on dit ici que Sa Sainteté ne se porte pas bien ; s'il nous manque, Dieu nous donne mieux [2]. » En lui annonçant que les cardinaux allaient entrer en conclave pour élire son successeur, il ajoute : « Dieu veuille que nous soyons mieux gouvernés à l'avenir que par le passé [3]. » Et un peu après : « Nous avons un pape de qui on espère beaucoup de bien ; Dieu le veuille. » Mais ces espérances furent trompées. Le nouveau pontife, Innocent X, ami des Espagnols, se montra l'ennemi des Français, et notre peintre se plaint des entraves de tous genres qu'il rencontre dans l'envoi des objets d'art acquis pour M. de Chantelou. « Vous ne croiriez jamais, dit-il, par quelle sorte de gens nous sommes gouvernés [4]. »

Nous aurions pu multiplier les traits du genre de ceux qui précèdent; ils suffiront pour faire connaître le Poussin sous les aspects divers que pré-

---

[1] *Malheur à nous! Lettres*, 3 juillet 1650.
[2] *Lettres*, 8 avril 1644.
[3] *Lettres*, 30 août 1644.
[4] *Lettres*, 2 octobre 1644 ; 20 août, 15 oct. 1645.

sente son esprit. Beaucoup d'artistes, partagés entre leur art et leurs plaisirs, ont laissé passer sans les apercevoir les événements contemporains ; d'autres se sont jetés avec l'ardeur de la passion dans les luttes qui ont agité leur temps. Cette juste mesure d'attention donnée aux circonstances de la politique et cette sagesse qui les juge sont donc encore un trait particulier du caractère du Poussin. Il semble qu'un artiste réfléchi, habile à faire revivre sur la toile le souvenir de grands faits religieux ou historiques, doive être disposé à saisir autour de lui la physionomie des événements analogues, voir par exemple quelque chose de l'esprit remuant des tribuns de Rome dans les agitateurs des temps modernes, ou comparer la solennité introduite par les siècles dans le culte à la majestueuse simplicité des temps apostoliques, etc. Quelque chose manque à l'homme dont le sort de l'humanité n'éveille pas l'attention, qui n'en juge pas les douleurs et les passions à la lumière de la religion et de la morale, et auquel le hasard suffit pour expliquer des vicissitudes qui n'émeuvent point son indifférence.

Tel ne fut pas le Poussin. La préoccupation pour lui si sérieuse de la peinture lui permit néanmoins d'assister, non sans quelque intérêt, au spectacle des événements de son temps. Il en apprécie les faits et les hommes avec cette philosophie judicieuse et tempérée, mêlée de quelque sourire, qu'il porta dans sa vie comme dans l'exercice de son art. Nous eussions regretté de ne pas indiquer au moins à nos lecteurs cette face de son génie simple et vrai.

Au commencement de la période que nous embrassons dans ce chapitre, en 1645, deux événements étaient venus porter quelque trouble dans l'esprit du Poussin; la reine régente lui avait ôté sa maison du jardin des Tuileries, et le surintendant Sublet de Noyers était mort le 20 octobre. Il déplore cette perte dans une lettre à M. de Chantelou, du 10 décembre de la même année, en marquant au défunt un respect mérité. Mais ce qui l'émut surtout, ce fut la perte de la maison qui lui avait été donnée par Louis XIII, pour la posséder *sa vie durant*, et que des intrigues venaient de lui enlever pour la faire donner à un sieur Samson que, dans une lettre précédente, il appelle Samson le faible. Il est vrai que Louis XIII avait dû compter sur le retour du Poussin, et que la résolution de celui-ci de rester à Rome, confirmée tant de fois et dans ses lettres et par ses actes, autorisait son successeur à disposer d'un logement que renonçait à occuper celui auquel il avait été assigné. Cette détermination paraissait d'autant plus justifiable que, à la demande du Poussin, M. Remy en avait fait vendre le mobilier, dont on avait tiré cent écus [1]. Malgré ces raisons que l'on pouvait faire valoir contre lui, le ressentiment du Poussin fut vif et lui

---

[1] *Lettres*, 15 avril 1644.

inspira un désir inattendu de revoir la France, désir sans doute qui naissait de son dépit, et qui se fût évanoui s'il eût fallu se décider. Dans sa lettre du 26 novembre 1644, il se plaint de l'ambassadeur de France à Rome [1] qui l'a desservi auprès du comte de Brionne; mais c'est surtout dans celle du 18 juin 1645, lorsqu'il apprend le succès de ses ennemis, qu'il exprime sa mauvaise humeur. « Vous savez, Monsieur, dit-il, que mon absence a été cause que quelques téméraires se sont imaginé que, puisque jusqu'à cette heure je n'étois point retourné en France depuis que j'en suis parti, j'avois perdu l'envie d'y jamais retourner. Cette fausse croyance, sans aucune autre raison, les a poussés à chercher mille inventions pour tâcher à me ravir injustement la maison qu'il plut au feu roi, de très-heureuse mémoire, me donner ma vie durant. Vous savez bien qu'ils ont porté l'affaire si avant, qu'ils ont obtenu de la reine licence de la posséder, et m'en mettre dehors; vous savez que pour ce fait ils ont composé de fausses lettres, portant que j'avois dit que je ne retournerois jamais en France, afin que par ces faussetés la reine leur accordât plus facilement une chose du tout injuste. Je suis au désespoir de voir qu'une injustice semblable ne trouve point d'obstacle. Maintenant que j'avois envie de retourner jouir de la douceur de la patrie, là où finalement chacun désire mourir, je me vois

---

[1] M. le comte de Saint-Chaumont.

oster ce qui m'invitoit le plus à retourner ¹ par delà. »

Il est sans doute difficile de croire à l'entière sincérité de ces désirs et de ces regrets ; néanmoins, peut-être quelque circonstance que nous ignorons venant à l'appui du ressentiment d'un droit méconnu, le Poussin éprouva-t-il en réalité l'envie qu'il exprime. Il est d'ailleurs certain que les égards qu'il méritait furent méconnus en cette circonstance, et que l'on céda, d'une manière qu'il dut péniblement ressentir, à des influences ennemies. Aussi, sous l'inspiration de sa dignité méconnue, continue-t-il sa lettre en des termes qui s'élèvent quelquefois jusqu'à l'éloquence.

« Est-il possible qu'il n'y ait personne qui veuille défendre mon droit, qui se veuille dresser contre l'insolence d'un homme vil, d'un laquais? est-il possible qu'il n'y ait personne qui défende mon parti? Les François ont-ils si peu de sentiment pour leurs nourrissons qui honorent par leur vertu leur pays et leur patrie? Veut-on souffrir qu'un homme comme Samson mette dehors de sa maison un vertueux ² connu de toute l'Europe? Au reste, c'est que l'intérêt public ne permet pas qu'il en soit ainsi : c'est pourquoi, monsieur, je vous supplie au moins,

---

¹ *Lettres.*

² Le mot de *vertueux* avait un sens particulier à cette époque. Nous avons déjà vu M. de Noyers appeler le Poussin, Duquesnoy, l'Algarde et Pietre de Cortone, *la troupe des vertueux*, p. 117.

s'il n'y a pas d'autre remède, de faire entendre aux honnêtes gens le tort que l'on me fait; Et vous, soyez mon protecteur en ce que vous pourrez! Connoissant une partie de mes affaires, vous savez de plus que je n'ai point été payé de mes travaux. J'espère être en France pour la Toussaint. Que si l'injustice l'emporte sur le bon droit et la raison, ce sera alors que j'aurai lieu de me plaindre de l'ingratitude de mon pays, et que je serai forcé de mourir loin de ma patrie, comme un exilé ou un banni [1]. »

Les réclamations du Poussin en restèrent là ; il oublia bientôt sans doute les mauvais procédés de la cour, et se rappela le proverbe qu'il invoquait cinq ans auparavant pour ne pas quitter Rome : *Chi sta bene, non si muove* [2]. Après la mort de M. de Noyers, M. de Chantelou devint successivement secrétaire de Mgr le duc d'Enghien, depuis Grand Condé, et deux ans après conseiller et maître d'hôtel ordinaire du roi. Dans ces différentes positions, son amitié et son admiration pour le Poussin ne se ralen-

---

[1] *Id. ibid.* Le jardin des Tuileries n'a reçu sa forme actuelle sur les plans de Lenôtre qu'en 1668, sous l'administration de Colbert. C'était auparavant un vaste terrain partagé en carrés par des allées. La maison donnée au Poussin était située à peu près au milieu de la ligne qui forme la terrasse du bord de l'eau. Il n'était pas le seul qui eût obtenu une faveur de ce genre. Un nommé M. Renard, dont il est question dans ses lettres, valet de chambre de Louis XIII, y possédait un jardin. Le voisinage avait amené la connaissance.

[2] Page 63.

tirent pas, et nous verrons notre peintre longtemps encore occupé de satisfaire à ses demandes et à celles d'autres amis. L'avenir, du reste, réservait encore au Poussin vingt années de glorieux travaux.

VIII

Solitude du Poussin. — Divers tableaux. — Les quatre saisons. — Le Poussin a-t-il écrit sur la peinture? — Dernières circonstances de sa vie. — Sa mort.

1650 — 1665.

Jusqu'à ce moment, les événements ont tenu peu de place dans la vie du Poussin. Excepté son séjour en France pendant lequel ses relations avec la cour forment pour lui une vie extérieure à son art, vie dont il se montre bientôt fatigué, le reste, depuis surtout son retour à Rome, ne présente aucun accident, aucune vicissitude en dehors de ses relations avec quelques peintres et quelques amis éclairés de la peinture. Néanmoins, au point où nous en sommes parvenus, cette vie déjà si calme devient plus solitaire encore : les personnes avec lesquelles il entretenait quelques rapports s'éloignent ou disparaissent; avec celles même qui survivent, les relations se ralentissent, et le peu de noms qui se prononcent çà et là dans sa solitude, se rattachent à des promesses ou à des envois de tableaux ; la mort du commandeur del Pozzo en 1657, semblera sceller l'isolement du Poussin à Rome.

Son histoire n'est donc plus que celle des œuvres dont ses lettres ou d'autres documents nous ont conservé le souvenir.

M. Delisle de la Sourdière, son ami et ami de M. de Chantelou, avait témoigné le désir d'obtenir de lui un tableau, et Poussin avait choisi pour sujet le *Passage de la mer Rouge*. Ses lettres laissent incertain si cet ami des arts accepta enfin ce choix et si, parmi les compositions que notre peintre a exécutées sur ce sujet, l'une d'elles peut être supposée lui avoir appartenu. Quel est encore ce tableau de l'*Europe* sollicité par M. Pucques, autre ami de M. de Chantelou, et dont le sujet paraît au Poussin *fort beau et rempli d'épisodes riches et curieux*[1]?... Rien ne nous annonce qu'il ait été achevé, et la longue patience que Poussin recommande à son client pourrait bien avoir été sans récompense. Nous sommes sûrs du moins de retrouver le petit tableau du *Baptême de saint Jean*[2], fait pour M. de Chantelou aîné. Il valut à l'auteur quelques observations du propriétaire, au milieu d'éloges et de remercîments ; mais il valut aussi au propriétaire une réponse qu'il est intéressant de mettre à côté du tableau.

« Monsieur, l'estime que je vois que vous faites

---

[1] *Lettres*, 22 août 1649.

[2] Poussin avait déjà traité ce sujet plusieurs fois en particulier. L'un de ces tableaux appartint à Lenôtre, de la collection duquel il passa dans celle du Roi. Il est maintenant au Musée du Louvre sous le n° 432.

du petit ouvrage que je vous ai envoyé, ne procède point de sa valeur ni de sa beauté, mais seulement de la courtoisie qui vous est naturelle et inséparable. La lettre dont vous m'avez régalé le 22 octobre est une copie de mon petit tableau, bien mieux peinte que l'original; vous avez parfaitement remarqué ce qui y est et ce qui y manque; mais vous devez aussi vous rappeler ce que je vous ai écrit. Je ne vous l'ai dédié qu'à la mode de Michel de Montaigne, *non comme bon, mais comme mien*, et tel que je l'ai pu faire. S'il est vrai qu'il vous ait semblé tel que vous me l'écrivez, je peux dire très-assurément que sa bonne fortune aura suppléé à son peu de mérite.... [1] »

Poussin avait, dans les premiers jours de 1650, pour l'ambassadeur de France à Rome [2], alors M. de Mauroy, mis la dernière main à une vierge portée par quatre anges, qui est celle à laquelle on donne dans les recueils le titre d'*Assomption;* c'est en effet ce sujet qui y est traité avec une si grande beauté de formes et un si heureux agencement de mouvements, que cette œuvre peut être comparée au meilleur des deux *Ravissements de saint Paul*, à celui du Louvre. Il termina en 1653, pour le même une *Nativité*, où les bergers viennent adorer Jésus dans son berceau; pour M. Pointel, une *Apparition de Jésus-Christ* se montrant *à la Madeleine*, après sa

[1] *Lettres*, 19 décembre 1648.
[2] *Lettres*, 22 janvier 1650. Ce tableau appartient maintenant à la galerie du Louvre, n° 429.

résurrection, sous la figure d'un jardinier, tableau d'une composition simple, recueillie en quelque sorte, et digne de la spiritualité pure des premiers jours de la foi chrétienne ; pour l'illustre Lenôtre, digne appréciateur de la grandeur unie au naturel, la composition si dramatique de *la Femme adultère*, aujourd'hui possédée par les galeries du Louvre [1].

Le *Moïse exposé sur les eaux*, peint en 1654, pour Stella, est remarquable par la richesse du paysage et l'expression des parents du prophète. Le même peintre s'enrichit en 1657 d'une *Naissance de Bacchus*, brillante composition, embellie de figures qui respirent la grâce la plus pure de l'antiquité. En 1656, un *Achille à Scyros* était sorti de l'atelier du Poussin pour le duc de Créqui ; en 1657 une *Vierge fuyant en Égypte* pour M. Cerisiers, son ami ; en 1658 pour M. Passart, maître des comptes, un paysage représentant Orion aveuglé par Diane, un autre paysage pour Lebrun.

Mais M. de Chantelou est toujours en première ligne parmi ceux qui sollicitent et qui obtiennent, c'est pour lui en 1655 une vierge déjà promise en 1647. On peut croire que cette vierge, contre la pratique ordinaire du Poussin, était grande comme nature [2]. Il communique à cette occasion à M. de

---

[1] N° 427.

[2] Dans sa lettre du 29 août 1655, le Poussin parlant d'une vierge de grandeur naturelle qu'il est en train d'achever pour une personne qui vient de mourir, dit à M. de Chantelou, *la toile est en-*

Chantelou, en la lui envoyant, des observations qui trouveront place ailleurs, lorsque nous nous occuperons de la théorie de l'art tel que le conçut notre peintre ; c'est encore une *Conversion de saint Paul* promise, longtemps méditée, mais qui ne paraît pas avoir été terminée. Une *Vierge en Égypte*, commencée en 1655 pour madame de Montmort, arriva en 1658 à M. de Chantelou, devenu dans l'intervalle, après quelques années de veuvage, le mari de cette dame. Poussin explique avec détails comment, pour que le spectateur reconnût sans effort la contrée habitée alors par la vierge, il a représenté au fond du tableau une procession de prêtres égyptiens, d'autant plus fidèlement reproduite qu'il l'a tirée de la mosaïque de Palestrine. Au tableau de *la Samaritaine*, destiné à la nouvelle madame de Chantelou, se rattache cette particularité qu'il est la dernière composition de figures sortie de l'atelier du Poussin ; il date de 1662. En l'envoyant en France, il fait lui-même allusion à la diminution incessante de ses forces, par ces paroles touchantes à M. de Chantelou : « Vous devez considérer que j'y ai employé, avec tout ce qui me reste de forces, la bonne volonté que j'ai toujours eue de vous bien servir. Souvenez-vous des signes d'amitié que j'ai en plusieurs occasions reçus de votre bonté ; j'espère que vous me les continuerez jusqu'à ma fin, à

viron de la grandeur de la vôtre; cela suppose qu'il en est de même des figures.

laquelle je touche du bout de mon doigt, je n'en puis plus [1]. »

Il put cependant peindre encore jusqu'en 1664, où il acheva pour le duc de Richelieu quatre paysages représentant les quatre saisons [2]. Chacun d'eux retrace un sujet tiré de l'Écriture sainte. C'est à cette collection qu'appartient le célèbre tableau *le Déluge*, dans lequel il a voulu peindre l'hiver. Malgré la décroissance de ses forces, dont nous avons vu le Poussin parler lui-même dans sa lettre du 20 novembre 1662, ces quatre compositions saisissent et charment par leur grandeur et leur richesse. Si l'on y sent l'affaiblissement de la main [3] à cette heure suprême, rien n'y dispose à croire que le génie du peintre ait reçu la moindre atteinte de l'âge et des infirmités. *Le Printemps* représente Adam et Ève avant leur chute, au sein de la bril-

---

[1] *Lettres*, 20 novembre 1662.

[2] Ces quatre tableaux appartiennent au Musée du Louvre, sous les n°s 448, 449, 450, 451.

[3] Le Poussin le sentait lui-même. Il exprime sa pensée sur ce point d'une manière très-remarquable dans sa lettre du 15 mars 1658. « Si la main me vouloit obéir, je pourrois, je crois, la conduire mieux que jamais; mais je n'ai que trop l'occasion de dire ce que Thémistocle disoit en soupirant sur la fin de sa vie, que l'homme décline et s'en va lorsqu'il est prêt à bien faire. Je ne perds pas courage pour cela ; car, tant que la tête se portera bien, quoique la *servante* soit débile, il faudra que celle-ci observe les meilleures et les plus excellentes parties de l'art qui sont du domaine de l'autre. » N'est-ce pas la même pensée que Bossuet exprimait plus tard sur le comte de Fontaines blessé à mort, en disant : « Montrer qu'une âme guerrière est maîtresse du corps qu'elle anime. » *Oraison funèbre du Grand Condé.*

lante végétation du paradis terrestre, à travers laquelle se promènent çà et là des animaux dont aucun n'était encore devenu l'ennemi de l'homme. Dieu sur un nuage bénit toute cette création, qui paraît bien, à sa fraîcheur, récemment sortie de ses mains. Le tableau de l'*Été* n'est pas moins riche : un paysage ouvert, dont les fonds variés annoncent la proximité d'une ville; sur le devant, des moissons et des moissonneurs, à l'abri d'un arbre touffu, encadrent de leurs lignes harmonieuses le touchant épisode de Ruth et Booz. Une végétation plus rare, d'arides rochers annoncent dans le tableau de *l'Automne* les limites du désert; le sol est néanmoins déjà fertile, et il est facile de voir que le peintre a voulu représenter la terre de Chanaan ; deux Israélites traversent le devant du tableau, portant la célèbre grappe de raisin dont il est mention au livre des Nombres [1].

Mais c'est surtout dans le tableau de *l'Hiver* ou du *Déluge*, que le génie épique du Poussin atteint son expression la plus terrible. Et cependant la composition est de la plus grande simplicité. Ce qui frappe au premier coup d'œil, c'est le ton général : nature éteinte, ciel gris, rochers sombres, arbres dépouillés, eaux dont la couleur opaque annonce la profondeur. Çà et là quelques figures destinées à exprimer les divers, mais inutiles moyens de se sauver, employés par

---

[1] Chap. XIII, v. 24.

les hommes dans cette catastrophe. Une mère qui, d'un bateau tend son enfant à un homme déjà réfugié sur un rocher, fait contraster l'amour maternel avec l'égoïsme désespéré d'un autre groupe de figures; les villes montrent au loin le faîte de leurs toits qui ne s'élèvent encore que pour quelques instants au dessus des eaux; tout va disparaître sous le niveau funèbre des flots de l'abîme; l'arche seule monte avec eux, portant dans ses flancs les espérances du genre humain. Figure du Sauveur et de la rédemption, elle annonce le dénoûment de l'épopée, dont l'antique ennemi du genre humain, le serpent rappelle sur le premier plan la douloureuse origine. A la vue de ce spectacle de mort, il semble ramper avec joie sur les rochers qui s'élèvent à gauche, pour atteindre leurs sommets, et embrasser d'un coup d'œil l'immense étendue de son œuvre [1].

Telle fut la dernière production du Poussin, nous l'appellerions volontiers le *Chant du Cygne*, si, dans cette expression qu'il s'applique à lui-même en un autre endroit [2], à la pensée du génie prêt à s'éteindre, ne se mêlait un sentiment de douceur

---

[1] M. Loir présenta à l'Académie de peinture, dans la séance du 4 août 1668, d'intéressantes observations sur ce tableau. (Voir les *Mém. inéd.*, t. Ier, p. 342.)

[2] C'est à propos du tableau de *la Conversion de saint Paul*, qu'il annonce être sur le point de commencer pour M. de Chantelou. Il ajoute : « On dit que le cygne chante plus doucement lorsqu'il est voisin de sa mort; je tâcherai, à son exemple, de faire mieux que jamais, ce peut être le dernier service que je vous rendrai. » *Lettres*, 24 décembre 1657. Ce tableau paraît n'avoir pas été terminé.

et d'harmonie que ne comporte point le terrible spectacle de la destruction des hommes frappés par la colère divine.

Telles sont les compositions et les œuvres, dont nous pouvons suivre la trace [1], qui occupèrent les dernières années du Poussin, dans ce silence de la méditation que la Providence semble avoir consacré elle-même, en refusant à l'union de ce grand artiste et de Marie Dughet, union d'ailleurs si bien assortie, les enfants qui donnent le mouvement et la vie à la famille, mais qui toujours y portent quelque trouble.

On pourrait croire que dans cette paix profonde, que ne troublèrent ni les affaires, ni les embarras domestiques, lorsqu'il sentit sa main s'appesantir, ses yeux s'affaiblir, sa santé ne plus suffire à un long travail, le Poussin dut avoir quelquefois l'idée de transmettre par la plume à la postérité quelques principes, quelques considérations réfléchies et fécondes sur un art qu'il avait si longtemps et si heureusement cultivé. Il nous apprend lui-même, en effet, dans une lettre en date du 29 août 1650 [2], qu'il avait commencé à *ourdir des observations sur le fait de la peinture*, et il remet cette occupation à une autre époque de sa vie. « Si je vis, dit-il, ce sera l'occupation de ma vieillesse. » Ces ébauches

---

[1] On voit par ses lettres du 8 octobre 1649 et du 22 janvier 1650 que le Poussin avait à satisfaire à de nombreuses demandes dont il ne nous a pas indiqué les sujets.

[2] *Lettres.*

n'eurent point de suite, et il est certain aujourd'hui qu'on chercherait en vain un ouvrage sur la peinture sorti de la main de ce grand maître. Jean Dughet, son beau-frère, dans une lettre écrite sur ce sujet à M. de Chantelou, pour empêcher que M. de Chambray ne cherchât inutilement, sur la parole de M. Cerisiers, un ouvrage où le Poussin aurait traité de *l'ombre et de la couleur*, nous apprend qu'en effet il avait souvent annoncé l'intention d'écrire sur son art, mais toujours remis à un autre temps l'exécution de ce projet, malgré les instances de ses proches, et que la mort le surprit avant qu'il eût donné un corps à cette idée. Il fait observer que M. Cerisiers put prendre pour un écrit original du Poussin la copie faite par lui J. Dughet, sur l'invitation de son beau-frère, de quelques passages d'un traité *des ombres et des lumières* du père Matteo, et d'un ouvrage de Vitellione sur la perspective.

Le Poussin fut-il détourné de ce projet par un affaiblissement trop rapide de sa santé, ou par les occupations que lui imposait l'exercice de son art?... Il est à croire que ces deux causes agirent à la fois. Est-il d'ailleurs probable qu'il eût mis à exécution avec quelque développement le dessein qu'il avait formé d'écrire sur les règles de la peinture, et que ses hésitations n'aient pas tenu au caractère même de son génie, peu disposé à croire qu'on pût réduire en démonstration les inspirations du goût, et le juste sentiment des convenances nombreuses et souvent si délicates de la composition d'un tableau ?... La connaissance de son caractère autorise à penser que certaines dispositions devaient le détourner d'écrire, ou lui persuader du moins de renfermer les résultats de sa savante expérience seulement dans quelques généralités bien senties, précises, et destinées à répandre la lumière sur les principes fondamentaux. Poussin aurait sans doute borné là sa tâche, dans laquelle il paraît s'être cru, avec trop de modestie, dignement prévenu par M. de Chambray, qui venait de publier son livre de l'*Idée de la perfection de la peinture* [1].

La critique des beaux-arts n'était pas, à cette époque, disposée comme à la nôtre à se perdre dans des généralités incertaines, qui font défaut à l'application, aussitôt qu'on leur demande un jugement sur une œuvre déterminée. Elle posait des principes élevés sans doute, mais d'une application immédiate, et jugeait ensuite les œuvres d'art conformément à ces principes. Les fantaisies du moment ne trouvaient pas selon le besoin une théorie toute prête pour les justifier, ou même les placer au premier rang. Il y avait beaucoup moins de flexibilité dans les esprits, surtout de cette flexibilité regrettable qui s'étudie et triomphe à faire pré-

---

[1] « J'ai cru aussi qu'il étoit plus convenable de ne pas laisser voir le jour aux observations que j'ai commencé à ourdir sur le fait de la peinture ; et que ce seroit porter de l'eau à la mer, que d'envoyer à M. de Chambray quoi que ce soit qui touchât une matière en laquelle il est fort expert. » *Lettres*, 29 août 1650.

valoir le paradoxe et les jugements hasardés. Il y avait, il est vrai, une sorte de solennité dans la manière dont ces sentiments étaient énoncés ; mais ce défaut même témoignait de la haute estime des auteurs pour l'art qu'ils cultivaient, ou sur les principes duquel ils exerçaient leurs plumes. Tel fut l'ouvrage de M. de Chambray, ouvrage qui dut plaire d'autant plus au Poussin, que l'étude de ses tableaux n'était pas étrangère aux saines maximes qu'il contenait. Nous apprenons par la lettre déjà citée plus haut, que la lecture de ce livre lui inspira la résolution de ne pas laisser voir le jour aux observations qu'il avait jusque-là rédigées sur son art, remettant à une autre époque d'exprimer aussi sa pensée sur ces intéressants sujets.

Poussin d'ailleurs n'était pas pressé d'écrire ; la nature discrète et grave de son esprit le portait à n'employer que des expressions concises et mûrement réfléchies ; et, s'il s'y fût enfin décidé, il y a lieu de croire que ses écrits eussent été courts et peu nombreux. Son caractère méditatif, et par suite un peu irrésolu, dut remettre de jour en jour l'exécution d'un si difficile projet, et l'opinion qu'il exprime sur le *Traité de la peinture* de Léonard de Vinci, put bien lui faire concevoir la crainte d'échouer comme cet artiste, l'un des plus grands parmi ceux qui l'avaient précédé.

Dans une lettre au célèbre graveur Abraham Bosse, qui désirait savoir la part qu'il avait prise à la publication du Traité de Léonard, traduit par

M. de Chambray, il s'exprime ainsi : « Pour ce qui est du livre de Léonard de Vinci, il est vrai que j'ai dessiné les figures humaines qui sont dans celui qui appartient au chevalier del Pozzo; mais toutes les autres, soit géométrales ou autrement, sont d'un certain *Degli Alberti*, celui-là même qui a tracé les plans qui sont au livre de la *Rome souterraine*. Les mauvais paysages qui sont derrière les figurines humaines de la copie que M. de Chambray a fait imprimer, y ont été ajoutés par le sieur Errard, sans que j'en aie rien su.

« Tout ce qu'il y a de bon dans ce livre se peut écrire sur une feuille de papier, en grosses lettres, et ceux qui croient que j'approuve tout ce qui y est, ne me connoissent pas, moi qui professe de ne donner jamais le lieu de franchise aux choses de ma profession que je connois être mal faites [1]. »

On peut donc regarder comme certain que le Poussin n'a point composé sur la peinture un ouvrage suivi, et que, s'il en a eu sérieusement le projet, ses hésitations en ont fait ajourner l'exécution, qu'enfin l'âge et la mort sont venus le surprendre avant qu'il eût mis la main à l'accomplissement de son dessein.

Il est vrai que, dans une lettre écrite douze ans après sa mort, en date de Rome 1678, à l'abbé Ni-

---

[1] *Lettres*, p. 361. A l'occasion de ce jugement Félibien dit, t. IV : « Quelque chose que le Poussin ait pu dire du Traité de Léonard de Vinci, il en a tiré beaucoup de lumière. » Nous persistons à adopter le jugement du peintre français. Voir note K.

çaise par Jean Dughet, dans laquelle celui-ci offre de se défaire, par la vente, des objets précieux, tels que fragments antiques, gravures, etc., que Poussin avait réunis de son vivant; ce même J. Dughet, qui, dans une lettre du 23 janvier 1666, adressée à M. de Chantelou, avait réfuté avec connoissance de cause l'opinion de M. Cerisiers, parle des *manuscrits* laissés par son illustre beau-frère, et ferait croire à l'existence de quelque ouvrage important. Mais il n'en est rien : ni l'abbé Nicaise, ni Félibien, ni Bellori, tous trois amis du Poussin, ne paraissent croire à l'existence d'un ouvrage; ils regardent ces manuscrits comme des notes, des réflexions détachées sur la peinture, des études telles que les mesures de l'*Antinoüs*, des observations de la nature de celles qui se trouvent dispersées dans sa correspondance [1].

Mais si nous avions quelque intérêt à nous faire l'idée de ce que furent ses pensées sur la peinture, et de la forme qu'il leur eût donnée dans son exposition, plusieurs passages précieux nous confirmeraient dans la conviction que le caractère de ses écrits en ce genre eût été en harmonie avec cette lenteur calculée, cette patiente réflexion qu'il portait dans la composition et l'exécution de ses tableaux.

Dans une lettre en date du 24 novembre 1647,

---

[1] *Lettres*, passim. Voir sur cette question : *Archives de l'art français*, 1re livraison, p. 5 et suiv. Voir aussi notes 1 et L.

répondant à l'idée peu favorable que M. de Chantelou s'était faite du tableau du Baptême, en le comparant à un Moïse trouvé dans les eaux du Nil que possédait M. Pointel, il juge à propos d'entrer dans quelques détails théoriques propres à faire comprendre à son ami que, selon la nature du sujet, tel tableau, supérieur même en réalité, ou simplement égal en mérite, peut ne pas présenter un aspect aussi séduisant ; il ajoute : « Le bien-juger est très-difficile, si l'on n'a, en cet art, grande théorie et pratique jointes ensemble : nos appétits n'en doivent point juger seulement, mais aussi la raison. C'est pourquoi je vous soumettrai une considération importante, laquelle vous fera connoître ce qu'il faut observer dans la représentation des sujets que l'on traite.

« Nos braves anciens Grecs, inventeurs de toutes les belles choses, ont trouvé plusieurs modes par le moyen desquels ils ont produit de merveilleux effets. Cette parole, *mode*, signifie proprement la raison, ou la mesure et la forme dont nous nous servons à faire quelque chose ; laquelle nous astreint à ne pas passer outre, nous faisant opérer en toutes choses avec une certaine modération, et, partant, une telle modération n'est autre qu'une certaine manière ou ordre déterminé, qui donne le procédé par lequel chaque chose se conserve en son état.

« Étant les *modes* des anciens une composition de plusieurs choses mises ensemble, de leur variété naissoit une certaine différence du mode, par laquelle l'on pouvoit comprendre que chacun d'eux retenoit en soi je ne sais quoi de particulier, principalement quand toutes les choses qui entroient au composé étoient mises ensemble, d'où procédoit une puissance d'induire l'âme des assistants à diverses passions.

« De là vient que les sages anciens attribuèrent à chacun sa propriété, par suite des effets qu'ils en voyoient naître. C'est pour cela qu'ils appelèrent dorien un mode stable, grave et sévère, lui attribuant les matières également graves, sévères et pleines de sagesse; et, passant de là aux choses véhémentes et comme guerrières, ils usoient du mode phrygien aux modulations plus précipitées qu'aucun autre mode, etc... » Il explique ensuite quels sont les modes lydien, hypolydien et ionien : le premier destiné à exprimer les sentiments tristes et douloureux, le second, les sentiments doux et agréables, le troisième, les émotions vives et les scènes joyeuses [1]. Il annonçait d'ailleurs qu'avant un an il peindrait un sujet dans le mode phrygien.

Cette application à la peinture des lois de la mu-

---

[1] *Lettres*. Nous n'avons pu reproduire ici le texte même du Poussin; l'expression dans ce morceau est embarrassée, peu sûre d'elle-même, et souvent trop singulière pour ne pas arrêter désagréablement le lecteur Nous le reproduisons du reste à la note M, avec la plus scrupuleuse exactitude, tel qu'il est donné par la lettre autographe

sique, telles que les anciens les ont conçues, n'est dénuée ni de justesse, ni de profondeur, encore que l'on y remarque une très-grande subtilité, et peu d'habitude de s'exprimer sur des matières abstraites. Elle constate surtout le besoin d'ensemble, de convenance, d'harmonie dont le Poussin poursuivit toujours, et atteignit le plus souvent la satisfaction. C'est le morceau le plus long qu'il nous ait laissé sur les règles et la théorie de l'art. On peut conjecturer, dans une certaine mesure, quel eût été le caractère d'un livre écrit par lui, et qui partant de principes analogues, mais plus clairement exprimés, fût descendu avec circonspection, et seulement autant que possible, jusque dans les détails de la pratique.

Un autre fragment, extrait d'une lettre à M. de Chambray sur son livre de *L'idée de la perfection de la peinture,* reste dans des généralités desquelles il est facile de voir qu'un artiste ne saurait beaucoup profiter. Le ton sentencieux n'y manque pas, c'est le caractère du temps et un peu de l'homme, mais on a droit de croire qu'un peintre n'y trouverait que peu de lumières utiles, et desquelles pussent résulter quelques progrès réels. Voici ce morceau :

« Après avoir considéré la division que François Junius[1] fait des parties de ce bel art, j'ai osé mettre ici brièvement ce que j'en ai appris. Il est néces-

---

[1] *De Picturâ Veterum*, Rotterdam, 1694.

saire premièrement de savoir ce que c'est que cette sorte d'imitation, et de la définir.

« *Définition*. — C'est une imitation faite avec lignes et couleurs, sur une superficie plane, de tout ce qui se voit sous le soleil : sa fin est la délectation.

« *Principes* que tout homme capable de raison peut comprendre.

Il ne se donne point de visible sans lumière.

Il ne se donne point de visible sans milieu transparent.

Il ne se donne point de visible sans forme.

Il ne se donne point de visible sans couleur.

Il ne se donne point de visible sans distance.

Il ne se donne point de visible sans instrument.

Choses qui ne s'apprennent point et qui forment les parties essentielles de la peinture.

« Premièrement, pour ce qui est de la *matière*, elle doit être noble, qui n'ait reçu aucune qualité de l'ouvrier. Et pour donner lieu au peintre de montrer son esprit et son industrie, il faut la prendre capable de recevoir la plus excellente forme. On doit commencer par la disposition; puis viennent l'ornement, le décor, la beauté, la grâce, la vivacité, le costume, la vraisemblance, et le jugement partout. Ces dernières parties sont du peintre, et ne se peuvent enseigner. C'est le rameau d'or de Virgile, que nul ne peut trouver ni cueillir s'il n'est conduit par le destin. Ces neuf parties contiennent plusieurs choses dignes d'être écrites par de bonnes et savantes mains [1]. »

Cette lettre n'est séparée que par quelques mois de la mort du Poussin; aussi s'interrompt-il par la raison trop sérieuse que « quand il s'échauffe le devant de la tête par quelque forte attention, il s'en trouve mal [2]. » Il semble que la lecture du livre de M. de Chambray ait éveillé son émulation, et qu'il se soit écrié : « Et moi aussi, je saurois écrire sur l'art de la peinture avec connoissance, et avec utilité pour les autres! » Mais le temps ne le lui permit pas.

Ces fragments sont les seuls qui nous restent du peu de considérations échappées au Poussin sur l'art qui avait fait l'objet des méditations de toute sa vie. Il serait d'un grand intérêt d'avoir aujourd'hui entre les mains, traitées par lui, ces diverses parties, la beauté, la grâce, la convenance, etc., dans lesquelles il divise la théorie de la peinture; il s'y trouverait sans doute de précieuses observations; mais s'il est regrettable qu'il n'ait pu mettre à exécution des projets dont ses successeurs eussent pu profiter, il n'en est pas moins certain qu'il ne l'a pas fait.

Il dut en être plus d'une fois détourné par la

---

[1] Ce fragment de lettre est donné dans Félibien, la lettre tout entière se trouve aux pages 346 et 348 du *Recueil des lettres*, édition de 1824. Elle est d'un bout à l'autre d'un très-grand intérêt.
[2] *Ibid.*, p. 348.

difficulté, par l'impossibilité de l'exécution. La peinture ne s'apprend point avec des livres, pas plus que la sculpture ou la musique. Il faut, pour être un grand peintre, une méditation qui ne se sépare pas de la pratique, qui l'accompagne, qui soit éclairée, excitée par elle. L'idée abstraite du beau, même quand elle est conçue dans ses véritables et complètes conditions, ne suffit pas à l'artiste. Malgré son unité et son immutabilité, cette idée subit dans l'application tant de transformations, qu'on doit reconnaître que les conditions du beau pour le peintre ne sont pas les mêmes que les conditions du beau pour le poëte, pour le musicien, etc. Ces conditions d'ailleurs ne s'écrivent pas, l'artiste les connaît, l'artiste les observe en vertu d'un sentiment dont la délicatesse se développe de plus en plus par l'expérience et la réflexion. Poussin savait cela mieux que personne; aussi le voyons-nous se borner à des principes dont plusieurs, il faut bien le dire, se font remarquer par une généralité complétement stérile. On peut croire que s'il eût écrit, son livre renfermerait les notions les plus saines du beau, et l'heureuse explication des diverses parties qu'il énumère dans le dernier fragment que nous venons de citer; mais, en même temps, ce sobre génie ne se serait point égaré dans de vagues aperçus et d'incertaines théories. Si sa santé et le temps ne lui eussent pas fait défaut, il eût écrit peut-être, il eût certainement peu écrit.

Comme tous les hommes d'un caractère sérieux et réservé, le Poussin n'eut que peu d'intimités : ses deux beaux-frères, Gaspard Dughet le peintre, et Jean Dughet le graveur; Stella (Jacques), célèbre par la fidélité avec laquelle, quoique appartenant à l'école de Malines, il reproduisait dans ses tableaux la manière de concevoir et d'exécuter du peintre français, à l'amitié duquel il répondait par une mutuelle amitié; Félibien, secrétaire d'ambassade à Rome en 1647, qui conserva dans ses *Entretiens sur la vie et les ouvrages des meilleurs peintres modernes* plusieurs des jugements qu'il avait recueillis dans la conversation du Poussin, auquel il a consacré, dans ce même ouvrage, une notice que nous avons eu souvent l'occasion de citer. Stella quitta Rome en 1634, Félibien n'y vint que treize ans après; lacune assez longue pendant laquelle la biographie ne nous fait connaître comme partageant l'intimité du Poussin que ses amis le commandeur del Pozzo et M. de Chantelou. C'est là le plus profond silence dans lequel une vie de grand artiste se soit écoulée. Que d'heures consacrées à l'art dans cette solitude honorée, mais que personne ne paraît avoir eu l'idée de troubler!

Il nous semble voir cette vie grave et recueillie où la réflexion tenait la première place, sans nuire à la douce expansion des sentiments affectueux et de l'enthousiasme contenu pour le beau. Retiré sur le sommet du monte Pincio, Poussin se reposait, dit-on, en se promenant vers le soir sur ces terrasses d'où la vue s'étend sur Rome, sur la vallée du Tibre, sur les montagnes de la Sabine, du Latium et de l'Étrurie. Les variations des teintes de l'horizon sous les jeux du soleil couchant, le caractère sévère et grandiose de la campagne et des monuments de la ville éternelle plongeaient le grand peintre dans cette méditation féconde d'où sortaient plus tard ces compositions à la fois circonscrites avec sagesse, disposées avec ordre, avec grâce, avec grandeur, laissant saisir, sous la transparence de l'expression, la profondeur de la pensée, empreintes de ce caractère d'unité mesurée qui lui faisait repousser de ses compositions jusqu'au moindre objet qui eût pu en troubler l'harmonie [1].

C'est dans ce haut prix attaché à la tranquillité de la vie, dans ce besoin de ne troubler que le moins possible le silence de ses méditations, que se trouve l'explication de la réponse rapportée par Félibien dans l'anecdote suivante :

« M. Camille Massimi, qui depuis a été cardinal, étant allé lui rendre visite, il arriva que le plaisir

---

[1] Il y a lieu de croire que ses beaux-frères furent le plus souvent les compagnons de ses promenades. Il y admit sans doute, à une époque postérieure, Lebrun, Bousonnet, Stella et Champagne le neveu, auxquels il portait un vif intérêt et accordait ses conseils. Il est moins facile d'assurer que Claude le Lorrain, son contemporain et son voisin, s'y soit mêlé quelquefois. On croit que Moïse Valentin profita de sa conversation. Voir note N, le morceau traduit de Bellori.

de la conversation l'arrêta jusqu'à la nuit. Comme il voulut s'en aller et qu'il n'y avait que le Poussin qui le conduisait avec la lumière à la main, M. Massimi, ayant peine de le voir lui rendre cet office, lui dit qu'il le plaignait de n'avoir pas seulement un valet pour le servir. — Et moi, repartit le Poussin, je vous plains bien davantage, monseigneur, de ce que vous en avez plusieurs. »

La conversation du Poussin, dont le charme retenait auprès de lui les hommes les plus distingués, avait été fécondée surtout par les études de tout genre dont il ne cessait de fortifier la connaissance profonde qu'il avait de son art. Ainsi nourrie et naturellement élevée, sa pensée, sans prétention et sans effort, atteignit plus d'une fois le sublime dans ses entretiens familiers. Nous en citerons un exemple. Se promenant un jour au milieu des ruines avec un étranger désireux d'emporter dans sa patrie quelque précieux fragment; « Je veux, lui dit Poussin, vous donner la plus belle antiquité que vous puissiez désirer; » puis il ramassa dans l'herbe un peu de sable, des restes de ciment mêlés à de petits morceaux de porphyre et de marbre presque réduits en poudre, et le donnant à son compagnon il lui dit : « Seigneur, emportez cela et dites : cette poussière est l'antique Rome[1]. »

Le Poussin avait éprouvé une maladie assez

---

[1] Bellori.

grave dans les premières années de son séjour à Rome, avant le voyage qu'il fit en France. C'est à la suite de sa convalescence que, touché des soins que lui avait prodigués Marie Dughet, il l'avait épousée. A part quelques indispositions passagères, il paraît avoir joui d'une assez bonne santé, entretenue encore par la régularité de sa vie. Néanmoins vers la fin de 1648, âgé alors de cinquante-quatre ans, il se plaint pour la première fois de la débilité de ses yeux et du peu de fermeté de sa main; il devient plus sensible aux changements rapides de la température, les douleurs de tête commencent vers la même époque; plus tard il s'en plaindra davantage. En 1651, il se félicite du raffermissement de sa santé, pour être plus en état de servir M. de Chantelou; mais, sept ans après, il attribue le ralentissement de sa correspondance aux infirmités qui vont se multiplier avec l'âge[1]. Il ressentait déjà ce tremblement de la main, que son génie sut cependant dominer encore jusqu'en 1664, tout en se trouvant obligé d'interrompre ses travaux pendant la saison où il était le plus souffrant. « Je ne passe aucun jour sans douleur, écrit-il à M. de Chantelou le 2 août 1660, et le tremblement de mes membres augmente comme mes ans. L'excès de la chaleur, pendant la saison présente, me bat en ruine; partant, j'ai été contraint d'abandon-

---

[1] En parcourant le précieux manuscrit de ses lettres autographes, aujourd'hui propriété de la Bibliothèque impériale, il est impos-

ner tout labeur, et de mettre de côté les couleurs et les pinceaux. Si je vis cet automne, j'espère les reprendre, particulièrement pour vous, qui avez eu la bonté de me continuer votre amitié et vos bonnes grâces. Je devrois écrire à Madame, mais le tremblement de ma main m'en empêche, et je lui en demande très-humblement excuse [1]. » Malgré cette faiblesse croissante, nous le retrouvons, au milieu de 1662, occupé à terminer un tableau, dont la dernière partie qu'il dût parfaire était la tête du Christ. Mais au mois de novembre suivant, faisant sans doute allusion à cette œuvre qu'il achève péniblement, il laisse échapper le cri de détresse [2], adouci sans doute par les souvenirs affectueux de son long commerce avec ses amis de France, en même temps dernier adieu à ces fidèles affections.

Il vécut cependant encore trois ans; il peignit même, puisqu'il faut rapporter à 1664 l'achèvement des quatre paysages dont nous avons parlé plus haut, compositions à la fois si remarquables et si diverses, qu'elles témoignent d'une manière merveilleuse de la flexibilité de son génie à cette heure suprême, au milieu de ses infirmités.

---

sible de ne pas être frappé du changement de l'écriture, qui, dans ses dernières années devient plus grosse, plus incertaine et se ressent du tremblement de la main. Ce changement est surtout sensible dans la lettre de 1664 à l'abbé Nicaise, où il s'excuse sur ses infirmités de ne pouvoir faire son portrait pour lui. Cette lettre appartient aussi à la Bibliothèque impériale.

[1] *Lettres.*
[2] *Id.* 20 novembre 1662.

L'année fatale approchait, et un douloureux avertissement sembla lui annoncer qu'il fallait se préparer au dernier passage. Sa femme mourut au commencement de novembre 1664. La lettre par laquelle il fait part à M. de Chantelou de cette pénible séparation est assez longue, mais elle est touchante, et exprime les sentiments qui avaient soutenu cette affection persévérante. « Je vous prie donc de ne pas vous étonner s'il y a tant de temps que j'ai eu l'honneur de vous donner de mes nouvelles. Quand vous connaîtrez la cause de mon silence, non-seulement vous m'excuserez, mais vous aurez compassion de mes misères. Après avoir, pendant neuf mois, gardé dans son lit ma bonne femme, malade d'une toux et d'une fièvre d'étisie qui l'ont consumée jusqu'aux os, je viens de la perdre, quand j'avais le plus besoin de son secours. Sa mort me laisse seul, chargé d'années, paralytique, plein d'infirmités de toutes sortes, étranger et sans amis, car en cette ville il ne s'en trouve point. Voilà l'état auquel je suis réduit : vous pouvez vous imaginer le demeurant[1]. On me prêche la patience, qui est, dit-on, le remède à tous les maux; je la prends comme une médecine qui ne coûte guère, mais aussi qui ne me guérit de rien.

« Me voyant dans un semblable état, lequel ne peut durer longtemps, j'ai voulu me disposer au départ. J'ai fait pour cet effet un peu de testament,

---

[1] Le reste.

par lequel je laisse plus de 10,000 écus à mes pauvres parents qui demeurent aux Andelys. Ce sont gens grossiers et ignorants, qui ayant, après ma mort, à recevoir cette somme, auront grand besoin du secours et de l'aide d'une personne honnête et charitable. Dans cette nécessité, je vous viens supplier de leur prêter la main, de les conseiller, et de les prendre sous votre protection, afin qu'ils ne soient pas trompés ou volés. Ils vous en viendront humblement requérir; et je m'assure, d'après l'expérience que j'ai de votre bonté, que vous ferez volontiers pour eux ce que vous avez fait pour votre pauvre Poussin pendant l'espace de vingt-cinq ans. J'ai si grande difficulté à écrire, à cause du tremblement de ma main, que je n'écris pas présentement à M. de Chambray, que j'honore comme il le mérite, et que je prie de tout mon cœur de m'excuser. Il me faut huit jours pour écrire une méchante lettre, peu à peu, deux ou trois lignes à la fois, etc. [1]. »

Déjà au mois de janvier de l'année 1665, à l'occasion d'un tableau qui lui était demandé par M. le Prince, il annonce à Félibien qu'il est devenu trop infirme, et que la paralysie l'empêche d'opérer. « Aussi, ajoute-t-il, il y a quelque temps que j'ai abandonné les pinceaux, ne pensant plus qu'à me préparer à la mort; j'y touche du corps, c'est fait de moi [2]. » Déjà il ne lui était plus possible

---

[1] *Lettres*, 16 novembre 1664.
[2] Félibien, t. IV.

de marcher, et un abcès se joignit bientôt à ses autres infirmités.

Cette disposition menaçante fut-elle aggravée par l'arrivée à Rome d'un sien petit-neveu, dont l'indiscrétion et les impertinences ne laissèrent pas douter que l'héritage de son oncle ne fût le véritable motif de son voyage [1] ? On peut le croire ; mais, de l'ensemble des faits, il résulte que le mal était profond et devait amener, dans un court délai, la dernière et inévitable catastrophe.

Ce silence de 1665 fut néanmoins interrompu par deux lettres, l'une citée plus haut du 7, l'autre du 28 mars. La première à M. de Chambray, dont nous avons extrait quelques principes généraux sur l'art ; la seconde, où il recommande encore ses parents à M. de Chantelou, et lui exprime une dernière fois sa reconnaissance d'une manière touchante et vraie. Après cette date, la correspondance et les mémoires sont muets, et Félibien ne reprend la plume que pour annoncer la dernière catastrophe. En effet, vers la fin de 1665, M. de Chantelou reçut de Jean Dughet une lettre qui lui apprenait l'extrémité où était son beau-frère ; et peu de jours après on eut la nouvelle de la mort du Poussin, arrivée le 19 novembre. Il était âgé de soixante et onze ans et cinq mois. L'artiste qui avait si souvent médité sur des sujets religieux, mourut en chrétien, et les prêtres appelés pour sanctifier ses derniers

---

[1] Passeri. *Sub finem. Lettres*, 28 mars 1665.

moments, mêlèrent aux pieux accents de la religion les larmes que leur arrachait la mort d'un si grand homme [1].

Le portrait dans lequel le Poussin a reproduit sa figure nous dispenserait sans doute d'essayer de décrire ses traits; mais les détails qui font revivre à nos yeux un homme illustre sont toujours précieux, et nous reproduirons ici ceux qui nous sont donnés par Félibien :

« Son corps était bien proportionné, dit-il, sa taille haute et droite; l'air de son visage, qui avait quelque chose de noble et de grand, répondait à la beauté de son esprit et à la bonté de ses mœurs. Il avait, s'il m'en souvient, la couleur du visage tirant sur l'olivâtre, et ses cheveux noirs commençaient à blanchir lorsque nous étions à Rome. Ses yeux étaient vifs et bien fendus, le nez grand et bien fait, le front spacieux et la mine résolue [2]. »

Cet écrivain, l'un de ses plus sincères admirateurs, et qui l'avait longtemps fréquenté, ajoute sur son caractère les détails suivants : « Vous pouvez vous souvenir qu'il disait assez volontiers ses sentiments : mais c'était toujours avec une honnête liberté, et beaucoup de grâce. Il était extrêmement prudent dans toutes ses actions, retenu et discret dans ses paroles, ne s'ouvrant qu'à ses amis particuliers; et, lorsqu'il se trouvait avec des personnes

---

[1] Lettre de J. Dughet dans la correspondance inédite.
[2] Félibien, t. IV.

de grande qualité, il n'était point embarrassé dans la conversation : au contraire, il paraissait par la force de ses discours, et par la beauté de ses pensées, s'élever au-dessus de leur fortune [1]. »

Son corps fut porté le lendemain à Saint-Laurent in Lucinà, sa paroisse, au milieu du concours de tous les peintres de l'Académie de Saint-Luc, et d'un grand nombre d'amateurs des beaux-arts. La douleur des assistants fit connaître combien grande était à leurs yeux la perte d'un homme si justement célèbre.

Quelques vers de Bellori, une inscription de l'abbé Nicaise ont conservé sa mémoire. Ces souvenirs, expressions de douleurs et d'affections privées, parurent avec raison insuffisants pour acquitter la dette de la France envers un de ses plus glorieux enfants; et, de nos jours, M. de Châteaubriand, ambassadeur à Rome, consacra au Poussin, dans la même église, un tardif mausolée, confié à des artistes français : le dessin et le buste sont de M. Lemoyne. Un bas-relief reproduit le paysage mélancolique de l'*Arcadie*, dont l'ordonnance antique et simple convient à la sculpture; le choix en a été indiqué par M. de Châteaubriand lui-même [2].

Séroux d'Agincourt avait déjà placé au Panthéon le buste de son compatriote, avec l'inscription : *Pictori Gallo*. En 1796 une médaille fut frappée en

---

[1] Félibien, t. IV.
[2] Valery, *Voyage en Italie*, t. III, p. 68.

l'honneur du Poussin, elle était destinée à récompenser le grand prix de peinture; ce privilége lui appartient encore. Vers la même époque, une statue en marbre fut commandée à M. Julien par le gouvernement. Cette œuvre, qui semble n'avoir pas été complétement achevée, nous est connue par la gravure [1]. Enfin, dans ces dernières années, à la suite d'une souscription à laquelle prirent part tous les amis des beaux-arts, une statue élevée aux Andelys, en 1851, a témoigné de la reconnaissance nationale envers notre plus grand peintre [2].

Le Poussin resta jusqu'après sa mort fidèle à la simplicité de ses goûts et de ses habitudes. Par son testament, rédigé deux mois avant, il avait défendu de faire aucune cérémonie à son enterrement; une lettre de Dughet nous apprend qu'il fut nécessaire de déroger à cette volonté; il avait en même temps disposé des biens qu'il laissait. Félibien rapporte que, « de la somme de 50,000 livres ou environ, à quoi ils pouvaient monter, il en donna 5 à 6,000 écus à des parents de sa femme pour lesquels il avait de l'amitié, et dont il avait reçu des services. Du surplus, il légua 1,000 écus à Françoise Letellier, l'une de ses nièces, demeu-

---

[1] Cette gravure accompagne l'ouvrage de Gault de Saint-Germain. L'auteur en donne la description dans le peu de mots qui suivent: « L'intention de M. Julien est d'offrir à la postérité le Poussin recueilli et méditant dans l'une de ses veilles le *Testament d'Eudamidas*. Le philosophe enveloppé de son manteau, assis sur une caisse de son atelier, en trace la première pensée sur une tablette. »

[2] Voir note O.

rant aux Andelys ; et du reste, il en fit son légataire universel Jean Letellier, aussi son neveu [1]. »

Durant le temps de son activité, le Poussin avait été, comme nous avons vu, un exemple heureux et un utile conseiller pour les jeunes gens qui venaient à Rome se perfectionner, devant les grands modèles, dans l'art de la peinture; cette influence lui survécut. Ses compositions furent après lui une source féconde où ses successeurs puisèrent la connaissance de règles auxquelles ils soumirent avec succès leurs inspirations. Aussi aucun peintre français ne reçut après sa mort, de l'Académie de peinture, de semblables témoignages de respect. Plusieurs de ses tableaux étaient devenus, dès 1667, au sein de cette compagnie, l'objet de dissertations approfondies et de discussions du plus haut intérêt. Il est facile de voir, dans celles de Nocret sur *le Ravissement de saint Paul,* de Sébastien Bourdon sur *les Aveugles de Jéricho,* de Ph. de Champagne sur la gracieuse composition de *Rebecca,* que les anciens disciples et quelques-uns des compagnons

---

[1] Félibien, t. IV, p. 74. — D'après des *recherches* faites par M. de Chenevière *sur la vie et les ouvrages de quelques peintres provinciaux,* etc. Il ne faut pas confondre le peintre normand Pierre Letellier avec Jean Letellier, légataire universel du Poussin. Pierre Letellier, il est vrai, appartenait à la famille du Poussin, sans être son neveu; il avait été son élève et était resté quatorze ans à Rome, profitant tous les jours de ses conseils. Ces circonstances réunies expliquent l'erreur que nous signalons. Le testament du Poussin, dont la Bibliothèque impériale possède trois copies, confirme ce que Félibien nous en fait connaître. V. note P.

du Poussin, devenus plus tard les premiers artistes de leur temps, considéraient les tableaux de ce grand peintre comme des modèles d'inspiration vraie, de règles sûres, d'expressions justes et senties. Le plus grand nombre de ces études écrites, faites avec l'enthousiasme du respect, devant la plus compétente assemblée qui fut jamais en France, sont restées inconnues, conservées dans les archives de l'Académie de peinture et de l'École des beaux-arts. Félibien nous a transmis les observations de l'Académie sur le tableau de *la Manne*, nous en avons donné le résumé plus haut [1]; les éditeurs des *Mémoires inédits*, etc., ont mis au jour plusieurs de ces dissertations, parmi lesquelles se trouve la discussion soutenue, en 1668, entre Lebrun et Philippe de Champagne sur le tableau de *Rebecca*. Cette discussion, dont l'analyse a été conservée par l'historiographe de la compagnie, fut reproduite en 1682, sept ans après la mort de Champagne, dans une séance présidée par Colbert. Les deux interlocuteurs, d'accord sur la supériorité du Poussin, et exposant les motifs de leur jugement avec l'autorité de leur talent, se divisent néanmoins sur quelques points. Cette conférence, féconde en observations judicieuses, profondes, solidement motivées, fait voir avec quelle réflexion ces hommes si justement illustres abordaient l'exercice de leur art, et démontre en

---

[1] Page 59.

même temps qu'ils tiennent du Poussin lui-même les principes sévères d'après lesquels ils le jugent et l'admirent; on sent que là se trouve la consécration d'un esprit nouveau destiné à élever la peinture française, à lui imprimer son caractère propre [1].

Ainsi, née de son vivant, se perpétue après sa mort l'influence du Poussin. Il sera facile de la suivre jusque dans des temps plus rapprochés de nous, et même au milieu de quelques écarts contemporains. Nous le verrons, en effet : toutes les fois que, revenue d'essais imprudents ou vulgaires, notre école rentre dans une voie meilleure, la trace du Poussin reparaît, et avec elle le sentiment plus pur du vrai, du judicieux et du beau; c'est le génie du grand homme veillant sur les générations qui lui succèdent : *monumentum ære perennius*.

---

[1] *Mémoires inédits sur la vie et les ouvrages des membres de l'Académie royale de peinture et de sculpture*, publiés par J.-B. Dumoulin. Paris, 1854, pages 245 et suivantes.

LE POUSSIN

DEUXIÈME PARTIE

SON ŒUVRE

I

Réflexions générales.

La supériorité d'un homme n'a jamais été telle, qu'il ait créé à la fois et porté à sa perfection le système d'œuvres auxquelles il doit l'estime qui s'attache à son nom. Le temps est l'indispensable moyen de nos progrès, et si l'art est une des faces du génie créateur de l'humanité, nous devons en conclure que son développement est nécessairement successif. Il suffit donc à la gloire d'un homme d'avoir, à l'époque où se poursuivit sa carrière, atteint le plus haut degré de perfection alors possible, dans les ouvrages par lesquels il a mérité l'attention des contemporains et de la postérité; l'humanité a commencé, l'humanité achèvera.

Il est ainsi nécessaire, pour apprécier un grand artiste à sa véritable valeur, de faire concourir à ce jugement des éléments nombreux et divers, dont quelques-uns lui appartiennent en propre, dont d'autres sont indépendants de lui. Quel que soit en effet son génie, l'art avait atteint un certain degré de perfection lorsqu'il commença à l'étudier. Les procédés en étaient déjà connus, les règles fixées dans une certaine mesure, les modèles plus ou moins nombreux. Mais aussi d'un autre côté, quels que soient ces richesses et ces secours, le génie a son caractère propre auquel il plie les traditions, selon lequel il substitue certaines manières de concevoir à certaines autres, soumet les moyens d'exécution au besoin de sa pensée, imprime enfin sur son œuvre le cachet de son individualité.

Il y a donc dans un semblable jugement nécessité d'avoir égard et à l'état des éléments traditionnels de l'art, et à la spontanéité du génie propre de l'artiste.

Ici les questions se multiplient : où en était la connaissance du dessin quand l'artiste a commencé sa carrière? Dans quelle mesure la science des couleurs et de leurs combinaisons diverses prêtait-elle à l'imitation de la nature un docile secours? Les règles de la composition étaient-elles déjà clairement tracées? la perspective suffisamment connue? De grands exemples avaient-ils déjà imprimé ces impulsions décisives qui suffisent au développement d'un art pendant un ou plusieurs siècles? L'artiste, au contraire, livré à ses forces

individuelles, développait-il péniblement ses propres
ressources, sans autre guide que ses instincts
d'élite, sans autres lumières que les lumières
incertaines empruntées à l'expérience incomplète
d'un art encore nouveau? Est-ce Cimabué, est-ce
Giotto créant eux-mêmes la peinture nouvelle?
ou le Corrége reconnaissant sa vocation de peintre
à la vue d'un tableau de Raphaël [1]? Est-ce Jean
Van Eyck cherchant laborieusement les types de
son art, en même temps qu'il invente les procédés de la peinture à l'huile? ou Rubens, formé
à la fois par les exemples de la Flandre et par ceux
de l'Italie, et maître du procédé légué depuis deux
siècles à l'Europe par le laborieux Jean de Bruges?

Il est évident que ces éléments divers exigent
une attention multipliée, une analyse étendue;
et que le véritable mérite d'un peintre, son caractère, le rôle qu'il joue dans l'histoire, dépendent de la comparaison embrassée, sous tous les
rapports, entre lui et ceux qui l'ont précédé et
suivi. C'est ce que nous allons tenter de faire
pour le Poussin. Un coup d'œil rapide jeté sur
l'histoire de la peinture jusqu'à lui nous éclairera
suffisamment. Nous y distinguerons ce qu'il reçut
des traditions de l'art, ce qui, dans son talent,
est dû à l'enseignement des maîtres, aux procédés
mis en pratique et perfectionnés depuis plusieurs
siècles en Italie. Puis, dans l'examen de ses nom-

---

[1] *Anch'io son' pittore.* Ce mot du Corrége est historique.

breux tableaux, dans l'appréciation de son œuvre, comparée à celle de ses prédécesseurs et de ses contemporains, nous chercherons à découvrir ce qui lui appartient, le caractère propre qu'il a porté dans la peinture, la nature du progrès vers lequel il a dirigé les parties supérieures de ce grand art, l'impulsion donnée par lui aux esprits [1]. En terminant nous nous appliquerons à marquer sa trace dans l'école française, jusqu'au moment où l'invasion de systèmes peu favorables à l'idéal, menace, non certes sans quelques nobles protestations, d'obscurcir les exemples qui font notre gloire, et jusqu'à la poétique de l'art.

Quoique l'école flamande eût déjà produit Rubens et que Van Dick fût contemporain du Poussin, celui-ci ne paraît pas avoir donné une grande attention aux œuvres de leur pinceau. Ses rapports intimes avec Philippe de Champagne, avant son premier voyage à Rome, lui avaient sans doute fait connaître le peintre d'Anvers et peut-être le plus illustre de ses élèves. Mais les circonstances lui ouvrirent vainement au Luxembourg la galerie où ne furent placées qu'en 1624 les toiles monumentales qui nous ont conservé, avec tout l'éclat de la couleur et toute la facilité du pinceau de Rubens, les magnificences du second mariage de Henri IV.

---

[1] Le Poussin a non-seulement exercé une grande influence sur les peintres, ses contemporains, mais on peut dire qu'il a formé le goût des amateurs de tableaux à son époque, principalement en France.

Il est douteux que Poussin ait pu y jeter même un coup d'œil avant son départ pour l'Italie où il arriva au printemps de la même année. D'ailleurs la Flandre n'avait jamais attiré la jeunesse de nos écoles de peinture, et l'étude du véritable caractère du Poussin expliquerait seule pourquoi il tourna ses regards plutôt vers Rome que vers Bruxelles. Ne savons-nous pas comment la reproduction des œuvres de Raphaël par les gravures de Marc-Antoine décida sa vocation? elle la lui révéla plus sûrement que ne l'eussent fait les brillantes allégories et l'image poétisée des cérémonies conjugales qui marquèrent en 1600 l'union du roi de France et de l'héritière des Médicis. Le Poussin, sévère à l'égard du Caravage, l'eût été sans doute aussi envers Rubens, et ni l'éclat de la couleur, ni les dimensions gigantesques des tableaux ne l'eussent réconcilié avec l'absence d'élévation dans les figures, et le caractère théâtral des compositions.

Il eût sans doute estimé davantage l'exécution plus réfléchie, le meilleur choix des types, la sagesse de l'ensemble que présentent les tableaux de Van Dick; mais il était à peu près du même âge, et placé sur un théâtre éloigné; ces circonstances durent faire qu'il le connût peu ou même qu'il en ignorât l'existence.

Nous n'avons donc pas lieu de comparer le Poussin aux peintres, même les plus justement illustres de l'école flamande; il leur est resté étranger par ses études comme il le fut par la nature de sa pensée. Poussin est le génie de la peinture française enté sur les traditions de l'art italien ; c'est donc par un coup d'œil rapide sur celui-ci que nous ouvrirons la voie à un jugement réfléchi et d'ensemble sur la place que nous réclamons pour notre compatriote.

On peut dire qu'en Europe, mais particulièrement en Italie, le milieu du treizième siècle fut signalé par la chute d'un système de peinture, et par la naissance d'un autre duquel est sorti l'art moderne. Les Grecs du Bas-Empire, retenus par des règles et par des formules, exerçant depuis longtemps une sorte d'état manuel, ne consultaient plus la nature et se passaient de génération en génération ces types de roideur et de sécheresse conventionnelles auxquels il est si facile de reconnaître leurs œuvres. Vers 1230, Giunta de Pise, Guido de Sienne, Margaritone d'Arezzo, Bartolomeo de Florence essayaient, avec peu de succès, de secouer l'empire de ces formes toujours les mêmes dans leur maladresse et dans leur maigreur. Plus heureux ou mieux inspirés, Cimabué et son disciple Giotto ne permirent pas que le siècle se terminât sans avoir frappé les yeux de leurs concitoyens d'efforts sérieux pour rendre à l'étude de la nature ses droits oubliés, pour donner à leurs compositions plus de variété, plus de liberté, à leurs têtes plus d'expression, plus de mouvement à leurs draperies.

Il ne faut point exagérer les résultats immédiats de cette impulsion chez des artistes dont les travaux laissent beaucoup à désirer, malgré leur génie. Mais elle survécut à leurs efforts, et détermina dans l'école de Florence un progrès qui porta des fruits précieux. Ce fut principalement dans les œuvres de Masaccio, en qui la grandeur des compositions, l'expression des figures, la connaissance de la perspective et des raccourcis, celle du clair-obscur qu'il avait reçue de Masolino, son maître, firent dire à Vasari : « Tout ce qui avait été fait avant Masaccio est peint; mais tout ce qu'il a fait est vrai et animé comme la nature même [1]. »

Néanmoins, à ces commencements de l'école de Florence, il manquait encore le mérite de la couleur, une certaine souplesse dans les mouvements et dans les draperies, la science des groupes et de leurs rapports entre eux, la puissance du modelé, et les disciples de Masaccio n'apportaient dans ces parties importantes que des améliorations peu décisives, malgré le mérite incontestable de Fra Giovanni da Fiesole, de Philippo Lippi, et des Ghirlandaii.

Des progrès nouveaux, se complétant par leur diversité, allaient marquer la part d'influence de Michel-Ange et de Léonard de Vinci.

Les formes humaines, sous le pinceau de Léonard, prirent plus de relief, et dépouillèrent la

---

[1] *Vie de Masaccio da San Giovanni.*

sécheresse dont la peinture italienne, et en particulier l'école de Florence, n'avaient pas encore su se corriger. Ce fut un pas considérable dans l'étude des têtes et des extrémités, un progrès notable dans l'exécution. La peinture ne les oublia plus. Après le portrait de Monna Lisa et quelques Vierges du Vinci, il n'était plus permis de retomber dans les contours arrêtés et les formes sans saillie des derniers peintres florentins. En même temps Michel-Ange se prenait avec passion aux difficultés des raccourcis : il exagérait, il est vrai, la part de l'anatomie dans les formes humaines, préférant les muscles de l'homme fortement accentués aux transitions moins brusques, aux passages insensibles qui unissent les uns aux autres les plans onduleux des membres de la femme et de ceux des jeunes gens. Mais en pliant ainsi l'art du dessin à l'expression des perspectives les plus compliquées, il enseigna à composer des groupes ; il fit sortir la peinture de cette allure timide qui ne lui permettait guère que d'aligner des figures, dans des poses variées il est vrai, mais presque toujours sur le même plan [1]. Le tableau du Jugement dernier et la voûte de la chapelle Sixtine furent les résultats les plus considérables de ces études, et montrèrent le parti que l'art en pouvait tirer.

---

[1] Nous devons néanmoins faire observer que Masaccio avait donné déjà plusieurs exemples de composition qui n'ont pas été surpassés depuis.

RÉFLEXIONS GÉNÉRALES.

Ces progrès, résumés par Raphaël, portèrent la peinture à sa perfection.

A Rome, elle avait reçu son impulsion de la présence de Giotto à Assise, et du séjour qu'y fit son élève Pietro Cavallini. Les voies parcourues depuis ce temps par l'école romaine l'avaient conduite à trouver son expression la plus parfaite alors dans les œuvres du Pérugin, maître de Raphaël. Une étude consciencieuse des têtes recommande encore ce peintre à la postérité ; mais l'insuffisance du dessin se fait sentir dans l'imitation des autres parties du corps. La sécheresse des contours, les formes grêles, la stérilité gauche des attitudes, l'impuissance de composer des groupes, et d'en varier les ensembles, révèlent la timidité de l'artiste au delà même de ce qui était permis un siècle après Giotto, et devant l'école de Florence.

C'est de l'atelier du Pérugin que sortit Raphaël. Ses premières productions, tout en témoignant de sa supériorité, se ressentent encore des défauts du maître. Mais la fécondité et la facilité de son génie ne pouvaient subir longtemps cette impuissance et cette stérilité. Il visita Florence, et ce fut dans ce voyage que commença pour son heureuse organisation cet éclectisme involontaire, opération spontanée et, pour ainsi dire, irréfléchie d'une nature d'élite, dans lequel vinrent s'unir les souvenirs des modèles de l'antiquité, les traditions des deux siècles précédents, les procédés contemporains des grands artistes de Florence.

Ainsi, au moment où Raphaël sortait des leçons du Pérugin, toutes les parties de l'art de la peinture avaient été élaborées dans différentes écoles par des hommes d'organisation supérieure. Il ne manquait donc dès lors qu'un génie plus complet qui coordonnât tous ces éléments dans une harmonieuse unité. Le peintre d'Urbin reçut cette mission privilégiée. La science des contours et du modelé, la vérité sinon l'éclat de la couleur, la diversité des attitudes, l'expression des têtes, l'heureuse conception des groupes, leur habile disposition dans l'ensemble, la grandeur et la sagesse des compositions qui résultent de leurs rapports, l'étude approfondie des accessoires, draperies, ornements, architecture, paysage, la connaissance de la perspective, annoncent dans ses œuvres que l'art est en possession de toutes ses ressources, qu'il est maître de lui-même, que sa maturité commence.

Aux éléments d'étude et de succès que lui fournissaient les travaux de ses prédécesseurs immédiats et de ses contemporains, Raphaël joignit l'étude de l'antique, et c'est là surtout ce qui explique sa supériorité. Personne avant lui n'avait travaillé avec une ardeur égale à réunir de tous les points de l'Italie les glorieux débris de l'art des anciens. Quelques rares morceaux, acquis par les Médicis pour l'école de Florence, ne sauraient être mis en comparaison avec les richesses accumulées à Rome par ce peintre à l'aide de fouilles nombreuses, d'agents actifs, de sommes considérables dépensées dans ce noble but. Qui peut douter que ce ne soit dans ces précieux débris qu'il contempla la nature sous un aspect nouveau? Nulle part ailleurs il n'eût pu trouver l'idéal de ces figures de femmes, dans lesquelles il surpassa tous ses rivaux; nulle part ailleurs ne se présentèrent à lui cette dignité de la vieillesse et de l'âge mûr, cette grâce de la jeunesse, cette souplesse de l'adolescence que lui révélèrent tant d'images des dieux de l'Olympe, des sages et des héros de la Grèce. Nous croyons pouvoir ajouter que ce fut cette même étude de l'antique qui scella en Italie la supériorité de la peinture, et lui fit atteindre une perfection qu'elle eût cherchée en vain, sans ce puissant secours. Du reste les limites imposées à ces considérations ne nous permettent pas d'entrer ici dans des détails qui ressortent clairement des œuvres comparées de Raphaël et de ses prédécesseurs.

Tel fut, tel est encore le point suprême de la peinture en Italie. Comment la décadence s'introduisit-elle peu à peu dans l'école romaine? Par quel côté moins fortifié la faiblesse se fit-elle d'abord sentir? Pour atteindre l'objet particulier que nous nous proposons, il n'est pas nécessaire d'entrer dans ces considérations délicates et difficiles. Il nous suffit d'avoir constaté que les travaux des peintres depuis Cimabué, et l'étude de l'antique sont les deux sources dont la réunion sous la main de Raphaël porta la peinture au degré de perfection où elle parvint au commencement du seizième siècle.

Mais cet art n'était pas arrivé à ce développement dans l'école de Raphaël, sans qu'en même temps ce grand peintre et ses élèves eussent introduit dans la pratique une facilité, peu dangereuse tant que le génie de leur maître soutint leurs inspirations et leurs efforts, dont l'inconvénient néanmoins n'allait pas tarder à se faire sentir. Après Raphaël, après Michel-Ange, après Léonard de Vinci, dont la supériorité entretenait l'émulation dans les écoles, il n'en fut plus de même. Jules Romain soutint quelque temps la gloire de son maître, mais bientôt la facilité de l'exécution fut préférée à la sévérité du dessin et de la composition, et le seizième siècle n'était pas au milieu de son cours que déjà le besoin d'une réforme se faisait sentir.

Cette réforme, opérée par les Carraches, remit le dessin en honneur, en régla l'étude par de rigoureuses épreuves et réunit à Bologne des ressources accrues depuis Raphaël, ressources qui répondaient aux nécessités d'une école résolue à reconquérir la science du dessin oubliée et méconnue. Lorsque le Poussin arriva à Rome, l'école des Carraches était représentée dans cette ville par le Guide et le Dominiquin [1], les monuments de l'école

---

[1] L'école des Carraches n'arrêta pas la décadence sur tous les points, elle y contribua même sur quelques-uns. Il ne faut pas oublier que Lanfranc et le Caravage y avaient trouvé la malheureuse facilité de leur pinceau.

de Florence et de celle de Rome étaient partout empreints sur les murs de la ville éternelle, et les palais des grands seigneurs possédaient, dans des tableaux de Giorgion, de Titien, du Tintoret les merveilles de couleur et de lumière de l'école vénitienne.

La peinture, telle qu'elle se présenta au Poussin dans cette capitale des beaux-arts, était donc tout armée, et si l'on pouvait facilement, au milieu de ces ressources, devenir par l'étude un bon peintre, il était désormais difficile d'ouvrir à l'art des voies nouvelles, et d'en faire saillir une originalité, toujours rare aux époques déjà constituées par de solides traditions.

Nous avons vu plus haut[1] que Poussin, à son arrivée, se mit modestement à la suite de ces grands maîtres, qu'il en étudia les chefs-d'œuvre et se livra en même temps à l'étude de l'antique et de la nature, soit par le dessin, soit en modelant les morceaux précieux qu'il pouvait se procurer. Il ne chercha à briller ni par la facilité de l'exécution, ni par l'éclat trompeur d'un coloris qui aurait dissimulé à ses yeux et aux yeux des spectateurs la faiblesse du dessin et la défectuosité de la composition. Il se fortifia dans toutes les parties de son art, sans en laisser une se développer au détriment des autres. Il prépara, pour ainsi dire, les instruments de son génie, sans en hâter l'explosion; il

[1] Chap. II.

apprit sa langue, bien sûr que la pensée ne lui manquerait pas.

N'appartenant à aucune école, impartial et réfléchi, il put choisir partout, et s'assimiler ce qui convenait à sa nature, sans troubler l'essence de son génie par l'enthousiasme pour un système ou pour un autre. L'examen de son œuvre va nous révéler le caractère propre et les qualités particulières qui, au milieu de quelques hommes supérieurs, marquent sa place et le désignent à l'admiration de la postérité.

L'œuvre du Poussin, nombreuse sans que nous puissions en déterminer précisément le chiffre, répandue dans les galeries les plus riches et les cabinets les plus célèbres de l'Europe, multipliée par quelques copies et surtout par la gravure, se compose de sujets tirés de la mythologie, de l'histoire profane, de l'histoire sainte, de quelques bacchanales, de trois portraits dont deux reproduisant ses propres traits, le troisième ceux du cardinal Rospigliosi, depuis Clément IX, enfin de paysages. Les sujets contemporains ou même modernes n'y occupent aucune place; ils étaient rares avant Louis XIV, et d'ailleurs la nature du Poussin y répugnait.

II

Division de l'œuvre du Poussin par sujets. — Sujets mythologiques. — Sujets tirés de l'histoire générale et profane. — Sujets tirés de l'histoire sacrée. — Paysages. — Portraits.

Sujets mythologiques. — Allégories. — Bacchanales. — Nous avons vu, au commencement de la vie du Poussin, qu'il avait été initié au goût et à la connaissance de la mythologie par le cavalier Marin, dont les vers cherchaient leur inspiration dans l'olympe des anciens, dans l'histoire des amours et des rivalités de leurs dieux; d'ailleurs, revenue avec la Renaissance, la mythologie formait à cette époque le fond de toute poésie, et était appelée à conserver ce rôle pendant longtemps encore. Si donc, non-seulement dans les sujets mythologiques, mais encore dans certains sujets historiques, nous voyons le Poussin lui emprunter quelques-unes de ses couleurs, représenter par exemple le Nil ou d'autres fleuves sous les personnifications consacrées par l'antiquité, couronnés de roseaux, et *appuyés d'une main sur leur urne penchante*, nous n'en devons pas être surpris. N'oublions pas qu'un demi-siècle plus tard Boileau, au commencement de son passage du Rhin, empruntait les mêmes images à la même source, et les développait à l'aide de toutes les fictions de la poésie d'alors.

Le Poussin a traité un grand nombre de sujets empruntés aux fables antiques. Il semble même qu'ils aient été ses sujets de prédilection au commencement de sa carrière, au moment où son génie, plein de jeunesse et d'enthousiasme, n'avait point encore atteint cette profondeur de pensées et ce haut sentiment des convenances de l'art qu'il développa dans la suite. Nous trouvons en effet, parmi ses premiers ouvrages, les *Bacchanales* du château de Chiverny, d'autres au nombre de quatre, qui appartiennent au cardinal de Richelieu, et qu'il avait exécutées peu de temps avant son voyage en France, *le Triomphe de Neptune*, *Pan et Syrinx*, etc.

Ce grand artiste empruntait à l'étude de l'antique les éléments de ces compositions qui rappelaient l'art de la Grèce, et qu'il trouvait dans de nombreuses statues isolées, sur les vases, sur les bas-reliefs, aux frontons conservés des temples anciens; mais il pouvait aussi puiser quelques inspirations dans les œuvres des peintres qui l'avaient immédiatement précédé. Raphaël s'était joué avec ces fables brillantes, et le génie italien de plus d'un prince de l'Église s'était trouvé plus à l'aise au milieu de ces conceptions poétiques d'accord avec les tendances littéraires du seizième siècle, que devant l'austérité chrétienne des sujets fournis par la religion, par son histoire et par ses triomphes. Le symbolisme païen des malheurs de Psyché s'était traduit, sous le crayon de Raphaël, en compositions que la moralité la moins sévère aurait soigneusement écartées de regards même peu scrupuleux. Ses successeurs, les peintres de l'école des Carraches, avaient tour à tour, selon les exigences de ceux pour qui ils travaillaient, consacré leurs pinceaux indifférents à des sujets sacrés ou à des sujets profanes; et le Poussin trouva, comme un héritage conservé par des mains habiles, tout un ordre de conceptions dans les fastes de l'Olympe et dans les aventures de ses dieux.

On peut dire, il est vrai, qu'il porta dans ce genre plus de calcul, plus d'attention, plus de réflexion que ses prédécesseurs. La mythologie repose avant tout sur la forme humaine, elle en est la déification, et la statuaire antique a fidèlement répondu en ce point à l'enthousiasme de la Grèce. Le Poussin sut mettre la correction et l'élégance de son dessin à la hauteur de ces souvenirs; on sent partout l'étude, et l'étude heureuse des Grecs : les nymphes, les déesses, les mortelles qui ont place dans ces tableaux respirent la grâce, la dignité, un je ne sais quel mol abandon, et, dans certains cas, une gaieté pleine d'entraînement. On peut reprocher au peintre quelques nudités exagérées, on peut même blâmer une certaine disposition à agir sur les sens; mais ce dernier cas est rare, et si le Poussin eût voulu, pour les multiplier, s'autoriser de l'exemple des plus grands maîtres, il l'eût pu facilement. Ce sont surtout les *Bacchanales*, les *Mars et Vénus* qui l'entraînèrent à ces concessions, mais il n'en a fait qu'un petit nombre, et les premières ne sont pas toutes répréhensibles. D'ailleurs il faut le reconnaître, la mythologie et l'antique, c'est le nu. On peut renoncer aux sujets qui relèvent d'elle; mais quand on entreprend de les traiter, il faut en accepter les conditions.

Plusieurs de ces compositions du Poussin ont pourtant une élévation inattendue : tel est *le Parnasse*, sujet traité d'une manière toute sérieuse et grandiose, et qui ressemble à un tableau d'histoire, auquel s'ajouteraient une richesse de détails et une poésie que l'histoire ne comporte pas; tel est encore le tableau représentant *Phaéton* demandant à son père la permission de conduire un seul jour le char du soleil. Parmi les compositions purement mythologiques, mais remarquables par leur importance, et en même temps par l'éclat et la grâce des détails, il faut citer *le Triomphe de Flore*[1], celui *de Neptune*, *la Naissance de Bacchus*, etc. Dans le rang des compositions moins considérables, plus restreintes par le nombre des figures et le peu d'importance des accessoires, il faut distinguer *l'Éducation de Jupiter*, *Apollon* et *Daphné*, *les Nymphes au bain*, etc... Enfin, grand nombre de compositions d'une importance

---

[1] Musée du Louvre, n° 443.

moyenne; *les Armes d'Énée*, plusieurs *Mars et Vénus*[1], plusieurs *Vénus et Adonis*, *Mars et Rhéa Sylvia*[2], etc., se font remarquer par un ensemble gracieux et d'ingénieux détails.

Nulle part les épisodes et les objets accessoires n'occupent une place si habilement calculée, si heureusement remplie que dans ces compositions du Poussin Ils consistent surtout dans les attributs des dieux et des héros qui y figurent, distribués entre les mains de nombreux amours, qui en font le plus souvent un usage où respire la gaieté, et jettent quelque éclairci bouffon sur des scènes quelquefois un peu hasardées; il semble que ces nombreux témoins des tendresses d'Adonis ou de Mars adoucissent la vivacité de certaines caresses, et on aime à croire qu'en présence de ces enfants insouciants et joueurs, l'amour a son innocence, et les caresses mêmes leur chasteté.

Cette profusion de petits amours n'est sans doute point en harmonie avec la poétique de nos jours, qui demande le silence et fuit au désert, poétique développée depuis par des talents incontestables, introduite il y a un demi-siècle par M. de Chateaubriand, dans son histoire de René. Sans méconnaître ce qu'il y a de vraie grandeur à laisser l'homme à lui-même, au sein de la nature et sous le regard de Dieu, nous ferons remarquer que la beauté pittoresque a plus d'une forme, et que

---

[1] Musée du Louvre, n° 438.
[2] *Id.*, n° 439.

l'on ne peut juger les productions de l'art à une époque par les caractères et les exigences d'un temps postérieur.

Le Poussin sut d'ailleurs être grand sans ces accessoires, comme il savait les employer à propos. Nous en avons un exemple dans le tableau de *l'Arcadie*[1]. Cette composition, qui semble un épisode sérieux de quelque idylle perdue de Bion ou de Moschus, doit naturellement être rapprochée des souvenirs de la Grèce poétique. C'est à une faveur particulière des dieux qu'il faut attribuer ce bonheur dont on jouit dans cette contrée, et qui rend plus frappante l'idée réveillée dans l'esprit des bergers par la vue soudaine d'un tombeau. *Et in Arcadiâ ego*, « et moi aussi j'ai habité l'Arcadie, j'ai joui de ses plaisirs enviés, de son bonheur calme et pur, et cependant la mort ne m'a point épargné. » Tel est le sens philosophique du tableau. Cette pensée de la mort que rien n'arrête, ni le bonheur, ni la gloire, ni la beauté, ni la richesse, a été exprimée par tous les poètes et par tous les moralistes de l'antiquité. Elle retentit depuis dix-huit siècles dans les chaires chrétiennes, mais la peinture ne l'avait guère abordée. Le Poussin lui a donné en quelque sorte un corps. La simplicité du paysage, l'âge plus mûr du berger qui découvre l'inscription, et paraît insister sur la sagesse qu'elle exprime,

---

[1] Il y a deux compositions du Poussin sur ce sujet. La meilleure et la plus connue est celle que possède le Musée du Louvre, sous le n° 445.

l'élégante et noble figure de la femme qui s'appuie avec confiance sur l'un des jeunes pâtres, l'attention expressive de ceux-ci, l'heureuse disposition des personnages, et le caractère antique de tout l'ensemble ont placé cette composition parmi les plus justement célèbres de notre artiste.

Le Poussin n'a laissé qu'un petit nombre d'allégories. Une seule de ces compositions fut destinée à un plafond ; il l'exécuta en 1641 pour le cardinal de Richelieu : elle représente *le Temps qui soustrait la vérité aux atteintes de l'envie et de la discorde* [1] ; une autre offre le même sujet, traité en tableau, une autre *l'image de la vie humaine*, femmes dansant au son d'une lyre, touchée par un vieillard qui représente le Temps, pendant que le char du soleil entraîne avec lui les heures dans sa marche à travers les cieux. Ce tableau, ingénieux et plein de grâce, contient quelques accessoires, emblèmes, figures d'enfants, etc., qui, sous diverses images, expriment tous la rapidité, la fragilité de la vie. Poussin a aussi traité l'allégorie d'Hercule placé entre le vice et la vertu [2].

L'histoire de ce héros lui fournit encore d'autres sujets de composition. Il en dessina toute la vie. Elle devait être représentée en grisaille à la naissance du cintre, dans la grande galerie du Louvre. Ces dessins, qui sont restés à l'état de projet,

---

[1] Musée du Louvre, n° 446.
[2] On doit aussi comprendre parmi les allégories le frontispice de la Bible, ceux des œuvres d'Horace et de Virgile.

offrent une preuve non contestable des heureux fruits que Poussin retira de l'étude de l'antique. A la grandeur de leur disposition, à la beauté des figures, à la sobriété de l'ensemble, on les prendrait pour les bas-reliefs de quelque temple d'Hercule, échappés aux ravages du temps [1].

Le Poussin n'a donc traité que rarement l'allégorie entière; mais il a jeté çà et là dans quelques-unes de ses compositions des allégories partielles qui en expliquent le sens et l'esprit. Tels sont les anges et les amours dans certains tableaux, les fleuves et les sphynx, principalement dans les sujets dont l'Égypte est le théâtre, et en particulier dans la composition de Véturie et de Coriolan, la présence de la Fortune qui semble avertir le vainqueur de ses retours inattendus.

Sujets historiques tirés de l'histoire générale et profane. — La Muse de l'histoire paraît avoir été, plus encore que celle de la fable, en harmonie avec le génie du Poussin.

L'histoire ancienne et profane ne lui a fourni qu'un petit nombre de sujets, parmi lesquels nous devons distinguer : *Germanicus mourant*, *Romulus et Rémus trouvés par les bergers*, *le Maître d'école des Falisques* [2], *l'Enlèvement des Sabines* [3], *le jeune*

---

[1] Voyez ci-dessus page 85.

[2] Il y a deux tableaux du Poussin sur ce dernier sujet, le plus grand destiné à M. de la Vrillière, le plus petit à M. Passart; c'est le plus grand que possède le Musée du Louvre, sous le n° 436.

[3] Musée du Louvre, n° 433.

Pyrrhus sauvé chez les Mégariens[1], *Coriolan et Véturie;* nous y ajouterions *la Prise de Jérusalem par Titus*, si nous avions été assez heureux pour trouver les gravures de cette composition deux fois traitée par le maître. *Le Testament d'Eudamidas* doit être également rangé dans cette catégorie, quoiqu'il se distingue par la condition privée des personnages, et surtout par son caractère philosophique.

On peut aussi rappeler quelques tableaux de moindre dimension, tels que *Achille à Scyros*, *Thésée découvrant les signes de sa naissance;* ces sujets, qui se rapprochent des sujets mythologiques, méritent d'attirer l'attention et l'étude. Ajoutons également au nombre des tableaux qui retracent des faits historiques, plusieurs de ceux que l'on classe ordinairement dans la série de l'histoire sainte, tels que *la Peste des Philistins, le Passage de la mer Rouge, Moïse sauvé des eaux, Moïse à la cour de Pharaon.* Il y a en effet entre ces sujets et les sujets tirés de l'histoire une analogie nécessaire, puisque le caractère historique appartient également aux temps héroïques de la Grèce, aux souvenirs des Pharaons et aux annales du peuple hébreu;—cette analogie s'est augmentée encore sous l'influence du génie épique du Poussin.

Soixante-quatorze ans seulement séparent la mort de Raphaël de la naissance du peintre des

---

[1] *Id.*, nº 437.

Andelys. Pendant cette partie du seizième siècle, la renaissance des lettres étendit son influence, et accéléra la publication des œuvres littéraires des anciens. Poëtes, historiens, orateurs, philosophes, etc., grecs et romains, ignorés jusqu'alors ou dont le nom seul était connu, parurent à la lumière. Mais ces précieuses découvertes restèrent l'objet des études propres d'un petit nombre d'esprits cultivés, et ne descendirent que lentement dans le domaine du plus grand nombre. Aussi les sujets purement historiques demeurèrent-ils longtemps encore étrangers à la peinture, et les légendes pieuses, les faits traditionnels fournis par les annales de la religion, continuèrent-ils à exercer les pinceaux des successeurs de Raphaël. Si la mythologie fut plus heureuse que l'histoire, il faut l'attribuer à ce que l'étude de l'antique rappelait sans cesse l'imagination des artistes sur les dieux de l'Olympe, et sur tout ce qui se rattachait à eux.

Quelques peintres, parmi lesquels on distingue Jules Romain, et plus tard les Carraches et leurs élèves, empruntèrent plus d'une fois les sujets de leurs tableaux à l'histoire grecque ou romaine; mais ces choix mêmes étaient rares, et les circonstances dans lesquelles ces compositions furent traitées contribuent à leur donner le plus souvent le caractère d'exceptions.

On peut dire qu'avant la fin du seizième siècle, l'histoire ancienne, romaine ou grecque, n'était pas devenue systématiquement l'objet de compositions réfléchies, d'expressions étudiées ; l'idée n'était pas encore venue au peintre que là, à cette source de faits, imparfaitement connus mais grands, dans ces caractères élevés, généreux, qui s'étaient développés en dehors des traditions chrétiennes, sous l'influence de l'amour de la patrie et de la cité, à la lumière des philosophies antiques, on pût puiser des sujets qui attirassent longtemps l'attention des Italiens du seizième siècle. Quoiqu'il ne soit pas démontré que tous ces artistes eussent une foi bien vive, quoique plusieurs d'entre eux au contraire aient marqué parmi les libres penseurs, ils vivaient dans un milieu fermé de tous côtés par les traditions catholiques, eux, leurs maîtres, leurs élèves, leurs familles, et avec eux les princes du monde et de l'Église, qui leur commandaient ces vastes travaux. Il est vrai que, sur la demande de ces riches et quelquefois voluptueux patrons, il leur arriva trop souvent de retracer les faiblesses et les passions des dieux du paganisme. A côté de l'austérité acceptée des traditions chrétiennes, leur pinceau flexible se consacrait volontiers aux triomphes de Vénus, ou aux amours d'Apollon : Raphaël dessinait *Jupiter* et *Ganymède* de la même main dont il peignait *la Transfiguration*. De l'histoire ancienne ou contemporaine rien, peu de chose du moins qui ne se rapportât d'une manière ou d'une autre à la gloire du saint-siége. Entre Ovide et les livres saints, Tite-Live et Thucydide n'avaient pas encore trouvé leur place.

Telle était au commencement du dix-septième siècle la situation de l'art et des esprits par rapport aux sujets de tableaux empruntés à l'histoire romaine ou grecque, lorsque le Poussin se plaça volontairement en face de Tacite, devant la scène émouvante et dramatique de Germanicus mourant au milieu de ses amis.

De l'examen de ce tableau et de plusieurs du même genre dont nous avons rappelé les qualités plus haut, il résulte que sous la main du Poussin, surtout sous l'influence de son génie réfléchi, la peinture historique prit un caractère de profondeur qu'elle n'avait point eu jusqu'alors. La fidélité du costume, l'absence de tout anachronisme, la recherche de l'expression juste, déterminée par l'étude des historiens et des annalistes, le vrai sens des faits exprimé par le pinceau, telles sont les qualités que notre artiste a déployées en particulier dans ses compositions historiques, sans qu'à ces œuvres précieuses manquent les autres conditions plus générales que nous avons déjà reconnues en lui, et dont plus loin nous parlerons encore.

Le Germanicus mourant présente un de ces ensembles parfaitement combinés, où toutes les attitudes, toutes les expressions rentrent dans l'unité du sentiment qu'a voulu exprimer le peintre. C'est le moment où ses amis, répondant à ses dernières paroles, jurent de venger sa mort [1]; tandis

---

[1] « Juravère amici, dextram morientis contingentes, spiritum an-

qu'au chevet de son lit Agrippine voilée cache une douleur que l'art s'est jugé impuissant à décrire, et qui ressort de son silence plus profonde et plus vive. Nous n'avons sous les yeux ni le tableau, ni la gravure de la *Prise de Jérusalem* par Titus, mais si nous en croyons Félibien, qui en parle comme l'ayant vu, le Poussin « y représenta l'empereur victorieux, et à ses pieds la nation juive qui, par le misérable état où elle fut réduite, devait bien connaître dès lors l'effet des menaces qu'elle avait si souvent entendues des prophètes, et de la bouche même de Jésus-Christ. On y voit, poursuit-il, ce temple célèbre saccagé par les soldats, qui, en le détruisant, emportent le chandelier, les vases d'or, et les autres ornements sacrés qui le rendaient si riche et si considérable[1]. »

Nous pourrions nous livrer à des observations analogues sur les deux tableaux de l'*Enlèvement des Sabines*, principalement sur celui que possède le Musée du Louvre. Nous ferions ressortir la clarté introduite dans une pareille scène, malgré sa confusion, l'habile distribution des groupes, la disposition particulière de chacun d'eux, les expressions variées des filles qui résistent en vain, des mères suppliantes, celles des ravisseurs, auteurs de cet acte de

---

tequam ultionem amissuros (*Tac. Ann.*, liv. II, ch. LXXI). » Cette dernière citation vient à la suite de celle de la page 50. Il est du reste nécessaire de lire tout le discours de Germanicus pour bien comprendre le tableau.

[1] Félibien, t. IV.

violence, accompli néanmoins sous l'impérieuse impulsion des sentiments naturels les plus légitimes; nous montrerions qu'au milieu de tant d'attitudes diverses, il n'en est aucune qui ne représente la forme humaine, principalement celle de la femme, dans ses plus belles conditions, sous ses perspectives les plus favorables. On en trouve la preuve dans la fille qui se réfugie aux bras de sa mère, dans celle qui cherche à échapper à l'étreinte de son ravisseur[1], etc.

Le Maître d'école des Falisques présente moins de mouvement et d'élégance, ces qualités ne ressortaient pas du sujet; mais les expressions y sont pleines de vérité, particulièrement dans les enfants et dans le général romain indigné. La figure nue du traître témoigne du degré où le Poussin avait porté la science du dessin; elle semble une étude d'après Phidias.

L'Enlèvement du jeune Pyrrhus appartient à une époque peu éloignée des temps héroïques. A part la présence du dieu représentant le fleuve qui passe à Mégare, le sujet est traité dans toute la sévérité historique[2].

---

[1] Que l'on compare cet enlèvement des Sabines au même sujet traité par Baccio Bandinelli, élève de Michel-Ange, on sera frappé de la supériorité du Poussin, surtout dans l'ordonnance générale et dans le choix des expressions.

[2] Voir les diverses gravures qui en ont été données, et l'analyse qui en a été faite par Gault de Saint-Germain, p. 50, à la suite de l'éloge du Poussin. Voir aussi Plutarque, *Vie de Pyrrhus,* ch. I et II.

Les divers groupes de cette composition sont dans un rapport bien entendu les uns avec les autres, liés, mais distincts. La disposition générale du tableau est claire sans affectation et sans minutie. Les Mégariens accourus sur la rive opposée, expriment, par leur empressement, l'intérêt qu'ils attachent au message que leur portent le javelot et la pierre lancés par des mains sûres. Les deux jeunes gens chargés de ce soin sont d'un beau dessin et dans des poses habilement contrastées; l'un d'eux reproduit, à peu de chose près, le gladiateur antique. Le groupe des femmes, nourrices et gardiennes du fils d'Éacidès, se relie à ces figures par deux guerriers dont un indique de loin, en le désignant de la main aux Mégariens, l'enfant espoir du trône. La pose de ces femmes, l'élégance de leurs formes, principalement de celle qui porte la main à sa tête, sont dignes de l'antique, dont ce tableau semble un précieux fragment. Un peu loin derrière, les défenseurs de la famille repoussent les Molosses. Au fond, au milieu d'un mélange pittoresque d'arbres et de rochers, apparaissent quelques édifices, statues, bas-reliefs, monuments de la ville de Mégare; le fleuve roule au second plan ses eaux torrentueuses, formant ainsi à la fuite de Pyrrhus l'obstacle qui fait le nœud de la composition [1].

Une grande réflexion, les convenances de l'histoire observées avec scrupule, les caractères appro-

---

[1] Malheureusement la couleur de ce tableau a souffert.

priés à l'action, tous les accessoires subordonnés au fait principal, un effort heureux et continu pour que, dans toute composition, l'idéal soit en harmonie avec le réel ; toutes ces qualités que l'on rencontre dans ses prédécesseurs, à des degrés divers, ont été portées par le Poussin au point le plus élevé où elles puissent parvenir sous l'influence d'un esprit judicieux, qui ne pardonne aucune déviation à l'accord du beau et du vrai. Quand on compare ces compositions historiques aux compositions mythologiques dont nous avons parlé plus haut, on y retrouve les mêmes qualités, mais alliées à d'autres que réclame la gravité de l'histoire, et l'on admire, dans notre peintre, une flexibilité qui se rencontre rarement dans les génies profonds et sévères.

Quoique le Poussin ait, à toutes les époques de sa vie, consacré son pinceau à des compositions variées, empruntées soit à la mythologie, soit à l'histoire profane ou sacrée, et qu'il ait fréquemment passé d'un genre à l'autre, nous croyons néanmoins pouvoir avancer que, dans l'ordre du travail de sa pensée, il s'est préparé par l'étude des sujets historiques proprement dits, à traiter ceux qu'il puisa dans l'histoire sacrée, et que, de même qu'en modifiant la grâce, le mouvement, le charme qu'il savait mettre dans les sujets mythologiques, par la sobriété, la gravité qui conviennent à l'histoire, il réussit dans ces compositions plus sévères; de même il sut ajouter aux qualités que demande l'histoire, une certaine grandeur, une certaine onction, et les autres traits qui distinguent les sujets empruntés aux traditions religieuses.

Sujets historiques tirés de l'histoire sacrée. — Aucune histoire n'exerce sur l'esprit, les habitudes et les mœurs des peuples, une influence plus immédiate et plus durable que l'histoire de leur religion. Nous avons pour témoignage l'antiquité tout entière dont les annales les plus reculées se rattachent partout aux diverses cosmogonies sur lesquelles se fondent les croyances, et où les arts furent exclusivement consacrés à la représentation des dieux et des héros placés dans l'Olympe, ou consacrés de quelque manière par la vénération de la postérité. Cette vérité se montre plus clairement encore dans les temps modernes, ou du moins à l'origine des nations qui composent l'ensemble de l'Europe actuelle. En effet, Rome et la Grèce ont eu des historiens qui, sans se borner à rapporter les faits politiques, ne donnent qu'une place circonscrite aux faits religieux, tandis que les premiers annalistes de l'Europe chrétienne furent tous voués à l'église, et rattachèrent les faits de leur époque à l'histoire des premiers efforts, et des développements contemporains du christianisme et de l'influence épiscopale. On peut dire qu'avant Villehardouin au douzième siècle et Froissard au quatorzième, il n'y a pas d'histoire laïque, et aujourd'hui même, dans l'état où se trouve le progrès de l'enseignement, plus répandu dans les classes inférieures, il y a peu de gens qui n'aient une idée d'Abraham, de David, de Salomon, du jardin des Oliviers, de la passion de Jésus-Christ; il y en a beaucoup qui n'ont jamais entendu parler des batailles de Crécy, de Poitiers, des états généraux de 1356, de ceux de Louis XII et de Louis XIII.

Il y a donc, dans tous les éléments qui nous environnent, comme une préparation de l'esprit à mieux comprendre l'histoire sainte que toute autre histoire, à nous identifier davantage avec les faits qui ont marqué le berceau de notre foi. Il y a en même temps de la part du peintre, une disposition plus grande à parler un langage que la multitude est mieux disposée à comprendre. Il faut du savoir pour apprécier la continence de Scipion, l'héroïsme de Régulus, la visite d'Alexandre et d'Éphestion à la mère de Darius; il suffit de s'être assis sur les bancs de l'école primaire, il suffit du catéchisme pour ne pas se tromper sur Jésus-Christ appelant à lui les petits enfants, sur Lazare ressuscité, sur l'Annonciation, sur la Présentation au temple, etc.

Indépendamment de cette popularité, les sujets bibliques et évangéliques ont encore pour nous plus de sens, plus de profondeur, plus d'expression; ils disent plus à l'esprit et au cœur. Chaque fait de l'histoire profane répond pour lui-même, chaque fait de l'histoire sainte est solidaire d'un ensemble d'actions qui, prenant l'homme dans son état le plus humble, l'élève jusqu'au ciel sur l'aile toujours déployée de ses espérances éternelles. Quel que soit le voile dont l'esprit moderne ait à certains moments obscurci les vérités chrétiennes, nous en sommes encore trop pénétrés pour ne pas lire, avec plus de fruit et plus facilement, dans les circonstances qui s'y rapportent.

Ces considérations expliquent, et la préférence des artistes pour les sujets sacrés, et la disposition générale à réclamer le concours de leur talent en faveur des églises, des chapelles, des monastères. Cet état de choses, encore persistant en partie de nos jours, était à peu près exclusif à l'époque du Poussin.

Personne avant ni après lui, excepté Lesueur, n'a su donner aux sujets empruntés à l'histoire sainte et à la pratique de la religion un caractère de plus grande vérité. Parmi les nombreux tableaux de ce genre dus à son pinceau, il y en a de très-divers, et tous ne comportent pas l'expression religieuse au même degré. Si par exemple, *le Frappement du rocher*, *la Manne dans le désert*, *le Passage de la mer Rouge*, exigent la présence, en quelque sorte divine, du législateur des Hébreux; si l'intervention de Jéhovah s'y doit sentir et dans l'attitude de Moïse, et dans l'émotion de la foule; il est plus difficile de faire ressortir un sentiment pieux du tableau de *Rébecca à la fontaine;* néanmoins, dans cette dernière composition même, exécutée dans un tout autre but[1]

---

[1] «... Quand le Poussin fit son tableau de *Rébecca*..., j'étais encore à Rome lorsque la pensée lui en vint. L'abbé Garot avait envoyé au cardinal Mazarin un tableau du Guide, où la Vierge est assise au milieu de plusieurs jeunes filles qui s'occupent à différents ouvrages. Ce tableau est considérable par la diversité des

que le but apparent, il est impossible de ne pas reconnaître un sujet qui n'est ni profane, ni à proprement parler, historique, ni purement de fantaisie. Le caractère patriarcal de cette jeune fille suivie de ses servantes, et vaquant elle-même au soin des troupeaux, ne peut appartenir qu'à la vie des Hébreux, qu'à cette contrée de l'Asie, qu'à cette époque de l'histoire. Ce n'est point la Nausicaa d'Homère, quoiqu'elle s'en rapproche, ce n'est point la fille de Pharaon près des eaux du Nil, c'est la fille d'un Hébreu riche en troupeaux et en culture, allié à la famille des patriarches, et appelé à partager les grandes destinées promises à la postérité d'Abraham.

airs de tête nobles et gracieux, et par les vêtements agréables peints de cette belle manière que le Guide possédait. Le sieur Pointel l'ayant vu, écrivit au Poussin, et lui témoigna qu'il l'obligerait s'il voulait lui faire un tableau, rempli, comme celui-là, de plusieurs filles, dans lesquelles on pût remarquer différentes beautés.

Le Poussin, pour satisfaire son ami, choisit cet endroit de l'Écriture sainte, où il est rapporté comment le serviteur d'Abraham rencontra Rébecca qui tirait de l'eau pour abreuver les troupeaux de son père, et de quelle sorte, après l'avoir reçu avec beaucoup d'honnêteté, et donné à boire à ses chameaux, il lui fit présent des bracelets et des pendants d'oreille dont son maître l'avait chargé (Félibien, t. IV.)

Voir sur ce même tableau, indépendamment des réflexions de Félibien, la curieuse discussion de Philippe de Champagne et de Lebrun devant l'Académie de peinture, etc., imprimée dans les *Mémoires inédits*, etc., t. Ier, p. 245.) Le neveu de Philippe, Jean-Baptiste de Champagne, exerça également son jugement sur quelques autres tableaux du Poussin, dont il avait reçu les conseils à Rome en 1658.

La grandeur qui caractérise les sujets empruntés aux saintes Écritures a cela de particulier qu'elle n'est pas une grandeur de convention; elle n'a rien de l'éclat des supériorités terrestres, et ne peut atteindre son expression vraie, que par l'effort d'une méditation profonde, appuyée sur un sens judicieux et une connaissance attentive du costume et des mœurs. *Le David* du Guide avec son bonnet surmonté d'une plume, sa nudité couverte d'une peau de mouton et son attitude de danseur, peut être bien dessiné et bien peint, mais il ne présente qu'une image ridicule comparé au David du livre des Rois[1]. On doit reconnaître que ces sortes d'anachronismes du costume et de la pensée ont été très-fréquents parmi les prédécesseurs et même les contemporains du Poussin, et rendre à ce dernier la justice qu'il est toujours resté observateur scrupuleux des convenances de temps, de lieu, de situation[2], etc.

Ce talent n'est pas le seul qu'il ait déployé dans les sujets sacrés; il s'y est élevé à un mérite bien supérieur au mérite, nouveau il est vrai, mais toujours modeste de l'exactitude. Dans la composition de ces tableaux, dans l'expression des personnages,

---

[1] Musée du Louvre, n° 320.
[2] Nous en excepterions volontiers la présence, explicable néanmoins, des dieux des fleuves dans des tableaux dont le sujet n'est pas mythologique; ainsi dans le *Pyrrhus*, dont nous venons de parler, et, ce qui paraît encore plus hors de saison, dans le sujet tout biblique de *Moïse exposé sur le Nil*.

dans les rapports établis entre eux par chaque groupe, et entre les groupes eux-mêmes, le sens pieux du sujet se fait toujours saisir; l'histoire y grandit de la présence de Dieu : le Jéhovah des Juifs se montre partout dans les compositions bibliques, l'esprit du sauveur respire dans tous les tableaux qui ont pour objet des sujets chrétiens. La nuance des deux testaments est admirablement saisie, et exprimée sans efforts. Dans les sujets empruntés à l'ancien, les rois de la terre, les guerriers, les législateurs ont leur place; la puissance de l'homme sur l'homme y est souvent représentée par les attributs qui environnent les royautés mondaines; le chef du peuple hébreu mêle à sa dignité spirituelle de prophète plus d'une des ressources réservées à la puissance terrestre. Tous ces détails sont retracés, gradués, opposés avec une science réfléchie, avec un goût sûr. Dans les sujets empruntés aux évangiles et aux autres livres qui les ont suivis, point de grandeurs humaines, des pauvres, des enfants, des femmes, des vieillards ; partout la nécessité de racheter, par les qualités d'un ordre supérieur, l'obscurité des sujets, la vulgarité des circonstances. Mais combien le Poussin n'y a-t-il pas réussi ! Que ne sont pas devenus sous son pinceau, ces pâtres, ces femmes pécheresses, ces publicains repentants, ces centurions pleins de foi? « Toute la gloire de la fille du roi, dit l'Écriture, émane de son intérieur[1]. »

---

[1] Omnis gloria filiæ regis ab intùs, *Ps.* 44, v. 15.

Dans cet ordre de sujets traités par lui, tout est dans l'expression des sentiments intimes, expression calme, digne, sainte, bienveillante, qui ne consiste pas par conséquent dans de grands mouvements de la figure, et d'autant plus difficile à reproduire que l'état de l'esprit et du cœur y a plus de part que les traits du visage. Un certain prestige de grandeur, même humaine, environne le Moïse frappant le rocher, refermant d'un signe de sa baguette puissante les eaux divisées de la mer Rouge ; le législateur divin apparaît en lui, lorsqu'il descend du Sinaï, et que les tables échappent de ses mains indignées. On voit à l'avance le parti que la peinture pourra tirer de cette grande situation, du sentiment que Moïse dut avoir de la dignité de sa mission, de l'attente qui imposait silence aux peuples devant lui ; mais Jésus-Christ entrant dans Jérusalem, Jésus-Christ pardonnant à la femme adultère, Jésus-Christ errant et pauvre, faisant la Cène avec ses disciples, n'opérant que des actes de la plus grande simplicité, importants seulement par leur caractère moral et l'avenir religieux qui leur est promis, ce sont là des sujets qui demandent, pour être convenablement traités, les ressources du génie alliées à une délicatesse de sentiment et d'expression qui se rencontrent rarement.

Le Poussin s'est élevé à cette supériorité, à laquelle on peut affirmer que bien peu de peintres sont arrivés au même degré. Il est facile de s'en assurer par l'étude de son œuvre comparée aux œuvres des plus grands maîtres. On pourra trouver de plus vastes compositions, plus de solennité mondaine, des attitudes plus grandioses, des expressions plus recherchées, nulle part on ne rencontrera le fait plus fidèlement exprimé à la fois dans sa simplicité, dans sa vérité, et néanmoins dans son idéal. Et cependant, le Poussin a partout conservé son caractère propre, son originalité. Dans ses tableaux représentant les traits de la vie de Moïse, de celle des Patriarches, dans les nombreuses compositions, quelquefois répétées, qui concernent la vie de Jésus-Christ, celle de sa mère, les actes de ses apôtres, il est impossible de ne pas reconnaître un cachet particulier, d'autant plus saillant que, dans ces sujets, la plupart des autres peintres retombent presque toujours dans les données de leurs prédécesseurs.

En résumé, nous pensons que quel qu'ait été le talent déployé par le Poussin dans sa manière de traiter les fables mythologiques, et les faits qu'il emprunta à l'histoire proprement dite, c'est dans les sujets sacrés qu'il a montré toute la hauteur de son génie. Il fut porté sans doute et soutenu par la grandeur de l'objet, il trouva dans l'esprit de la ville de Rome et dans ses pieuses traditions, dans les convictions de ses compatriotes, empressés à l'envi de posséder quelqu'un de ses tableaux, des dispositions favorables, en harmonie avec l'élévation de ses pensées; mais il sut aussi éveiller autour de lui une conception plus grande de la peinture sacrée par les exemples nouveaux qu'il donna et par l'infiltration, que l'on nous pardonne ce mot, d'un génie élevé pour lequel les sentiments religieux étaient la nourriture de l'âme avant d'être l'objet à exprimer par le pinceau. L'habileté peut se montrer indifférente au choix des sujets à retracer, sûre qu'elle est d'atteindre quelque succès; néanmoins elle laisse toujours beaucoup à désirer quand le sens intime et la foi lui manquent. Raphaël, dans l'enivrement de la passion, devait sentir s'altérer en lui la sincérité des convictions chrétiennes, nécessaire pour exprimer dignement les mystères de la religion et les vertus de ses héros; le Poussin méditant sans distraction, au sein d'un intérieur calme et respecté, sur l'esprit des compositions qu'il préférait, ne put manquer d'atteindre un degré de vérité et d'harmonie dans cette vérité, dont le sentiment se communique au spectateur le moins éclairé. Si une vie aussi pure ne conduit pas toujours à d'aussi grands résultats, elle a du moins l'avantage de satisfaire la pensée qu'elle purifie et qu'elle élève; l'art ne saurait se proposer un plus noble but.

La figure de Jésus-Christ occupe dans la peinture moderne la place la plus importante. L'art antique fut la déification de la forme humaine, mais surtout de la forme physique; le christianisme, en unissant l'homme à Dieu, revêt ses traits de l'expression surhumaine que justifie ce lien sacré. Que Jésus-Christ ait été ou non *le plus beau des enfants des hommes*, son ministère ne fut pas un ministère de beauté, mais une mission de supériorité morale et divine. Aussi les artistes tels que Léonard de Vinci, Lesueur et avant eux les peintres des basiliques et des catacombes qui ont le mieux réussi dans la reproduction de son type, en ont demandé le caractère plus à la sainteté de l'expression qu'à la beauté des traits. Ce parti est d'ailleurs en harmonie avec l'humilité du Sauveur qui ne lui permit de se montrer sur la terre sous aucun des dehors résultant d'avantages purement humains. Apollon devait paraître beau, le Christ dut paraître saint.

C'est d'après ces principes que nous dirons quelques mots de la figure de Jésus, telle que nous la voyons dans les tableaux du Poussin. Nulle part elle ne se fait remarquer par une beauté supérieure, partout on y découvre l'expression que commande la circonstance particulière retracée sur la toile: douceur et humilité dans la souffrance [1], charité attentive quand il s'approche des hommes [2], autorité calme et douce quand il parle, quand il ordonne [3], etc., avec quelque chose de recueilli derrière lequel se laisse entrevoir l'éternelle fécondité de son amour. Le peintre a signalé lui-même dans les quelques lignes suivantes un défaut dont il crut devoir se garder dans la représentation de la personne du Christ. Répondant à quelques reproches

---

[1] Voir les compositions qui ont *la Passion* pour objet.
[2] *Les aveugles de Jéricho, la Samaritaine*, etc.
[3] *Le sacrement de l'Ordre, la Pénitence*, etc.

qu'on lui adressait à l'occasion de la figure du Sauveur dans le tableau de saint François Xavier, il dit : « que ceux qui prétendent que le Christ ressemble plutôt à un Jupiter tonnant qu'à un Dieu de miséricorde, doivent être persuadés qu'il ne lui manquera jamais d'industrie pour donner à ses figures des expressions conformes à ce qu'elles doivent représenter; mais qu'il ne peut et ne doit jamais s'imaginer un Christ, en quelque action que ce soit, avec un visage de *torticolis* ou de *père Douillet,* vu qu'étant sur la terre parmi les hommes, il était même difficile de le considérer en face [1]. » Cette réponse est d'autant plus digne d'attention qu'il en maintint la pratique dans la plus sage mesure, et que ce caractère sérieux et viril qu'il a cru devoir conserver au Sauveur, il sut le vivifier de tous les sentiments dont l'Évangile exprime les nuances dans le cœur de l'homme-Dieu.

Paysage. — La peinture du paysage ne fut longtemps qu'un accessoire de la peinture historique. Il fallait représenter le site, le palais, la ville, le temple où se passaient les faits retracés dans la composition, et les artistes se trouvaient ainsi obligés d'étudier tous les aspects sous lesquels peut se peindre la nature. Plus tard les figures prirent quelquefois moins d'importance dans les tableaux, tandis que le site en obtenait davantage ; les spectacles donnés, principalement à Florence, exigèrent

---

[1] *Lettres,* Paris, 24 avril 1642.

des décorations, et cette imitation en grand du paysage et des perspectives fit naître l'idée de peindre des sujets analogues dans des dimensions réduites, en les animant de quelques figures. Avant que des artistes, séduits par ces genres gracieux qui furent bientôt recherchés, s'y fussent voués exclusivement, de grands peintres avaient donné de l'importance au paysage dans leurs compositions. Tels furent Giorgion, le Bassan, Raphaël, les Carraches, l'Albane, Mola, etc. Plus tard, considéré comme genre indépendant, il fut cultivé par les deux Brill, Breughel de Velours, Pœlenbourg, Jacques Fouquières, et beaucoup d'autres encore, principalement en Flandre et en France.

A Venise le Titien avait donné au paysage un accent de mâle grandeur, inconnu avant lui[1]. A Rome le Dominiquin s'était exercé dans cette branche de l'art, en traitant quelques sujets mythologiques, en figures de petite dimension, dans des ensembles où l'importance du site domine le reste[2]. Au milieu des caractères variés que tous ces peintres imprimèrent à leurs œuvres, chacun selon son génie particulier, le Dominiquin est celui que Poussin a le plus imité, mais à notre sens en le surpassant.

Le Poussin avait été souvent mis par les sujets nombreux qu'il a traités, dans la nécessité de com-

---

[1] Voir son œuvre gravée au cabinet des estampes de la Bibliothèque impériale.
[2] Musée du Louvre, n°s 495, 496, 500.

poser des sites en harmonie avec les scènes tirées des livres saints, et celles qu'il avait empruntées à l'histoire ancienne ou aux traditions poétiques des Grecs ; il l'avait toujours fait avec le plus heureux discernement. Ce goût si sûr, ce sentiment si développé du beau le suivirent lorsque, dans quelques moments d'enthousiasme pour le spectacle de la nature; il choisit le paysage comme le but principal et presque unique de ses compositions. Ses tableaux dans ce genre ne sont point nombreux, mais tous portent le cachet de son génie. Une manière de composer grande et simple, malgré la richesse des détails, des lignes toujours heureusement combinées pour l'unité de l'effet, les figures mises avec le reste du tableau dans un rapport vrai, le ton, juste partout, sinon brillant, enfin, cet idéal qui frappe dans les conceptions du Poussin, sans qu'on en puisse toujours saisir le mystère, tout contribue à placer ses œuvres en ce genre au niveau de tous ses autres ouvrages. Son *Diogène* ou *Vallon des environs d'Athènes*, est toujours cité comme un chef-d'œuvre, son *Polyphème* où un artifice de perspective produit un si grand effet, son *Eurydice* sont connus de tous.

Un des caractères de ces sortes de compositions dans l'œuvre du Poussin, c'est l'alliance des grands aspects de la nature avec les monuments élevés par la main de l'homme. Aucun peintre n'est parvenu au même degré à donner cet accent sublime aux beautés naturelles, rehaussant les beautés monumentales. On doit reconnaître néanmoins, surtout quand on compare ces productions du Poussin aux paysages de Claude Lorrain, son contemporain, établi comme lui et non loin de lui à Rome, que dans ses tableaux le premier n'a point toujours atteint cette imitation parfaite de la nature, cette transparence et cette légèreté des cieux, ce vaporeux des fonds, cette observation fidèle des différentes espèces d'arbres, cette mollesse des gazons, cette vérité des eaux, cette chaleur tout aérienne des soleils couchants, qu'on admire dans le Lorrain. Quoique l'exécution du Poussin fût irréprochable, elle était autre, et se proposait un autre but; elle exprime la pensée du peintre, en harmonie avec l'impression qu'il veut produire, mais elle ne saurait suffire aux artistes que leur goût invite à la peinture du paysage. Claude Lorrain et les Flamands sont des paysagistes; le Poussin reste le peintre de la pensée épique, tantôt dans des palais ou des temples, tantôt dans des déserts couverts de rochers, ici dans de brillantes campagnes, là dans des sites pleins de grandeur et de poésie. Qu'on étudie son paysage de *la Peur*, son *Ouragan*, la composition qui représente le corps de Phocion[1] porté sans pompe hors de la ville d'Athènes, on reconnaîtra que ce genre de paysage appartient au Poussin, qu'il est sa création, et que, si la trace en est mar-

[1] Voir dans les *Dialogues des morts de Fénelon*, ceux qu'il suppose entre Parrhasius et Poussin, entre le Poussin et Léonard de Vinci.

quée dans quelques-uns de ses successeurs, Gaspard Dughet, par exemple, et dans l'école française, nul cependant n'est parvenu à le reproduire dans son caractère complet, qu'il a atteint sa plus haute perfection avec le génie qui l'a conçu le premier.

Le Poussin ne paraît pas avoir beaucoup voyagé en Italie, aucune trace de déplacement ne se rencontre dans ses lettres ni dans les mémoires laissés par ses biographes. C'est pour cela que les monuments de Rome font dans la plupart de ses compositions les frais de l'architecture et des fabriques. Mais la variété qu'il a su mettre dans l'emploi de ces éléments en dissimule la commune origine; la manière dont il les allie aux arbres, à la végétation, aux eaux, aux lointains, aux rochers, etc., l'heureuse harmonie dans laquelle ils sont avec la disposition principale du sujet, ne laisse point au spectateur le loisir de rappeler chacun de ses éléments à la source à laquelle il a été emprunté[1]. Tel fut le Poussin dans la peinture du paysage, toujours lui-même malgré la différence du genre, toujours grand, mais de cette grandeur sobre et contenue, qui tout en se manifestant dans une mesure qui excite l'enthousiasme, semble garder plus encore dans le mystère de sa fécondité.

Nous avons parcouru les quatre grands aspects sous lesquels doit être considérée l'œuvre du Poussin. La différence des sujets indiquait suffisam-

---

[1] Voir note Q.

ment la différence des manières dont ils devaient être traités ; nous avons dû ajouter à cette première diversité, que nous pouvons nommer diversité naturelle, celle qui ressort du génie même du peintre. Non-seulement d'autres sujets lui commandaient d'autres compositions, mais, en y introduisant son originalité propre, il accrut encore cette différence, d'abord entre ces quatre genres de tableaux, ensuite entre lui et les autres peintres qui ont traité des sujets analogues. Ses paysages en effet sont caractérisés par des traits qui appartiennent non seulement à ce genre comparé à la peinture historique ou à toute autre, mais qui dépendent en même temps de la manière particulière dont il conçut la mission de l'art devant le spectacle de la nature. C'est pourquoi, s'ils se distinguent de ses compositions historiques, ils se distinguent plus encore des paysages tels que les ont traités les peintres ses prédécesseurs ou ses contemporains.

Quant aux portraits qu'il a laissés, nous en avons suffisamment parlé plus haut à l'occasion du sien [1].

---

[1] P. 223 et suiv.

III

Des éléments de l'art de peindre dans les œuvres du Poussin. — Invention. — Composition. — Expression. — Dessin. — Coloris. — Manière de peindre.

Au-dessus de ces genres divers dans lesquels s'est exercé le Poussin, au-dessus de ces différences nécessairement inhérentes à la différence d'objet, hâtons-nous de reconnaître que des traits généraux dominent son œuvre, comme ils dominaient sa pensée, dans les diverses parties qui constituent la peinture et forment le peintre, quel que soit le genre qu'il ait adopté. Ces traits déterminent par leur réunion le caractère un et propre de l'artiste, et lui assignent sa place parmi ceux qui se sont illustrés dans la même carrière. Ce sont ces facultés les plus générales que nous allons étudier dans le Poussin, en les classant sous les titres suivants : Invention, composition, expression, dessin, coloris et manière de peindre. Nous tâcherons ensuite de résumer les idées de ce maître sur la théorie de la peinture, sur ce que nous pouvons appeler en lui la philosophie de l'art, nous terminerons en examinant quelle a été, quelle est encore son influence sur les écoles qui lui ont succédé, principalement sur l'école française, et sur l'enseignement qui résulte de l'étude de son œuvre.

Invention. — Le choix que font les peintres des sujets qu'ils se proposent de traiter n'est pas toujours libre, et dépend souvent des circonstances qui les environnent, des personnes avec lesquelles ils sont en rapport; ce choix, quand il est indépendant, se trouve étroitement lié aux qualités que le peintre porte dans l'invention, car il témoigne par là de ses prédilections, de ses sentiments habituels et de ses pensées. La situation dans laquelle le Poussin eut toujours soin de se maintenir, lui permit d'exercer une grande influence sur le choix des sujets que ses pinceaux durent représenter. Il arrêta presque toujours ce choix lui-même, et se laissa rarement imposer les préférences et les idées de ceux qui témoignaient le désir d'avoir un tableau de sa main. Le plus souvent, en effet, ses admirateurs crurent, avec raison, ne pouvoir mieux faire que d'abandonner à son génie une décision qui garantissait à l'œuvre demandée la sympathie de l'artiste. Ce bonheur qu'eut le Poussin de ne jamais consacrer son talent à des compositions qui répugnaient à ses goûts, ou seulement le laissaient froid devant son sujet, nous permet de mieux apprécier en lui la faculté de l'invention, puisqu'elle fut aussi libre qu'il le voulut, aussi retenue qu'il le jugea à propos.

M. Quatremère de Quincy, dans sa vie de Ra-

phaël, a défini l'invention de la manière suivante :
« Celui-là seul invente en peinture, qui, réunissant dans ses conceptions la force de la raison à celle de l'imagination, la nouveauté à la justesse des pensées, le charme du sentiment à la profondeur du savoir, fait naître dans l'esprit du spectateur des idées inconnues, dans son âme des affections inéprouvées, et présente à ses yeux des images ou des combinaisons que la nature ne lui aurait jamais offertes. » Nous acceptons cette définition, en faisant toutefois observer qu'un peu d'exagération en signale la fin. La peinture qui offrirait au spectateur des idées absolument inconnues ou des affections tout à fait inéprouvées ne pourrait être comprise ; elle serait infidèle à son principe, si elle s'écartait de la nature au point de présenter des images que celle-ci ne lui aurait jamais offertes.

Sauf cette réserve, et dans les limites que nous venons de tracer, nul peintre, depuis Raphaël, ne se recommande plus que le Poussin par l'invention. La brillante fécondité du premier surpasse sans doute tout ce que l'on a pu louer en ce genre, et explique comment ce grand artiste, pendant sa courte carrière, put suffire aux immenses travaux qui composent son œuvre ; mais cette facilité comporte nécessairement certain défaut de réflexion, certaine négligence même que l'on chercherait en vain sous le pinceau réfléchi du Poussin. Raphaël semble appeler du dehors, et réunir autour de son sujet, tout ce que sa brillante imagination recueille sur son passage, le Poussin fait sortir du sien les circonstances diverses qui en développent l'harmonie; le premier ressemble à l'habile ouvrier qui, par la gracieuse juxtaposition d'éléments divers et heureusement choisis, forme à s'y méprendre l'image de la fleur, de la branche, de la guirlande, le second procède comme la nature qui fait sortir la tige de la racine, le bouton de la tige, la fleur du bouton, sans que rien en puisse provenir d'étranger à cette croissance régulière.

Au commencement du dix-septième siècle, la peinture moderne datait d'assez loin, les produits multipliés de l'art étaient assez nombreux pour qu'un peintre ordinaire trouvât dans ses réminiscences les ressources nécessaires à développer le sujet quelconque proposé par un riche patron à ses faciles pinceaux. Une telle œuvre, sortie des traditions de l'école de Raphaël ou de celle des Carraches, pouvait même avoir un mérite réel, et se concilier les suffrages d'amis éclairés, mais peu profonds dans l'appréciation des produits des arts. Néanmoins de là au cachet d'un maître il y a loin, et le Poussin fut ce maître pendant la plus longue moitié du dix-septième siècle. Personne en effet n'avait su jusque-là, mieux que lui, unir à une riche imagination la force d'une raison qui sût la maintenir dans de justes bornes, allier à la justesse réfléchie l'originalité spontanée de la pensée, faire naître des sentiments variés et vrais par des spectacles profondément conçus et savamment enchaînés. S'il n'a pas, par ce langage de l'art, exprimé des idées inconnues, c'est qu'une idée inconnue paraissait à son bon sens bien difficile à faire pénétrer dans l'intelligence de tous; s'il n'a pas fait naître des affections inéprouvées, c'est que l'amour maternel, la piété filiale, le pieux enthousiasme, le dévouement au devoir, à l'amitié, à la patrie qui sont en général les objets que l'art se propose de retracer, sont heureusement pour l'homme des sentiments connus, qui s'éveillent dans les cœurs devant une composition, de quelque genre qu'elle soit, lorsqu'elle est digne de les exciter. Tels sont les résultats toujours atteints par les compositions du Poussin, grâce à l'heureux ensemble qui unit en elles toutes les grandes qualités de la peinture. Nous devons reconnaître, en ce qui concerne l'invention, qu'il en possède à un très-haut degré les deux conditions fondamentales, la richesse de l'imagination, et l'accord de ses créations avec les convenances du sujet.

Composition. — L'invention fournit les éléments de la composition; en même temps elle en annonce l'esprit et le caractère. La composition rapproche ces diverses parties, pour en former l'expression totale du sujet. Sa loi première est l'unité, d'où procède l'effet harmonieux de l'ensemble; ses conditions sont le lien et la subordination des groupes, la correspondance des expressions, la juste pondération des parties, l'heureuse combinaison des lignes. On peut dire qu'avant Raphaël l'art de la composition était peu connu, quoique déjà Giotto, Orcagna, Masaccio en eussent donné de remarquables exemples. Des figures juxtaposées présentaient çà et là quelques expressions individuelles qui faisaient honneur à l'inspiration et à la science du peintre, mais peu de rapports, et encore les plus individuels, les plus timides, les moins compliqués. Avant lui, l'unité ne se faisait que peu sentir dans les tableaux; elle ne s'y apercevait guère plus que dans les mystères du moyen âge, longtemps avant les poëtes dramatiques du siècle de Louis XIV. Raphaël conçut dès l'abord, comme par un merveilleux instinct, les lois de la composition, et en éleva l'application à un degré que personne n'a franchi depuis. Le Parnasse, la Vision d'Ézéchiel, la Dispute du saint Sacrement, l'École d'Athènes n'ont jamais été surpassés.

Nous avons vu, au commencement de cette biographie, que le Poussin relève de Raphaël, de son aveu même, que c'est aux gravures de Marc-Antoine étudiées au Louvre, chez le géomètre Courtois, qu'il dut l'impulsion donnée à son talent. L'esprit des compositions de Raphaël s'aperçoit visiblement dans les siennes, mais de plus en plus libre, et développant son originalité au sein même de l'imitation. S'il n'a pas toujours la richesse de son modèle, ni cette sorte de profusion du peintre d'Urbin, il le surpasse souvent par la réflexion. Le Poussin avait coutume de dire qu'une demi-figure suffit à gâter un tableau; il est resté, dans ses compositions même les plus riches, l'homme de ce principe; c'est surtout cette sobriété qui le distingue de Raphaël auquel la richesse de son imagination ne permet pas toujours de s'arrêter dans de justes limites. Raphaël se montre partout le fils d'une nature généreuse, quelquefois même trop féconde, le Poussin parvient à la perfection que comporte sa nature d'élite, mais il lui faut la réflexion et le travail; rarement, il est vrai, manque-t-il son but, mais, s'il laisse quelquefois entrevoir le calcul, l'effet obtenu couvre l'effort, et n'en conserve que l'énergie : nous pourrions montrer plusieurs compositions où il est, dans le même sujet, supérieur à Raphaël [1].

M. Quatremère s'exprime ainsi qu'il suit sur les qualités déployées par Raphaël dans la composition de ses tableaux : « Aucun peintre n'a eu, au même degré, le talent particulier de faire voir chaque sujet dans son point de vue le plus élevé, d'y faire intervenir les personnages, de manière à ce qu'aucun n'y soit sans raison, et de donner à chacun une action qui ne paraisse point un rôle joué, des attitudes et une expression tellement justes, et dans un intérêt si nécessaire, si bien lié à l'intérêt de la scène et qui en complète si bien l'intelligence, qu'on ne sait ni ce qu'il serait possible d'y supprimer, ni ce que l'on pourrait y ajouter [2]. »

---

[1] Voyez page 160 la comparaison entre *Le sacrement de l'Ordre* de la deuxième collection et le même sujet traité dans un carton de Raphaël.

[2] *Vie de Raphaël*, p. 417.

Nous avons la confiance que ceux qui examineront avec une attention impartiale l'œuvre du Poussin et celle de Raphaël, reconnaîtront dans l'énumération de ces qualités, plus encore les qualités du premier que celles du second. Non qu'il soit dans notre pensée d'oublier la perfection de Raphaël au profit d'un artiste dont nous retraçons l'histoire, et dont nous avons plus particulièrement étudié les ouvrages; mais parce que le Poussin, génie d'ordre avant tout, de convenance et de mesure, admirateur laborieux de Raphaël auquel il ne préféra jamais que l'antique, put par cela même reconnaître dans son modèle quelques parties moins complètes, et s'étudier à combler ces rares lacunes. Pendant le laps de temps qui s'était écoulé entre les époques où vécurent ces deux peintres, l'art de la composition avait été discuté, pratiqué dans de grandes écoles, par de grands peintres; on n'avait point surpassé Raphaël, il est vrai, mais on en avait analysé le génie, on avait posé des règles en partie empruntées à ses chefs-d'œuvre, en partie dues à des expériences, à des réflexions nouvelles : serait-il surprenant qu'un esprit de la trempe du Poussin, guidé par l'exemple du peintre d'Urbin, fortifié de ses réflexions propres et de la comparaison d'un plus grand nombre de maîtres, se fût montré plus judicieux encore et plus profond, tout en gardant l'empreinte des premières impressions; qu'il l'eût enfin emporté par une ordonnance plus savante, tandis que la supériorité resterait encore à Raphaël dans la variété, la grâce, le mouvement, et un charme qu'il serait impossible de définir?

Tel nous voyons le Poussin dans la composition de ses tableaux. La facilité irréfléchie de Vouet compromettait déjà la peinture et l'entraînait dans des voies où le sens élevé de l'art se fût bientôt perdu; le goût sévère du Poussin devint comme la lumière qui éclaira le berceau de la nouvelle école française représentée à Rome par Lebrun et d'autres jeunes peintres, en France par Lesueur et Philippe de Champagne.

Expression. — L'expression est le champ le plus vaste où s'exerce la peinture; là où l'invention et la composition n'ont point, ou n'ont que peu de place, dans le portrait, par exemple, la nécessité de l'expression se fait sentir avant tout. Quoiqu'il soit vrai de dire que l'attitude des figures, le mouvement des draperies, et jusqu'à la disposition des objets inanimés ont leur expression, néanmoins l'expression appartient avant tout à la figure humaine. L'art de la peinture a pour objet général, et pour moyen principal d'atteindre son but, l'imitation de la forme par le dessin et la couleur. Or la plus fidèle et la plus haute expression de l'homme est dans les traits du visage. Aussi voyons-nous dans l'enfance de l'art, à une époque même où il a déjà acquis une certaine expérience, que les tableaux ne sont guère que des collections de portraits, que les corps y sont disproportionnés, les extrémités très-imparfaitement dessinées, que tout enfin y est sacrifié à la tête, et que la préoccupation exclusive de reproduire l'expression du visage a fait négliger l'étude du reste. Cette disposition explique pourquoi le plus souvent, avant Raphaël, toutes les têtes expriment le recueillement pieux, la soumission religieuse, le sentiment du repentir, etc. Aucune idée, si ce n'est l'idée religieuse, n'a de généralité au moyen âge, et il faut arriver jusqu'à la Renaissance pour que d'autres pensées entrent dans le domaine des sentiments généraux et des affections nationales [1].

Déjà même avant Raphaël, l'expression des têtes s'était quelquefois rencontrée avec un dessin plus correct et plus régulier des corps; ce progrès fut dû surtout à l'école de Florence; il fournit les moyens de faire valoir les expressions des figures les unes par les autres; mais il faut reconnaître que c'est surtout dans les œuvres du peintre d'Urbin que commencent d'une manière décisive les rapports calculés de ces types variés qui donnent à la composition le caractère dramatique dont l'effet charme, instruit et retient le spectateur. Nous avons déjà fait remarquer que le Poussin se rattache, dans toutes les parties de la peinture, à Raphaël et à l'antique, mais l'antique n'a pu lui fournir que des types individuels, ou tout au plus quelques groupes [2]. C'est

---

[1] Ces circonstances expliquent le nom de Paganisme appliqué à la peinture de Raphaël par les admirateurs systématiques de l'art au moyen âge.

[2] Le palais Doria à Rome possède une copie de la *Noce Aldobrandine* exécutée par le Poussin, mais ce tableau était le seul

principalement à cette dernière source qu'il a puisé l'expression contenue des sentiments, des joies et des douleurs humaines, par laquelle l'antiquité sut si bien retracer toutes les émotions de l'âme, en respectant néanmoins la dignité de la figure de l'homme et la noblesse de ses mouvements. Mais c'est dans l'étude de Raphaël qu'il apprit à combiner ces éléments de toute expression pittoresque appropriée soit à l'histoire des dieux et des héros, soit au spectacle de la nature, ou rappelant à la vénération des peuples les saintes annales de la religion, et les traits sublimes qui marquent l'accomplissement des mystères sacrés.

Le Poussin aime à rappeler lui-même la supériorité des anciens, et les perfections de Raphaël[1] ; il

exemple de peinture antique alors connu, et ne pouvait fournir à l'étude des expressions mises en rapport entre elles qu'un sujet fort restreint. On croit aussi que le Poussin s'est quelquefois inspiré des figures du Térence du Vatican. Cette observation n'est pas sans vérité. Elle ne peut néanmoins avoir pour objet que ses compositions dans le genre dramatique un peu familier, par exemple *la Femme adultère*. L'antique et Raphaël restent les inspirateurs du reste.

[1] V. *Lettres, passim.* Il serait intéressant de connaître le jugement du Poussin sur Michel-Ange, mais aucun document ne nous met sur la trace. Il est difficile de croire qu'il n'en appréciât pas les grandes qualités, il l'est également de penser que la sévérité de son goût ne trouvât rien à reprendre dans la hardiesse de ses conceptions. M. de Chambray, dans son ouvrage de *l'Idée de la perfection de la peinture*, juge avec rigueur le tableau du *Jugement dernier*. Poussin paraît, par sa correspondance, approuver ce livre sans restriction. Devons-nous en conclure qu'il porte le même jugement sur cette grande et fougueuse composition? La conclusion nous paraîtrait hasardée.

s'empresse de proclamer son infériorité. Confirmerons-nous l'arrêt de sa modestie? Non! et, sans le placer au-dessus de l'homme qu'il reconnaît pour son maître, nous ne pouvons oublier les qualités qui lui sont propres, celles par lesquelles il a porté l'expression au plus haut degré de vérité. Sa vie recueillie lui rendait familière et de tous les instants l'étude des émotions de l'âme, des pensées, des sentiments reproduits par le jeu de la physionomie et par les mouvements du corps. Raphaël, entraîné par l'amour, par la richesse et par la gloire, ne pouvait concentrer sa vie dans cette application innée du Poussin; ses facultés y avaient suppléé, mais dans le jet facile de son inspiration, on ne pouvait rencontrer la profondeur et la juste mesure de son admirateur; plus d'élégance, plus de mouvement, plus de beauté même, mais moins de cette précision, de cet à-propos, de cet accent dramatique dont s'animent les scènes sorties du pinceau du peintre des Andelys. Que l'on examine la composition qui retrace le miracle de la vue rendue aux aveugles de Jéricho, le tableau où sont représentés la femme adultère, et Jésus-Christ écrivant sur le sable: quelle variété significative dans les têtes, dans les attitudes! quelles habiles oppositions, quelles passions diverses, selon la diversité des acteurs! Que dire de l'accent triste et sublime dans sa simplicité du Testament d'Eudamidas? du caractère divin de l'Ordre et de l'Eucharistie? Comment méconnaître la joie printanière empreinte sur toutes les physionomies dans le triomphe de Flore? les souffrances des Israélites recevant du ciel la manne qui doit les sauver de la faim? l'accablement et le dégoût dans les victimes de la peste d'Azot et dans ceux qui les assistent? le désespoir des mères dans les Sabines et dans le Massacre des Innocents? Il serait trop long d'analyser ici cet ensemble fécond d'études judicieuses, et par suite de rapports bien entendus, d'expressions vraies. Résumons donc les qualités du Poussin dans cette partie de la peinture en disant : à la profondeur de l'expression dans ses figures le Poussin a réuni la clarté, à l'idéal la vérité ; il eut la science rare de les faire valoir les unes par les autres, soigneux d'exclure jusqu'aux accessoires qui diviseraient l'attention du spectateur et obscurciraient la pensée du peintre. Tous ses tableaux semblent des scènes prises sur le fait, et arrêtées par le pinceau au moment le plus expressif.

La peinture s'est exercée sur de plus grandes toiles, elle a, souvent avec succès, couvert de figures de vastes pans de murailles; dans ces magnifiques ensembles, on peut admirer çà et là quelque expression sublime, quelques groupes hardis, quelques oppositions frappantes, le reste échappe le plus souvent à l'attention du spectateur. Qu'on nous permette de rappeler ici l'opinion que nous avons exprimée plus haut [1], savoir que le peintre, pour atteindre

---

[1] Page 105.

la perfection de la composition et de l'expression, est plus sûr de lui-même quand il opère sur une toile d'une médiocre étendue, comme l'ont démontré le Poussin, dans toute son œuvre, Le Sueur, dans l'histoire de saint Bruno, etc.

En attribuant ce choix du peintre normand au besoin de préciser son sujet, de l'embrasser dans ses moindres détails, d'un coup d'œil et d'une seule vue, nous reconnaissons que les besoins de ses contemporains répondaient à cette disposition de son génie, mais qu'il ne fut point exclusif. Il écrit en effet à M. de Chantelou, à la date du 29 août 1655 : « Pour ce qui touche la Vierge en grand que madame de Montmort voudrait que je lui fisse au lieu d'une petite, il me semble qu'en changeant d'avis elle ne choisit pas plus mal, *les choses représentées de grandeur naturelle saisissant davantage la vue*[1]. »

Quant aux nécessités, en quelque sorte matérielles du temps, elles sont judicieusement appréciées dans le passage que nous allons citer d'un écrivain contemporain : « Si l'on réfléchit à la nature des conceptions du Poussin, si l'on se représente les habitudes d'esprit et de corps des spectateurs pour lesquels elles étaient préparées, et enfin si l'on tient compte de la disposition et de l'exiguïté des lieux où ces peintures devaient être exposées, on doit facilement comprendre comment l'artiste qui s'était imposé la loi de satisfaire à toutes ces condi-

---

[1] *Lettres.*

tions dut aussi se créer un système de représentation en harmonie avec elles.

« Cette importante modification dans l'art de la peinture, consacrée heureusement par les nombreux et excellents ouvrages de l'homme qui l'a introduite, a conservé toute son influence depuis deux siècles, et elle s'exerce même encore aujourd'hui[1]. »

Dessin. — Nous avons raconté, dans le cours de cette biographie, les habiles et persévérants efforts du Poussin, pour arriver à la connaissance parfaite de la structure du corps humain, de sa forme à tous les âges dans les deux sexes, de ses divers aspects, du jeu des membres et de la perspective des raccourcis. Étude de l'anatomie, de l'optique, dessin d'après l'antique et d'après le nu, pratique de l'imitation en relief par le modelage, soit des formes vivantes, soit des meilleures statues, mesure savante, concertée avec le Flamand et l'Algarde des chefs-d'œuvre de l'art grec et plus particulièrement de l'Antinoüs[2], tels furent les travaux par lesquels le Poussin se mûrit dans l'exercice de la peinture. De là ces principes des mouvements retrouvés et approfondis, et auxquels il ne s'est jamais montré infidèle. Si l'on ajoute à cet ensemble d'études dirigées sur le même point, un esprit d'observation de tous les moments qui ne l'abandonna jamais, pas même dans la vieillesse, l'on aura certai-

[1] *Plutarque français*, Nicolas Poussin, par E.-J. Delécluze. Voir pour les développements la note R.

[2] Voir note L.

nement l'initiation la plus savante et la plus consciencieuse à la connaissance du dessin, que jamais homme ait poursuivie.

Quelles furent les qualités que développa ce concert d'efforts? Par quelle supériorité propre le dessin se distingue-t-il dans les productions du Poussin? Nous allons tâcher de le faire comprendre par comparaison. L'exactitude à reproduire les formes humaines est, avant tout, le caractère imprimé par notre peintre à son dessin. Raphaël, en général plus élégant, plus grandiose, mais moins correct, sacrifie volontiers à la grâce, à la beauté la stricte rigueur des proportions ; quelquefois même il oublie pour elles jusqu'à la possibilité des mouvements. Michel-Ange dessine avec une sorte d'enthousiasme anatomique; il est plus savant que ses contemporains dans la connaissance des muscles, dans le sentiment des attitudes fortes ou violentes; mais sa science n'est pas encore complète, et plusieurs de ses poses sont forcées jusqu'à l'impossible. Il a d'ailleurs peu étudié les ondulations des chairs qui recouvrent le système musculaire, et les moyens par lesquels la nature a donné l'aisance et la douceur à nos articulations. Aussi a-t-il peu réussi dans les enfants et dans les femmes, et d'ailleurs s'est-il rarement aventuré à les peindre. Le Poussin a donné dans ses études place à tous les types. Nous avons noté en particulier l'attention scrupuleuse qu'il avait portée sur les formes des enfants. Il en résulte que, dans les tableaux nombreux où il en a introduit, on est frappé de la grâce inimitable qu'il leur a donnée, de l'aisance de leurs mouvements. Sur les traces de l'antique, de Raphaël et du Titien, il a su maintenir ces formes dans une juste mesure, aussi loin de celles d'une adolescence qui commence à poindre, que de ces membres mous et empâtés contraires aux sveltes proportions, et aux mouvements faciles attribués, par nos conceptions idéales, à ces agiles serviteurs de Jéhova ou de Vénus.

Le dessin du Poussin, sans sortir de l'exactitude, a su donner aux femmes beaucoup d'élégance et de noblesse. Nous parlons ici surtout de celles qui entrent dans ses compositions mythologiques, ainsi que dans les compositions d'un autre genre, où elles laissent apercevoir, sous le costume antique, plus de parties nues que dans les sujets ordinaires fournis par l'histoire. Les femmes du Poussin restent élégantes sans exagération de leurs proportions en longueur, gracieuses sans excès dans la rondeur des membres et dans la morbidesse des chairs. Dans les femmes vêtues et drapées, la forme intérieure ne cesse pas de se faire sentir par l'influence qu'elle exerce sur les inflexions des draperies. Dans tout ce qui tient à l'antique, le costume est fidèlement imité des statues et des bas-reliefs dont le Poussin avait fait une étude attentive; dans l'histoire sacrée ou profane, où l'ampleur du vêtement romain remplace les lestes dispositions du vêtement grec, le dessin des draperies est d'un grand style, toujours motivé dans les plis par les attitudes ou les mouvements du corps; rien n'y est donné au hasard, rien n'y est accordé aux nécessités de la fantaisie ou de la couleur.

Quoiqu'il se trouve dans les compositions du Poussin de nombreuses figures d'hommes, remarquables par la force, par la noblesse des poses, par la grâce virile des mouvements, il faut reconnaître, qu'en général ses figures d'hommes sont un peu courtes, plus exactes qu'élégantes dans leurs proportions. Cela est surtout sensible dans celles d'hommes faits; celles des jeunes gens, principalement dans les sujets antiques, ne manquent ni de l'élégance, ni de la gracieuse souplesse de leur âge. Les jeunes Bacchus, les Apollons, les Adonis dans les compositions mythologiques, les défenseurs de Pyrrhus, quelques Romains de l'enlèvement des Sabines, les Philistins d'Azot, les Hébreux du passage de la mer Rouge, les lieutenants de Germanicus, dans les compositions historiques, offrent des types où la science scrupuleuse du dessin s'allie sans efforts avec les exigences de l'art. Il n'en est pas tout à fait de même de l'âge mûr. Dans les figures de cet ordre, la nature se prête moins à l'idéal. Ce reproche s'adresse en particulier à celles du Christ qui n'ont pas toujours le galbe qui semble leur appartenir.

Dans ces figures d'hommes, le dessin des draperies est toujours d'un très-beau choix, noble à la fois et exact, sans exagération comme sans mesquinerie. On peut citer la draperie du Christ dans le sacrement de *l'Ordre,* celle de quelques apôtres dans *l'Eucharistie,* de Moïse dans *la Manne* et dans le *Frappement du rocher.* Quelquefois, mais rarement, on peut leur reprocher d'être trop amples et un peu lourdes.

En résumé, si Raphaël et Michel Ange ont montré ce qu'on appelle un plus grand dessin, ils n'ont jamais dessiné aussi correctement que le Poussin. Cette habitude d'application ôta peut-être à celui-ci une certaine aisance, une certaine souplesse; mais, malgré cela, la grâce et la noblesse se rencontrent souvent à un haut degré dans ses figures. Elles y sont, il est vrai, sans cesse maintenues par la parfaite connaissance des formes; le Poussin ne pouvait la sacrifier aussi facilement que des peintres, dont les études moins approfondies retenaient plus faiblement la hardiesse.

Couleur et effet. — Nous savons d'une manière certaine qu'au commencement de son premier séjour à Rome, le Poussin s'appliqua à l'étude de la couleur d'après les tableaux du Titien [1]; mais la séduction même de cette étude lui inspira la résolution de modérer sur ce point son ardeur. Il lui parut que l'entraînement vers la couleur avait le double in-

---

[1] « Le tableau représentant Jupiter, qui, sous la ressemblance de Diane, séduit Calisto est colorié dans la manière du Titien. Il a été acheté à Rome en 1752, et apporté à Paris. Les teintes sont d'une fraîcheur admirable, mais généralement plus égales que celles du Titien qu'il imitait alors. Jacques Fray l'a gravé à Rome, et J. Daullé à Paris. » (*Éloge du Poussin,* par Guibal, en note, p. 54. Paris, 1783.)

convénient de faire négliger au peintre d'autres parties de l'art plus essentielles, et d'éloigner le spectateur, par un charme secondaire, de l'attention que réclament la composition, le dessin et l'expression. Le Poussin n'est donc point coloriste, mais il ne faut pas en conclure qu'il a négligé la couleur au point de blesser l'œil du spectateur, et qu'il a compromis ses œuvres par l'excès contraire à celui qu'il remarquait dans le Titien. Il n'est pas toujours facile aujourd'hui de bien apprécier la couleur du Poussin ; le parti qu'il avait adopté de peindre sur des toiles rouges a modifié celle de plus d'une de ses meilleures compositions. L'impression rouge a repoussé et altéré les tons que les savants calculs du peintre avaient su associer dans une heureuse harmonie.

Malgré ces fâcheuses altérations, il est facile de voir que l'emploi judicieux de la couleur ne fut point étranger au Poussin. Si elle ne constitue pas un des caractères saillants de ses tableaux, comme dans les peintres coloristes, elle est suffisante, convenable, harmonieuse, surtout discrète; les oppositions sont heureusement calculées, les nuances diverses savamment observées. Dans les réflexions qu'ils développèrent sur plusieurs tableaux de ce maître, le *Ravissement de saint Paul*, la *Rebecca*, la *Manne dans le désert*, etc., les membres de l'Académie de peinture, Nocret, Philippe de Champagne, Séb. Bourdon rendirent toujours, avec l'assentiment de leurs collègues, la plus éclatante justice au coloris, à sa juste proportion, à l'art de mettre en rapport vrai l'ombre et le clair-obscur; ils approuvèrent toujours la disposition générale de l'effet, et exposèrent souvent les raisons profondes qui avaient dû déterminer le choix de l'artiste [1]. Dans les paysages en particulier, le ton est toujours d'une grande justesse, et les plans fidèlement subordonnés les uns aux autres par la dégradation et l'opposition des nuances.

Telle était dans le sentiment du Poussin la mission de la couleur : elle devait contribuer à l'effet de la composition, non pas être à elle seule cet effet lui-même. C'est l'ensemble que notre peintre veut atteindre, c'est l'effet total par lequel il veut frapper. Cet effet ne saurait être ce qu'il doit être, qu'autant que chacun des éléments qui contribuent à le produire a toute son importance, et n'a que son importance. La grandeur du Poussin est dans l'expression fortifiée de la composition et de l'effet ; il suffit que la couleur reproduise avec fidélité la nature, sans en exagérer la chaleur et l'éclat. C'est cette mesure, si sage à la fois et si puissante, qui donne tant d'attrait aux gravures qui ont reproduit ses œuvres nombreuses.

Le Poussin, homme de l'harmonie et de l'unité,

---

[1] Voir sur la couleur du Poussin les dissertations déjà citées sur le tableau de *la Manne*, de Félibien, t. IV. — de Philippe de Champagne sur *Rebecca*, dans les *Mémoires inédits de l'Académie de peinture*, t. Ier, et dans le même volume, de Nocret, *sur le Ravissement de saint Paul*.

a rarement abordé les grands effets de lumière ou d'obscurité, soit de la lumière naturelle, soit de la lumière factice; néanmoins, il l'a fait heureusement dans plusieurs des tableaux de la passion de Jésus-Christ, dans la Cène peinte pour la chapelle de Saint-Germain-en-Laye, dans le paysage où il a représenté un orage et un coup de vent, dans le Déluge, etc.

Cette juste mesure conservée dans la force du coloris, fut chez lui le fruit d'une résolution réfléchie. Nous en avons la confirmation dans la réflexion suivante, « que l'application singulière à étudier le coloris est un obstacle qui empêche de parvenir au véritable but de la peinture, et que celui qui s'attache au principal, acquiert par la pratique une assez belle manière de peindre. » Cette réflexion du Poussin qui nous a été transmise par Reynolds[1], est empruntée par lui aux conférences de l'Académie, où se trouvaient encore à cette époque des artistes qui l'avaient fréquenté.

Manière de peindre. — A l'époque où le Poussin exerça l'art de la peinture, la pratique en était connue, et si les diverses écoles avaient leur méthode et leurs procédés, les différences ne constituaient plus un progrès qui fît passer l'art d'un état inférieur à un état plus avancé. Le Poussin put adopter une manière de peindre au commencement de sa carrière et la modifier plus tard, mais il n'y

---

[1] Tome Ier, p. 183, *Cinquième discours*.

eut jamais, entre ces deux moments de son talent, une différence aussi grande que celle qui marqua le passage de la manière du Pérugin à la peinture telle que Raphaël, après son maître, en fixa par son génie le caractère et la portée. Nous n'avons point remarqué, quant à nous, cette sécheresse reprochée par quelques artistes, et en particulier par le peintre anglais Reynolds, aux premières productions du Poussin. Sans doute, pendant la durée d'une vie aussi occupée et aussi longue, l'exécution dut devenir pour lui plus sûre, plus facile et plus simple; mais ces qualités précieuses ne furent que le développement de ce qui était déjà, et s'il y a progrès, il n'y a guère lieu d'admettre deux manières suffisamment diverses pour mériter ce titre. On reconnaîtra donc seulement que la pensée du Poussin, mûrie avec le temps, a modifié sa manière de peindre, et que ses tableaux les plus médités sont en même temps ceux dont l'exécution est la plus ferme et la plus liée dans toutes ses parties.

Le Poussin réfléchissait beaucoup à son sujet avant de prendre ses pinceaux. On a conservé de lui sur des compositions, même d'un ordre secondaire, des esquisses qui font passer par les phases successives de sa conception. Une fois la composition arrêtée, il ébauchait *nettement*, comme il l'écrit à M. de Chantelou, à l'occasion du Sacrement de l'Extrême-onction [1], laissait sécher ensuite et ne se mettait à finir que quand cette opération était terminée.

---

[1] *Lettres*, 14 mai 1644.

DEUXIÈME PARTIE.

On croit néanmoins qu'il a peint souvent au premier coup. Il n'en consacrait pas moins le temps nécessaire pour obtenir la perfection qu'il désirait, et ne cédait à aucune précipitation qui eût pu compromettre son œuvre. « Il me semble, dit-il, que j'ai fait beaucoup quand j'ai terminé une tête en un jour, pourvu qu'elle fasse son effet[1]. » Des toiles inachevées donnent la certitude de ce procédé ; nous tenons ce renseignement d'artistes qui ont vu ces toiles.

Rien ne frappe dans ses tableaux en ce qui concerne la pratique ; tout est ce qu'il doit être, ni plus ni moins ; le spectateur ne se sent ni séduit par la facilité entraînante du pinceau[2], ni distrait par l'effort laborieux de la brosse. L'exécution du Poussin est sévère sans affectation, consciencieuse comme sa pensée, expérimentée et libre ; elle se cache en quelque sorte pour ne laisser place qu'à l'expression totale, à l'effet de l'ensemble, elle est discrète comme nous avons pu déjà l'affirmer de sa couleur.

---

[1] *Lettres*, 20 août 1645.
[2] Ses premiers tableaux portent l'empreinte d'une facilité qu'il modifia plus tard et qu'il avait acquise en peignant à la détrempe. — Voir, pour les moyens qu'il employait, le passage de Bellori, note S. — Cet écrivain dit encore que le Poussin eût été un grand statuaire s'il eût su tailler le marbre. Il le vit plusieurs fois travailler dans les ateliers de sculpture et y faire en terre des modèles grands comme nature, qui furent depuis exécutés en marbre. Il en donne pour exemple les Termes destinés au surintendant Fouquet et qui sont maintenant dans les jardins de Versailles ; il les regarde comme du nombre des meilleures statues modernes qui sont en France. Voir ci-dessus, p. 212.

IV

Conclusion. — Philosophie de la peinture. — Le Poussin comparé aux autres maîtres. — École du Poussin.

Philosophie de la peinture. — Le Poussin comparé aux autres maîtres. — Tous les peintres n'ont pas eu la même idée de l'objet de la peinture, et ces idées diverses ont constitué pour chacun d'eux le fonds philosophique de l'art tel qu'ils l'ont cultivé. Raphaël voulut atteindre un but moins restreint que le but que se proposait le Pérugin ; il ouvrit à la peinture un champ plus large, y renferma une diversité plus grande. Michel-Ange dédaigna les expressions douces et tendres, leur préféra l'accent terrible des grandes conceptions, et ne vit dans la fresque qu'un auxiliaire de l'architecture, qu'un moyen de décorations toujours grandes, quelquefois même gigantesques. Rubens a brillé par la vie et la couleur, il a cherché à étonner, à charmer les regards plus qu'à exciter et à satisfaire la pensée. Les autres maîtres que nous pourrions citer se sont proposé dans leurs œuvres un but analogue aux facultés qu'ils trouvaient à cultiver en eux.

Le Poussin est avant tout le peintre de la réflexion ; tout sujet une fois choisi devenait pour lui l'objet d'une étude attentive, longue quand il le fallait, autour de laquelle il groupait tous les renseignements, toutes les observations, toutes les ressources que l'art comporte. Il voulut toujours que l'ensemble et le résultat de son œuvre exprimassent la totalité vivante et harmonieuse du sujet, sans jamais consentir à y substituer la séduction des épisodes ou l'éclat des accessoires. Nous croyons pouvoir le dire avec assurance, aucun peintre n'a eu de son art une idée plus haute et plus juste.

Quand nous faisons intervenir ici l'idée de philosophie, c'est surtout le Poussin qui nous paraît mériter par son caractère que nous l'appliquions à sa manière de concevoir l'art. On dirait avec moins de propriété la philosophie de la peinture lorsqu'il serait question de Michel-Ange, de Raphaël et de Rubens. La grâce et l'élégance du second, la fougue et l'éclat des deux autres arrêtent les regards du spectateur à la surface de la toile, et ne sollicitent pas sa pensée de pénétrer plus avant. Il n'en est pas de même du Poussin. Qu'on lise clairement son idée, qu'on la soupçonne seulement, ou qu'on la perçoive d'une manière imparfaite, quelque chose dans ses compositions avertit qu'il faut s'arrêter et réfléchir. De sorte que, s'il nous faut définir, dans sa qualité fondamentale, le génie de ce grand artiste, nous le placerons au sein même du principe le plus élevé de la composition, et nous proclamerons son œuvre l'expression la plus immédiate de la philosophie de la peinture.

Toute autre comparaison du Poussin et des grands noms qui partagent avec lui la gloire de l'art qu'il a cultivé, serait difficile parce qu'elle ne présenterait pas assez de points de contact. Leur but n'est pas le même, et la grandeur de leurs qualités exclusives n'admet que peu de rapprochements avec la méditation savante et la vérité réfléchie de ses compositions. Sa place est grande, mais elle est grande surtout aux yeux de la critique sérieuse, et non préoccupée de systèmes, qui, sans s'arrêter aux séductions de quelques qualités brillantes, va droit au fond des choses, et demande à la peinture qu'elle soit comme la parole, comme la musique, comme l'architecture, etc, l'expression de l'homme dans ce qu'il a d'éternel et de divin.

École du Poussin. — Le Poussin n'a jamais ouvert d'école à ceux qui se livraient à l'étude de la peinture. Il paraît même que la facilité de le voir dans son intimité fut toujours réservée à un petit nombre ; quelques jeunes peintres purent seuls recevoir ses conseils de tous les jours. Ses véritables élèves furent les deux Dughet, ses beaux-frères, Jean qui devint graveur, et Gaspard, qui, sous le nom du Guaspre, a laissé à la postérité des paysages dignes des exemples et des conseils du Poussin. Le silence dont il aimait à entourer ses méditations et sa vie explique les entraves qui se mettaient d'elles-mêmes à l'empressement de ses contemporains, sans altérer l'idée que nous devons conserver de la bienveillance de son caractère. Il renonça néanmoins à cette réserve en faveur de Lebrun, de Pierre Letellier, allié à sa famille, de Jean-Baptiste Champagne, etc., d'Antoine Bouzonnet, neveu de Stella par sa sœur, et qui prit plus tard le nom de son oncle. Antoine, après la mort de Stella en 1657, alla passer cinq ans à Rome à commencer de l'année suivante. Il y fut reçu par le Poussin avec l'affection que celui-ci portait à son oncle; sa maison lui fut toujours ouverte, et le grand peintre témoigna le désir que Bouzonnet se logeât près de lui. Une autre sœur de Stella, en se félicitant de cette faveur pour son neveu, fait dans un mémoire particulier la réflexion que le Poussin l'accordait rarement. « Bouzonnet, dit l'historiographe de l'Académie de peinture, ménagea son temps avec prudence, et l'employa à se former à l'art du dessin et à se remplir l'imagination de toutes les belles idées que lui pouvaient inspirer la vue de tant de belles choses, et *les excellents conseils de M. Poussin* [1]. »

Il suit de là que, lorsque l'on emploie l'expression d'école du Poussin, ou que l'on considère ce grand artiste comme le chef de l'école française, on fait avant tout allusion à l'influence exercée sur les contemporains et sur la postérité par ses conseils, par ses exemples, par les traditions qu'il a laissées. Poussin peut sans doute être classé parmi les pein-

---

[1] *Mémoires inédits*, p. 423 et 424, t. Ier.

tres de l'école romaine, puisque ses études les plus importantes, puisque les trente-cinq dernières années de sa vie ont eu cette ville pour théâtre, puisque lui-même ne dissimule pas qu'il se rattache à Raphaël. Mais en même temps qu'il appartient à l'école romaine, il apporte dans l'art sa personnalité propre et son génie français. C'est cette alliance qui devint le caractère de ses compositions, et forma le point de départ de ce que l'on peut véritablement appeler son école. D'un autre côté, à la même époque un mouvement facile à justifier entraîne les peintres français dans la capitale des beaux-arts, et trouvant là un compatriote qui leur offre, dans sa haute supériorité, l'union du caractère national, qu'aucun d'eux ne peut vouloir abdiquer, avec les résultats de l'étude réfléchie de la peinture italienne, ils se groupent autour de cette source féconde, et en détournent à leur profit les eaux salutaires. C'est ainsi que le Poussin est en réalité le chef de l'école française; examinons cette impulsion à son origine, et suivons-en la trace aussi loin qu'il nous sera donné de le faire.

Philippe de Champagne fut le premier sur lequel s'exerça l'influence du Poussin, à un âge il est vrai où cette influence ne pouvait ressembler à l'autorité d'un maître, mais seulement à l'ascendant du mérite reconnu d'un condisciple; ce fut pendant qu'ils travaillaient ensemble au palais de Luxembourg. Ils se quittèrent bientôt et ne durent se revoir que pendant le voyage du Poussin à Paris en 1641. Il y avait des rapports entre leurs inspirations et leurs caractères; on ne suit pas néanmoins dans les tableaux du Champagne la trace bien visible de l'influence de son compagnon. A Rome, pendant son premier séjour, le Poussin reçut d'utiles leçons de du Quesnoy et les lui rendit en précieux conseils; mais ce fut Jacques Stella qui profita le plus de sa société. Ce peintre, qui copiait avec une fidélité toute particulière les œuvres des maîtres qu'il trouvait à Rome, reçut du Poussin une impression si vive, qu'il a composé des tableaux que l'on confond facilement avec ceux du peintre des Andelys.

Lesueur, par le calme de sa peinture, par le sentiment pieux que respirent ses compositions, par la pureté de son dessin, par sa modeste exécution, se rapproche évidemment du Poussin; il dut connaître plusieurs de ses tableaux, et put étudier sa manière. Leur génie avait beaucoup de points communs, mais nous devons croire que la nature, plus que l'imitation volontaire, donna à leurs tableaux une sorte de parenté. Lesueur, né en 1617, ne visita point Rome et ne put voir le Poussin que pendant les deux ans qu'il passa à Paris. Eurent-ils des relations à cette époque, et quelles furent-elles?.. C'est ce qu'il est impossible d'établir sur des documents précis[1].

Mais l'influence du Poussin sur la génération de peintres qui s'élevait alors s'exerça surtout après son retour à Rome. Nous avons vu, dans les cha-

---

[1] Voir ci-après la note T sur Lesueur.

pitres précédents, quelles furent ses liaisons avec
Ch. Lebrun, P. Mignard, Ch. Errard, Séb. Bourdon,
J. Nocret; nous devons ajouter à ces noms ceux de
Loir, J.-Bap. de Champagne, neveu de Philippe,
Antoine Bouzonnet Stella, Jean Lemaire et probablement aussi Louis Boulogne. Ces relations sont
certaines sans néanmoins qu'on en connaisse les
détails. Mais rien ne prouve mieux l'estime que ces
artistes firent de celui qu'ils considéraient comme
leur maître, et la vénération qu'il conservèrent pour
lui, que les fréquents hommages rendus à sa mémoire par l'Académie de peinture. Dans les analyses
dont nous avons déjà parlé, lorsque les membres les
plus recommandables de l'Académie ouvraient sur
des tableaux de maître ces intéressantes conférences, soit pour s'éclairer eux-mêmes, soit pour
instruire les élèves, s'ils choisirent souvent des compositions du Poussin, ce ne sont pas celles auxquelles ils accordent le moins d'éloges, ou desquelles
ils prétendent retirer le moins de profit. Ils ne se
bornaient pas d'ailleurs à une stérile justice;
l'exemple vivant de ces œuvres encore nouvelles
servait à les diriger. Un œil, même médiocrement
exercé, reconnaîtra sans peine l'inspiration, les habitudes, les sentiments du Poussin dans plus d'un
tableau de Lebrun, dans ceux de Sébastien Bourdon, dans quelques-uns même de Mignard : ces
artistes et d'autres encore qu'il serait trop long de
nommer lui rapportent avec empressement la meilleure partie de leurs succès.

Ce n'est pas là sans doute ce cortége de cinquante peintres, *tutti valenti e buoni,* comme dit Vasari, qui accompagnaient partout Raphaël, et faisaient un frappant contraste avec la solitude de Michel-Ange. Le faste, sous quelque forme qu'il se présentât, ne séduisit jamais le Poussin; jamais il ne fut en harmonie avec la modestie de ses désirs, et avec son culte de l'art, plus pour l'art lui-même que pour la fortune qu'il procure. Les jeunes peintres qui se groupaient autour de lui à Rome n'y cherchaient ni les restes échappés à une riche clientèle, ni les utiles reflets d'une glorieuse influence; l'art et les conseils qui pouvaient le leur faire mieux comprendre et mieux pratiquer, étaient le seul attrait qui retenait ceux dont nous avons indiqué les noms. Cet empressement vers le Poussin s'affaiblit à mesure que ces artistes rentrèrent en France pour payer à leur patrie le tribut de leurs talents, et aussi à mesure que la santé du maître lui ordonna de plus grandes précautions, lui fit désirer une vie plus calme.

De cette réunion d'artistes qui se trouvèrent à Rome à peu près à la même époque, attentifs à recueillir jusqu'aux moindres observations du Poussin, Mignard mourut le dernier en 1695, ayant voué toute sa vie à sa mémoire le sentiment de la vénération la plus sincère.

Les peintres qui succédèrent en France à cette génération y avaient trouvé, et conservèrent quelque temps encore la tradition qu'elle avait fondée. Les principes de composition du Poussin, l'attention donnée par lui à l'expression des figures, la fidèle observation des costumes et des mœurs, l'étude consciencieuse du dessin se maintinrent avec le respect dû au souvenir de ses leçons. Ils s'obscurcirent en même temps que le goût s'altéra et que la peinture sérieuse fit place aux portraits, aux anecdotes galantes, aux bergeries, aux fêtes princières; lorsque la séduisante facilité de Vanloo fit oublier la sévérité du dessin sous le charme de la grâce et de la couleur. Nous n'avons pas besoin d'ajouter qu'à l'époque où Boucher devint premier peintre du roi, il ne pouvait plus être question du Poussin.

Heureusement cette voie fut abandonnée à son tour. Lorsque les dernières années du dix-huitième siècle virent la réforme, introduite par David dans la peinture, rappeler, non sans quelque roideur sans doute, mais avec une portée supérieure, la science rigoureuse du dessin et la pureté de l'antique, le souvenir du Poussin se réveilla : plusieurs écrivains consacrèrent leur plume à retracer son histoire et celle de ses chefs-d'œuvre [1], des projets de monuments furent proposés en son honneur; ils ne devaient recevoir d'exécution qu'un demi-siècle plus tard [2].

David plaçait le Poussin au-dessus de tous les autres peintres, et il est facile de voir dans beaucoup de ses tableaux, qu'avec moins de souplesse et de vie, il est vrai, il en cherchait la savante et expres-

[1] Gault de Saint-Germain, Nicolas Guibal, etc.
[2] Page 277 et note O.

sive ordonnance[1]. Le Poussin fut très-admiré à cette époque; plusieurs tableaux et beaucoup de dessins prouvent que les élèves de Rome en étaient fortement préoccupés. La *Cananéenne* de Drouais est un témoignage de ce que nous avançons. Aujourd'hui encore la dimension des figures dans les tableaux destinés à concourir pour les grands prix, la nature des programmes, la manière dont ils sont rédigés, la création même d'un prix pour le paysage historique, semblent une infiltration de l'esprit du Poussin dans les habitudes de l'Académie.

Nous avons retracé, dans les pages qui précèdent, les traits les plus remarquables du caractère et des œuvres du Poussin. Il résulte de ce rapprochement qu'un lien étroit rattache l'œuvre au peintre et le peintre à l'homme. Cette harmonie entre l'état habituel de la pensée créatrice et ses nombreuses productions ne se rencontre nulle part à un plus haut degré. L'inspiration qui le dirigea constamment dans la pratique de la peinture ne fut jamais pour lui le résultat d'une volonté passagère, ou de la nécessité de satisfaire à telle ou telle commande, de remplir tel ou tel engagement. Elle fut l'homme tout entier, elle constitua sa vie, et demeura en lui comme la nourriture de son âme, comme la conscience habituelle des sentiments qui l'animaient. Rare exemple dans l'histoire des arts, et qui a, parmi nous, réalisé l'idéal du peintre.

---

[1] Voir ci-après la note U.

Dominé par ses habitudes de méditation, le Poussin n'ouvrit donc point d'école, et n'aida les jeunes artistes que par le conseil et l'exemple. De là quelque chose de mystérieux dans son talent, quelque chose qui, par sa profondeur et sa portée, appelle l'attention et ne se laisse saisir que par une étude persévérante et bien dirigée. Quoique ses tableaux présentent au premier aspect le cachet du maître, tous les spectateurs n'en pénètrent pas au même degré le sens profond ; c'est pour tous un éveil ou un avertissement, mais un petit nombre seulement sait en profiter. Comme ces écrivains dont le style clair, mais substantiel, satisfait les intelligences ordinaires, tout en laissant aux esprits d'élite un sol fécond à fouiller ; ainsi les compositions du Poussin, après une première impression éprouvée par tous, tiennent en réserve des richesses que savent atteindre seulement les appréciateurs éclairés. Le Poussin a tout subordonné à l'effet total et définitif : au contraire de beaucoup d'autres peintres qui mettent surtout en relief les qualités par lesquelles ils se distinguent, il s'est effacé lui-même, pour que le tableau parût plus que le peintre. De là, nous devons considérer comme nécessaire pour le juger, une certaine délicatesse d'appréciation que ne comportent pas toujours les préjugés d'école, et le triomphe passager d'un système ou d'une manière. De là les phases diverses de l'influence du Poussin, grande toutes les fois que l'école française a suivi sa voie traditionnelle, obscurcie quand le goût s'est altéré, et que les pensées communes, la fausse élégance, l'afféterie et le dessin tourmenté ont séduit les esprits, renaissante lorsque la sévérité et la grandeur sont rentrées dans le domaine des arts.

On ne peut donc trop recommander l'étude de ce grand artiste : les peintres ne sauraient, sans en obtenir les plus précieux résultats, pénétrer le sens de ses compositions, et méditer les règles qu'il s'imposait dans la manière de les étudier, de les disposer. Aussi nous appliquerons volontiers, en finissant, à ceux qui sont parvenus à l'apprécier comme il convient par une étude attentive, les paroles par lesquelles Quintilien félicitait les jeunes orateurs qui savaient se plaire à l'éloquence de Cicéron; nous dirons : « Que le peintre parvenu à éprouver un vif plaisir dans l'étude des tableaux du Poussin, montre par cela seul qu'il a fait de grands progrès dans son art[1]. »

---

[1] *Ille se profecisse sciat cui Cicero valdè placebit* (Quint. liv. xci. Boileau a dit dans un bon vers qui, néanmoins, ne vaut pas cette prose latine : *C'est avoir profité que de savoir s'y plaire* (Art poétique, liv. III, vers 308). Voir note V.

FIN.

NOTES ET PIÈCES JUSTIFICATIVES.

Note A.

Les pièces suivantes attestent l'existence de la famille Poussin, et celle de Nicolas Poussin aux Andelys au commencement du dix-septième siècle.

Registres baptismaux des Andelys.

L'an 1609. — Le jeudi VI dudit mois (août), Nicolas, fils de Piere Varin, et de Michelle Guérin; P. et M. (parrain et maraine) Nicollas Pouchin et Charlotte Dujardin.

L'an 1610. — 13 (février) Ysabeau, fille de Jehan Delaisement et de Perelle sa femme. P. et M. Nicollas Pousin et Ysabeau Lefebre.

Du XXIXe septembre MVIC et treize (1613), à Andelys, devant Dieupart, nottaire, présence de témoings.

Furent présens en leurs personnes *Jehan Pouchin* et *Marie Delaisement* sa femme, de luy duement autorisé. Lesquels ont ensamblement vendu, cédé et transporté à *Nicollas Farain*, laboureur, demeurant à Villers présent acceptant c'est assavoir vingt perches de terre ou envirron. La pièce comme elle se comporte assise à Villers triege du camp Valot b. (bornée) d'un côté Quentin David à cause de sa femme, d. c. (d'autre côté), Pierre le Tellier, d. b. (d'un bout), la terre de notre dame d'Andely, et d. b. (d'autre bout), le chemin qui va à la croix rompue tenue du fie (fief) de Villers, franche de rente, la vendue faitte par le prix et somme de treize livres tour. (tournois) avec trente sols.

Venant le tout présentement paié en monnoie ayant court, dont les d. vendeurs se sont tenus pour comptant, promettant garantir audit Farain, led. héritage comme dessus sur l'obligation de tous leurs biens en présence de Pierre Lescuier, dem^t. à Villers, et Pierre Besnier Masson, dem^t. en la paroisse de Guisenier.

JEHAN POUSSIN.

Woict

(la marc de la d. Delaist.)

Au-dessous de la marque de Marie Delaisement, se trouvent les marques des deux témoins Lescuier et Besnier. La signature de Jean Poussin est très-bien écrite, en caractères bien ouverts et bien lisibles, presque dignes du notaire lui-même.

(Extrait des *Archives de l'art français*, tome Ier, p. 2 et 3.)

NOTE B.

Voici ce que nous lisons, page 35, de la traduction des *Mémoires de Maria Graham*, sur la vie de Nicolas Poussin. Nous laissons à l'auteur la responsabilité des faits qu'il raconte.

«.... Si les avis et l'exemple du Dominiquin furent profitables au Poussin, le bon goût et le sens droit et inflexible de celui-ci ne contribuèrent pas moins à la gloire du premier, qui était à

cette époque tellement persécuté et écrasé par les partisans du
Guide, que son fameux tableau de la *Communion de saint Jérôme* avait été arraché de sa place, dans l'église de San-Girolamo della Carità, et relégué dans un grenier où il demeura
dans l'oubli. Les moines dont cette église dépendait, désirant
avoir un nouveau tableau d'autel, demandèrent au Poussin de
s'en charger, et lui envoyèrent le tableau du Dominiquin, comme
de la vieille toile pour peindre dessus. Notre peintre l'eut à
peine regardé, que, frappé de son mérite transcendant, il le reporta à l'église d'où il avait été arraché, et en fit le sujet d'une
leçon publique, dans laquelle il osa le comparer à la *Transfiguration*; et, assimilant à ces deux tableaux la *Descente de Croix*
de Daniel de Volterre, il les proclama les trois chefs-d'œuvre de
l'école romaine. Répondant ensuite à l'accusation qu'on avait
faite au Dominiquin, d'avoir conçu son tableau d'après une esquisse du Carrache, représentant le même sujet, il prouva que
les Carraches n'avaient jamais achevé leur tableau; et comme il
avait été changé et perfectionné dans tous les détails, on ne pouvait condamner le Dominiquin sur ce motif, car loin de faire tort
aux premiers, en s'appropriant leur invention, il avait montré,
au contraire, quel noble parti on en pouvait tirer, puisqu'elle
lui avait fourni le sujet d'un des plus beaux tableaux du monde.
Son auditoire n'avait besoin que d'être ému par un critique ferme
et de bon jugement; les charmes séduisants mais plus faibles de
l'école rivale furent estimés à leur juste valeur; et, dès ce moment, le Dominiquin fut placé au rang qu'il méritait parmi les
grands peintres de l'Italie. »

Note C.

(Extrait de Félibien, tome IV.)

Lettre du roi Louis XIII à Nicolas Poussin.

Cher et bien amé, nous ayant esté fait rapport par aucun de

nos plus spécieux serviteurs de l'estime que vous vous êtes acquise, et du rang que vous tenez parmi les plus fameux et les plus excellents peintres de toute l'Italie, et désirant, à l'imitation de nos prédécesseurs, contribuer autant qu'il nous sera possible à l'ornement et décoration de nos maisons royales, en appelant auprès de nous ceux qui excellent dans les arts, et dont la suffisance se fait remarquer dans les lieux où ils semblent les plus chéris, nous vous faisons cette lettre pour vous dire que nous vous avons choisi et retenu pour l'un de nos peintres ordinaires, et que nous voulons d'orénavant vous employer en cette qualité. A cet effet notre intention est que, la présente reçüe, vous ayez à vous disposer de venir par deçà, où les services que vous nous rendrez seront aussi considérez que vos œuvres et votre mérite le sont dans les lieux où vous êtes, en donnant ordre au sieur de Noyers, conseiller en notre conseil d'État, secrétaire de nos commandements, et surintendant de nos bâtiments, de vous faire plus particulièrement entendre le cas que nous faisons de vous, et le bien et avantage que nous avons résolu de vous faire. Nous n'ajouterons rien à la présente, que pour prier Dieu qu'il vous ait en sa sainte garde.

Donné à Fontainebleau le 15 *janvier* 1639.

On voit par l'article suivant de la *Gazette*, année 1640, l'estime que les contemporains faisaient du Poussin en France. Elle cite parmi les événements importants : « l'arrivée à Paris, le 17 décembre, du sieur Poussin, excellent peintre, que le roi avoit fait venir de Rome, et qui fut reçu par de Noyers, surintendant des bâtiments, et ensuite par Son Éminence, avec des caresses proportionnées à la grandeur du mérite et de la réputation qu'il s'était acquise en son art. » L'opinion de Louis XIII et celle de M. de Noyers se peignent dans ces phrases empruntées à la correspondance du peintre (Paris, 4 et 7 août 1642) qui cite avec plaisir à M. de Chantelou ce passage d'une lettre de M. de Noyers : « Le génie du Poussin veut agir si librement que je ne veux pas seulement lui indiquer ce que celui du roi désire du sien. » Et ailleurs : « à son départ, M. de Noyers me commanda l'exécution d'une madone à mon goût, afin, ajouta-t-il, qu'on pût dire la Vierge du Poussin, comme on dit la Vierge de Raphaël. »

Note D.

(Bellori, *Vie du Poussin*. — *Lettres du Poussin*, p. 30.)

Brevet de Louis XIII, roi de France, au sieur Poussin.

Aujourd'hui 20e mars 1641, le roi étant à Saint-Germain-en-Laye, voulant témoigner l'estime particulière que Sa Majesté fait du sieur *Poussin*, qu'elle a fait venir d'Italie, sur la connoissance particulière qu'elle a du haut degré de l'excellence auquel il est parvenu dans l'art de la peinture, non-seulement par les longues études qu'il a faites de toutes les sciences nécessaires à la perfection d'icelui, mais aussi à cause des dispositions naturelles et des talents que Dieu lui a donnés pour les arts ; Sa Majesté l'a choisi et retenu pour son *Premier peintre ordinaire*[1], et en cette

---

[1] Ces mots résolvent une difficulté élevée par quelques écrivains. Il est évident que le Poussin n'a point été Premier peintre, ce titre appartenant à cette époque à Vouet. Il fut *Premier peintre ordinaire*, avec injonction aux autres peintres de soumettre à son contrôle leurs dessins et leurs projets. C'étaient les attributions des Premiers peintres, moins le titre, dont on n'avait pas voulu dépouiller Vouet. Une autre question sort de celle-ci : Le Poussin conserva-t-il ce titre sa vie durant et les appointements qui y étaient attachés ?... Nous penchons pour l'affirmative, en nous appuyant sur les raisons suivantes : 1° Rien n'annonce que ce titre lui ait été enlevé ; 2° Baldinucci, qui le connut, affirme dans les termes suivants que le brevet et les appointements lui furent conservés par Louis XIV : « *Lo stesso Ludovico XIV gli confirmò il paterno brevetto col titolo di suo primo pittore, volle che li furono pagate le trascorse provizioni.* » Bellori raconte ce fait

qualité lui a donné la direction générale de tous les ouvrages de peinture et d'ornement qu'elle fera ci-après pour l'embellissement de ses maisons royales, voulant que tous ses autres peintres ne puissent faire aucuns ouvrages pour Sa Majesté, sans en avoir fait voir les dessins, et reçu sur iceux les avis et conseils dudit sieur *Poussin*. Et pour lui donner moyen de s'entretenir à son service, Sa Majesté lui a accordé la somme de trois mille livres de gages par chacun an, qui sera dorénavant payée par les trésoriers de ses bâtiments, chacun en l'année de son exercice, ainsi que de coutume, et de la même manière que cette somme lui a été payée la présente année. Pour cet effet, sera ladite somme de trois mille livres dorénavant touchée et employée sous le nom dudit sieur *Poussin*, dans les états desdits offices de ses bâtiments, comme aussi Sadite Majesté a accordé au sieur *Poussin* la maison et le jardin qui est dans le milieu de son jardin des Tuileries, où a demeuré ci-devant le feu sieur *Menou*, pour y loger et en jouir sa vie durant, comme a fait ledit sieur Menou. En témoignage de quoi, Sa Majesté m'a commandé d'expédier au sieur *Poussin* le présent brevet qu'elle a voulu signer de

dans les mêmes termes, et ajoute que le brevet en vertu duquel lui furent payés ses appointements arriérés fut signé par ce prince, le 28 décembre 1655 ; 3° Le Poussin n'aurait pu se montrer si désintéressé et amasser une petite fortune, s'il n'eût eu que le produit de ses tableaux, principalement dans les années qu'il consacra à la seconde suite des Sept Sacrements. Il est probable qu'il reçut un traitement de la cour de France, et qu'il fut indemnisé de ses travaux de la galerie du Louvre, dont nous voyons par plusieurs de ses lettres qu'il réclama le payement avec instance ; 4° Lebrun ne fut premier peintre qu'en 1662, mais il jouissait depuis longtemps d'une grande influence à la cour, et n'aurait pas permis sans doute que le maître pour lequel il ne dissimulait pas sa reconnaissance fût victime d'une suppression qui n'était pas dans l'esprit de Louis XIV ; 5° enfin M. de Chantelou survécut au Poussin et était depuis longtemps en mesure de faire respecter les droits de celui-ci. — Les comptes conservés des dépenses de Louis XIV, ne datant que de l'année de la mort du Poussin, ne peuvent fournir aucune lumière sur ce point.

sa main, et fait contre-signer par moi son conseiller secrétaire d'État de ses commandements et finances, et surintendant et ordonnateur général de ses bâtiments.

LOUIS.
Sublet de Noyers.

Note E.

Lettre par laquelle Poussin envoie à M. de Noyers le frontispice du Virgile (Lettres du Poussin, p. 32.).

A MONSEIGNEUR DE NOYERS

De Paris, le 10 avril 1641.

Monseigneur, puisqu'il vous a plu me commander de faire le dessin du frontispice du livre de Virgile, et comme c'est le premier que j'ai fait pour être mis en lumière, je viens avec simple et dévotieux silence vous le dédier tel qu'il est. Étant assuré que, comme quelquefois les muettes images appendues à un temple par les hommes, ne sont pas moins agréables à Dieu que les psaumes éloquents chantés par les prêtres, ainsi, je l'espère, que votre bénignité trouvera aussi agréables mes tacites images, comme lui sont les fécondes louanges de qui les sait faire.

M'inclinant, je vous fais très-profonde révérence, me confessant votre esclave.

Poussin.

Note F.

Du tableau d'autel destiné à la chapelle de Fontainebleau.

Le Poussin, dans sa lettre de Paris, 6 janvier 1641, au commandeur del Pozzo, et Félibien, dans ses *Entretiens*, parlent de deux tableaux pour les chapelles de Saint-Germain et de Fontaibleau, commandés à notre peintre par le roi Louis XIII, le jour où il lui fut présenté. Nous savons quels furent le sujet et la destinée de celui que reçut le maître-autel de la chapelle de Saint-Germain. Quant à celui qui fut commandé pour Fontainebleau, la trace s'en perd après la lettre que nous venons de citer. Dans une seconde au même, du 21 novembre de cette année, le Poussin rapporte les éloges qu'il a reçus du roi et de la reine pour celui de Saint-Germain, mais il ne parle plus de l'autre. Toute sa sollicitude ultérieure est pour son tableau destiné à l'église du Noviciat des Jésuites, exécuté par ordre de M. de Noyers. Il y a tout lieu de croire que la nécessité de terminer ce dernier pour les fêtes de Noël fit négliger celui de Fontainebleau, et que le temps manqua plus tard pour y revenir. La correspondance n'en fait aucune mention; on n'en connaît aucune reproduction par la gravure. Si, dans l'état de la question, on ne peut s'étonner que les dernières notices sur le palais de Fontainebleau n'en fassent pas mention, on peut surtout tirer une conséquence négative de ce que l'on n'en trouve aucun indice dans l'ouvrage de l'abbé Guilbert ayant pour titre : *Description historique des châteaux, bourg*, etc., *de Fontainebleau*, qui date de 1731. La conséquence la plus juste à maintenir, c'est que ce tableau, destiné à Fontainebleau, n'a jamais été fini, peut-être même est resté à l'état de projet.

Note G.

Nous rapportons ici textuellement la partie de la lettre citée par Félibien, qui concerne la décoration de la grande galerie. Ce fragment aidera le lecteur à bien comprendre les projets du Poussin.

Après avoir appelé l'attention de M. de Chantelou sur les intrigues de ses envieux, il ajoute : « Qu'il est réduit à lui dire, en peu de mots, que ceux qui le dégoûtent des ouvrages qu'il a commencés dans la grande galerie sont des ignorants ou des malicieux; que tout le monde en peut juger de la sorte, et que lui-même devroit bien s'apercevoir que ce n'a point été par hasard, mais avec raison, qu'il a évité les défauts et les choses monstrueuses que Lemercier avoit commencées, telles que sont : la lourde et désagréable pesanteur de l'ouvrage; l'abaissement de la voûte qui sembloit tomber en bas; l'extrême froideur de la composition; l'aspect mélancolique, pauvre et sec de toutes les parties; et certaines choses contraires et opposées mises ensemble, que le sens et la raison ne peuvent souffrir, comme ce qui est trop gros et ce qui est trop délié, les parties trop grandes et celles qui sont trop petites, le trop fort et le trop faible, avec un accompagnement entier d'autres choses désagréables.

« Il n'y avoit, continue-t-il dans sa lettre, aucune variété; rien ne se pouvoit soutenir; l'on n'y trouvoit ni liaison, ni suite. Les grandeurs des cadres n'avoient aucune proportion avec leurs distances, et ne se pouvoient voir commodément, parce que ces cadres étoient placés au milieu de la voûte, et justement sur la tête des regardants, qui se seroient, s'il faut ainsi dire, aveuglés en pensant les considérer. Tout le compartiment étoit défectueux, l'architecte s'étant assujetti à certaines consoles qui règnent le long de la corniche, lesquelles ne sont pas en pareil nombre des deux côtés, puisqu'il s'en trouve quatre d'un côté et cinq à l'opposite, ce qui auroit obligé à défaire tout l'ouvrage, ou bien à y laisser des défauts insupportables.

« Il faut savoir, dit-il encore, qu'il y a deux manières de voir les objets, l'une en les voyant simplement, et l'autre en les considérant avec attention. Voir simplement n'est autre chose que recevoir naturellement dans l'œil la forme et la ressemblance de la chose vue. Mais voir un objet en le considérant, c'est qu'outre la simple et naturelle réception de la forme dans l'œil, l'on cherche, avec une application particulière, les moyens de bien connoître ce même objet. Ainsi on peut dire que le simple aspect est une opération naturelle, et que ce que je nomme *prospect* est un office de raison qui dépend de trois choses, savoir : de l'œil, du rayon visuel et de la distance de l'œil à l'objet, et c'est de cette connoissance qu'il seroit à souhaiter que ceux qui se mêlent de donner leur jugement fussent bien instruits...

« Il faut observer, continue le Poussin, que le lambris de la galerie a vingt-un pieds de haut, et vingt-quatre pieds de long d'une fenêtre à l'autre. La largeur de la galerie qui sert de distance pour considérer l'étendue du lambris, a aussi vingt-quatre pieds. Le tableau du milieu du lambris a douze pieds de long sur neuf pieds de haut, y compris la bordure ; de sorte que la largeur de la galerie est d'une distance proportionnée pour voir d'un coup d'œil le tableau qui doit être dans le lambris. Pourquoi donc dit-on que les tableaux des lambris sont trop petits, puisque toute la galerie se doit considérer par parties et par chaque trumeau en particulier? Du même endroit et de la même distance, on doit regarder d'un seul coup d'œil la moitié du cintre de la voûte au-dessus du lambris, et l'on doit connaître que tout ce que j'ai disposé dans cette voûte doit être considéré comme y étant attaché et en plaque, sans prétendre qu'il y ait aucun corps qui rompe ou qui soit au delà et plus enfoncé que la superficie de la voûte, mais que le tout fait également son cintre et sa figure.

« Que si j'eusse fait ces parties, qui sont attachées ou feintes d'être attachées à la voûte, et les autres que l'on dit être trop petites, plus grandes qu'elles ne sont, je serois tombé dans les mêmes défauts que mes prédécesseurs, et j'aurois paru aussi ignorant que ceux qui ont travaillé et qui travaillent encore aujourd'hui à plusieurs ouvrages considérables ; lesquels font bien voir qu'ils ne savent pas qu'il est contraire à l'ordre et aux exemples que la nature même nous fournit, de poser les choses plus grandes et plus massives aux endroits les plus élevés, et de faire porter aux corps les plus délicats et les plus faibles ce qui est le plus pesant et le plus fort. C'est cette ignorance grossière qui fait que tous les édifices conduits avec si peu de science et de jugement semblent pâtir, s'abaisser et tomber sous le faix, au lieu d'être égayés, *sveltes* et légers, et de paroître se porter facilement, comme la nature et la raison enseignent à les faire. »

(*Lettres*, édition de 1824, pages 89 et suivantes.)

Note II.

Bien des admirateurs du tableau d'Eudamidas n'en connaissent qu'imparfaitement le sujet. Nous croyons donc intéressant pour nos lecteurs de leur mettre sous les yeux le morceau de Lucien. Nous devons à l'obligeance de notre ami, M. Anquetil, censeur du lycée de Versailles, la traduction qui suit :

« Eudamidas de Corinthe s'était lié d'amitié avec Arétée, son concitoyen, et Charixène de Sicyone; tous deux étaient dans l'aisance, mais lui extrêmement pauvre. Celui-ci laissa en mourant un testament que le vulgaire pourra bien trouver dérisoire, mais qui, j'imagine, ne semblera point tel à un honnête homme qui, comme toi, révère l'amitié, et combat pour en emporter le prix. Le testament était ainsi conçu :

« Je lègue à Arétée ma mère à nourrir et à soigner durant sa

« vieillesse; à Charixène ma fille à établir et à doter le plus
« libéralement qu'il le pourra (il laissait une mère âgée et une
« fille déjà nubile); et si pendant ce temps il arrive malheur
« l'un d'eux, j'entends que la part de celui-ci revienne à l'autre. »

« A la lecture du testament, ceux qui connaissaient la pauvreté d'Eudamidas sans connaître son intimité avec ses légataires, tournaient la chose en plaisanterie, et c'était à qui rirait le plus en s'en allant : « Arétée et Charixène, disait-on, ont vrai-
« ment de la chance et vont faire un brillant héritage, s'il faut
« qu'Eudamidas devienne leur créancier, et que de leur vivant
« ils se laissent dépouiller par un héritier mort. »

« Cependant les deux légataires, à peine informés, accoururent et prirent possession de leurs legs. Charixène ne survécut que cinq jours à son ami, et Arétée, se montrant le plus désintéressé de tous les héritiers, joignit aussitôt la part de Charixène à la sienne. Il nourrit la mère, et il vient de marier la fille d'Eudamidas. Maître d'une fortune de cinq talents, il en a donné deux à sa propre fille, deux à celle de son ami, et il a voulu que les deux mariages fussent célébrés le même jour. »

(Lucien, *Toxaris*, 22 et 23.)

Note I.

Ce commencement de lettre de Jean Dughet à l'abbé Nicaise, en date du 26 avril 1678, confirme ce que nous venons de dire du soin avec lequel le Poussin s'était entouré de tous les objets qui pouvaient servir à des études de tous les instants.

Illmo et R^{mo} signor mio,

Resterà V. S. meravigliato assai ricever lettere da una persona che à pena gli ne verrà alla memoria. Io dunque, Giovanni Dughet, il cognato di Mons. Poussin amico di V. S. carissimo, son quello che al presente prende ardire di Scrivergli in questa lettera, la quale contiene solamente che, se V. S. (come mi ha detto Mons. Matteo) è curioso di cose belle come sarebbe di manoscritti di Monsieur Poussin di disegni, di stampe di Marc-Antonio, Agostino Venetiano, Caracci, Alberto, Giulio Romano, Polidoro, Titiano et altri, come ancora di statue antiche, busti et teste antiche di marmo, io di tutte le sudette cose ne ho una quantità considerabile che potrebbe contentare la curiosità di ogni Sig^{re} e principe essendo cose già scelte per mano del l'Ill^{o} pittore Monsieur Poussin. Se V. S. overo altri Sig^{ri} suoi amici volessero attendere alla compra di simil cose, mi sarebbe caro che V. S. mi facesse favore di scrivermi due righe di risposta....

Il paraît que l'abbé Nicaise donna commission à un de ses amis d'examiner la collection qui faisait l'objet de la lettre de Jean Dughet, car il en reçut la réponse de laquelle nous extrayons le passage suivant :

De Rome, ce 10 janvier 1679.

...... J'ay vû les bustes et les dessins de feu M. Poussin chez M. Jean Dugueht. Il y a de très-belles choses et de grand usage pour les peintres. Je verray une autre fois les stampes qui sont au nombre de 1,300. Mais je ne crois pas que cela soit bien nécessaire, vû qu'elles sont toutes des plus célèbres peintres et du choix de fû M. Poussin qui les avait choisies pour son étude.....

Fr. Chapuys.

(Voir *Archives de l'art français*, tome I, pages 5 et suivantes.)

Il y a lieu de s'étonner que treize ans après la mort du Poussin une nombreuse collection réunie par son choix n'eût pas encore trouvé d'acquéreur à Rome, où le nom de ce peintre était en grande estime, et le goût des arts très-répandu.

Note J.

Le résumé suivant, sur l'état de l'Italie en 1649 et 1650, fera mieux comprendre les passages que nous venons d'extraire des lettres du Poussin.

Dès 1648, les Espagnols étaient rentrés en possession de Naples, un instant arrachée à leur domination par Mas Aniello. Ils avaient exercé leur vengeance sur le peuple, et même sur les seigneurs qu'ils soupçonnaient de faveur pour le parti français. L'archevêque de cette ville, Ascanio Filomarino lui-même, n'avait pas été épargné, et l'exil avait payé la médiation par laquelle, auprès des révoltés, il avait ménagé au duc d'Arcos les moyens de fuir. C'est à ce retour de soumission des Napolitains que Poussin fait allusion dans le fragment de sa lettre que nous avons cité page 238. Les Français, pour défendre le grand duc de Toscane contre les Espagnols, s'étaient dès 1647, rendus maîtres de Piombino, et de Porto Longone dans l'île d'Elbe. Ces deux villes leur furent reprises en 1650 par la flotte napolitaine. La France était aussi la protectrice du duc de Parme, mais l'impossibilité de le secourir exposa celui-ci en 1649 à la vengeance d'Innocent X qui fit saisir le duché de Castro, et finit par raser la ville. C'est ce que Poussin exprime plaisamment en disant que le pape fait l'*août et la vendange pour le duc de Parme*. — Au milieu de ces événements qui préoccupaient les puissances riveraines de la Méditerranée, il n'est pas surprenant que la piraterie s'exerçât librement, et que l'on rencontrât en mer l'*Africain puissamment armé*, portant secours aux Turcs en guerre alors avec Venise.

Note K.

Il suffit de jeter un coup d'œil sur le *Traité de la peinture* de Léonard de Vinci, pour reconnaître qu'il n'a pas l'importance qu'on lui donne souvent, en se fondant sur la supériorité du maître auquel il est dû. C'est un recueil de préceptes sur la perspective, sur les proportions du corps, de procédés pour dessiner facilement et exactement, etc.. Quant à des observations de quelque portée sur les grandes compositions que le peintre peut être appelé à produire, telles que celles dont Léonard de Vinci a plus d'une fois donné l'exemple, on y chercherait en vain quelque chose de semblable. La raison en est que la composition, l'expression, la pensée, etc., ne se réduisent point en théorie, que les règles, que le goût révèle à l'homme de génie, ne s'écrivent pas, ou ne fournissent matière qu'à des préceptes très-généraux qui ne se peuvent développer que dans la pratique. Le Poussin avait étudié la perspective dans les ouvrages du père Matteo et de Vitellione, à une époque où cette science était beaucoup mieux connue que pendant la vie du Vinci; il en avait été de même de ses études sur l'anatomie et l'antique qu'il poursuivit à l'aide de bien plus grandes ressources. Il n'eut donc véritablement rien à tirer du traité de Léonard, et, avec un peu de réflexion, Félibien n'aurait point affirmé que le Poussin en avait beaucoup profité.

NOTE L.

Nous nous étions d'abord proposé de placer ici, parmi les pièces justificatives, le trait de l'Antinoüs et en regard la légende qui en indique les proportions; mais ayant examiné, le compas à la main, les gravures qui en ont été faites, nous avons constaté que les mesures indiquées par les lignes ne concordent point avec l'explication qui en est donnée. Nous nous sommes donc trouvé dans l'alternative, ou d'attribuer au Poussin un travail rempli d'inexactitudes, ou de placer sous les yeux du lecteur une œuvre autre que la sienne, puisqu'elle porterait des corrections qui ne sont point de notre compétence. Nous avons donc dû nous abstenir. Le lecteur qui tiendrait à s'en assurer par lui-même trouvera cette figure dans l'ouvrage de Bellori et dans celui de Gault de Saint-Germain. Les rapports des mesures et de la légende auront été sans doute altérés par la négligence des graveurs qui ont successivement reproduit la première image.

Note M.

Les Grecs appliquaient le mot *mode* exclusivement à la musique. Les Doriens exécutaient le même chant à un ton plus bas que les Phrygiens, et ces derniers à un ton plus bas que les Lydiens : de là les dénominations des *modes* Dorien, Phrygien et Lydien. D'autres *modes* ont été dans la suite ajoutés aux premiers à mesure que le système musical s'est étendu. On peut voir sur ce sujet le chapitre 27 du *Voyage du jeune Anacharsis.*

Le génie réfléchi du Poussin et le sentiment de l'harmonie à introduire dans les ouvrages de peinture lui inspira l'idée de transporter ces règles à l'art qu'il cultivait. Il ne développa cette idée qu'imparfaitement dans le morceau suivant. Nous croyons néanmoins qu'il sera de quelque intérêt pour le lecteur; nous le reproduisons avec la plus grande exactitude. Il est extrait de la lettre à M. de Chantelou du 24 novembre 1647.

«.... Nos braves anciens Grecs, inventeurs de toutes les belles choses, trouvèrent plusieurs *modes* par le moyen desquels ils ont produit de merveilleux effets.

« Cette parole *modes* signifie proprement la raison ou la mesure et forme de laquelle nous nous servons à faire quelque chose, laquelle nous astreint à ne passer pas outre, nous faisant opérer en toutes les choses avec une certaine médiocrité et modération, et partant telle médiocrité et modération n'est autre que une certaine manière ou ordre déterminé, et se donne dedans le procédé par lequel la chose se conserve en son être.

« Estans les *modes* des anciens une composition de plusieurs choses mises ensemble ; de leur variété naissait une certaine différence de *mode* par laquelle l'on pouvoit comprendre que chacun d'eux retenoit en soi je ne sais quoi de varié, principalement quand toutes les choses qui entroient au composé étoient mises ensemble proportionnément, d'où procédoit une puissance de induire l'âme des regardans à diverses passions. De là vint que les sages anciens attribuaient à chacun sa propriété des effets qu'ils voyoient naître d'eux. Pour cette cause ils appeloient le *mode* dorique stable, grand et sévère, et lui appliquoient matières graves, sévères et pleines de sapience.

« Et passant de là aux choses plaisantes et joyeuses, ils usaient du *mode* phrygien, pour avoir ses modulations plus menues que aucun autre *mode*, et son aspect plus aigu. Ces deux manières et nulle autre furent louées et approuvées de Platon et d'Aristote. Estimant les autres inutiles, ils estimèrent ce mode véhément, furieux, très-sévère et qui rend les personnes étonnées. J'espère devant qu'il soit un an dépeindre un sujet dans le mode phrygien. Les sujets de guerres épouvantables s'accommodent à cette manière.

« Ils voulurent encore que le mode lydien s'accommodât aux choses lamentables, parce qu'il n'a pas la modestie du dorien ni la sévérité du phrygien.

« L'hypolydien contient en soi une certaine suavité et douceur qui remplit l'âme des regardants de joie. Il s'accommode aux matières divines, gloire et paradis.

« Les anciens inventèrent le ionique avec lequel ils représentoient danses, bacchanales et fêtes pour être de nature joconde. »

« Les bons poëtes, etc..... N. B. Cet alinéa, qui termine le morceau, a été cité par nous, page 229, avec la plus parfaite exactitude.

Les observations qui suivent complètent ce qui nous est resté du Poussin sur la théorie de la peinture. La rédaction n'est pas de lui, mais la substance lui en appartient. Elles ont été recueillies par Bellori dans ses conversations, dans ses lettres, dans ses notes, etc.

OBSERVATIONS DE NICOLAS POUSSIN SUR LA PEINTURE
Traduites de l'italien de Bellori.

De l'exemple des bons maîtres. — Bien qu'à la doctrine on joigne l'enseignement qui regarde la pratique, néanmoins tant que les préceptes ne sont point parvenus à la réalisation, ils ne laissent point dans l'âme cette habitude d'opérer qui doit être l'effet de la science active ; rarement au contraire, ils conduisent le jeune homme par des voies longues et embarrassées, jusqu'au terme de son voyage, si l'escorte des bons exemples n'enseigne aux plus studieux des moyens plus courts et des procédés moins compliqués.

Définition de la peinture et du genre d'imitation qui lui est propre. — La peinture n'est autre chose que l'imitation des actions humaines, de celles qui sont naturellement imitables. Les autres sont imitables par accident, non par elles-mêmes, comme accessoires, non comme parties principales. De cette manière on peut imiter non-seulement les actions des êtres animés, mais toutes les choses naturelles.

Comment l'art élève la nature. — L'art ne diffère point de la nature, et ne peut dépasser les limites de celle-ci ; vu que cette lumière d'enseignement qui, par un don naturel, est répandue çà et là en divers hommes, dans divers lieux, en divers temps, se compose aussi de l'art, de sorte que cette lumière, ou tout entière ou pour une bonne part ne se trouve jamais dans un seul homme.

Comment l'impossible est la perfection de la peinture et de la poésie. — Aristote montre par l'exemple de Zeuxis qu'il est permis au poëte de décrire des choses impossibles, pourvu qu'elles soient supérieures à la réalité. Il est naturellement impossible qu'une femme réunisse en soi toutes les beautés, comme on le dit d'Hélène qui était d'une beauté parfaite, et par conséquent supérieure à ce qui est possible.

Des termes du dessin et de la couleur. — La peinture sera élégante lorsque, par le moyen des milieux, les termes extrêmes seront liés de manière à éviter trop de mollesse et trop de rudesse dans la rencontre des lignes et des couleurs. C'est ici que l'on peut employer les mots d'amitié et d'inimitié des couleurs et de leurs extrêmes.

De l'action. — Il y a deux moyens de maîtriser les âmes des auditeurs, l'action et la diction. La première est si puissante d'elle-même et si efficace que Démosthènes la regarde comme le premier des artifices oratoires, que Cicéron l'appelle la parole du corps. Quintilien lui attribue une si grande force et une si grande vigueur, que sans elle il regarde comme inutiles les pensées, les preuves et les affections oratoires. Sans elle aussi dans la peinture inutiles sont le dessin et la couleur.

DE QUELQUES FORMES DE LA PEINTURE ÉLEVÉE.

De la matière, de la pensée, de la composition, du style.

La peinture élevée se compose de quatre éléments, la matière ou le sujet, la pensée, la composition, le style. La première chose à observer, parce qu'elle est comme le fondement de toutes les autres, c'est que la matière et le sujet soient grands, par exemple les batailles, les actions héroïques, les choses divines. Mais étant ainsi grande la matière sur laquelle le peintre va porter ses efforts, qu'il fasse d'abord attention à se garder de tout son pouvoir des minuties qui compromettraient la dignité de l'histoire, et ne passe point à la hâte d'un pinceau rapide sur les choses grandes et magnifiques, pour s'oublier sur celles qui sont vulgaires et de peu d'importance. Il faut donc que le peintre ait non-seulement l'art d'inventer son sujet, mais encore le jugement nécessaire pour le bien connaître ; il doit le choisir apte à recevoir tous les ornements et toute la perfection convenables; ceux qui mettent en avant des sujets vulgaires le font par le sentiment qu'ils ont de la bassesse de leur génie. On doit mépriser les sujets vils et bas pour lesquels les ressources de l'art sont inutiles. Quant à la pensée, elle est le pur enfantement de l'âme qui élabore un sujet; telle fut celle d'Homère et de Phidias développant l'idée du Jupiter Olympien, qui d'un signe ébranle l'univers. Que le dessin des choses soit donc l'expression exacte des idées des mêmes choses. La structure ou composition des parties devra n'être ni recherchée laborieusement, ni tourmentée, ni sentant la fatigue, mais conforme à la nature. Le style est une manière particulière, une industrie de peindre et dessiner résultant du génie particulier de chacun dans l'application et l'usage des idées ; lequel style, manière ou goût vient de la nature et du génie.

De l'idée de la beauté. — L'idée de la beauté ne descend dans une matière qu'autant qu'elle est aussi bien préparée qu'il est possible. Cette préparation consiste en trois choses, l'ordre, le mode et l'apparence ou la forme. L'ordre signifie l'intervalle des parties, le mode se rapporte à la quantité, la forme consiste dans les lignes et dans les couleurs. Il ne suffit pas de l'ordre et de l'intervalle des parties, ni que les membres du corps aient chacun leur position naturelle, si l'on n'y ajoute pas le mode qui donne à chaque membre sa grandeur voulue proportionnée à celle du corps, et l'apparence afin que les lignes soient tracées avec grâce, et la lumière et l'ombre rapprochées par une douce harmonie. D'après tout cela, on voit facilement que la beauté est complétement éloignée de la matière du corps, qu'elle ne s'en approche jamais qu'autant qu'elle y est disposée à l'aide de ces préparations incorporelles. De là, nous devons conclure que la peinture n'est autre qu'une idée des choses incorporelles, en tant qu'elle ne montre les corps qu'en représentant l'ordre et e mode d'apparence des choses; qu'enfin ce même art est plus attentif à l'idée du beau qu'à toutes les autres. Aussi plusieurs ont voulu que cette idée fût seule le signe, et comme la mesure de tous les bons peintres, et la peinture la contemplation de la beauté et la reine de l'art.

De la nouveauté. — La nouveauté de la peinture ne consiste pas principalement dans un sujet que l'on n'a point encore vu, mais dans une bonne et nouvelle disposition et expression, de manière qu'un sujet, de commun et vieux, devienne original et nouveau. On peut affirmer ceci de la *Communion de saint Jérôme* du Dominiquin, où les affections et les mouvements sont différents de ceux que présente le même sujet, traité par Augustin Carrache.

Comment on doit suppléer aux défectuosités du sujet. — Si le peintre veut éveiller l'admiration dans les âmes, sans avoir sous la main un sujet qui y soit propre, il n'introduira pas dans son œuvre des choses nouvelles, étrangères et hors de raison, mais il doit exercer son esprit à rendre son œuvre merveilleuse par l'excellence de l'exécution, de manière à ce que l'on dise : *Materiam superabat opus.*

De la forme des choses. — La forme de chaque chose se distingue par l'opération propre qu'elle accomplit. Les unes produisent le rire, d'autres la terreur ; ces actions sont leurs formes.

Des attraits de la couleur. — Les couleurs sont, dans la peinture, comme des attraits pour persuader les yeux ; ainsi en est-il de la beauté des vers dans la poésie.

Note N.

(Extrait traduit de la vie du Poussin, par Bellori.)

«.... Le Poussin menait une vie bien ordonnée.... Il avait coutume de se lever matin et de prendre de l'exercice pendant une heure ou deux, quelquefois se promenant dans la ville, plus souvent sur le mont de la Trinité, qui est le *monte Pincio*, non loin de sa maison. Il y parvenait en suivant une courte montée, délicieuse par les arbres et par les fontaines qui l'ombragent et l'embellissent. De ce point, l'on jouit d'une belle vue sur Rome, sur ses agréables collines, qui, mêlées à ses édifices, en font comme une scène et un théâtre ; là il s'entretenait avec ses amis sur des sujets curieux et savants. Retourné chez lui, il se mettait immédiatement à peindre jusqu'au milieu du jour. Après le repas, il peignait encore quelques heures, et il fit plus avec cette application persévérante, que les autres avec leur facilité. Il sortait de nouveau le soir, et se promenait au bas de la montagne, sur la place, au milieu des étrangers qui ont coutume de s'y réunir. Il y était toujours accompagné de ses amis, qui lui faisaient une sorte de cortége, auquel le reconnaissaient ceux qui désiraient le voir et lui témoigner leur affection. Comme il admettait tout homme de bien à sa conversation, il était facile de l'aborder. Il écoutait volontiers les autres; mais ses discours étaient profonds et toujours reçus avec attention. Il parlait très-souvent de l'art, et avec tant de clarté que non-seulement les hommes d'un esprit cultivé, mais les peintres eux-mêmes venaient recueillir de sa bouche les plus belles pensées sur la peinture. Il les exprimait, non pour enseigner, mais comme elles s'offraient à lui, selon la circonstance. Comme il avait beaucoup lu et beaucoup observé, il ne se présentait dans la conversation aucun sujet qu'il n'eût suffisamment étudié. Ses paroles et ses pensées étaient alors si justes et si bien ordonnées, qu'elles paraissaient, non plus improvisées, mais méditées avec soin. La raison de cette supériorité était dans son bon esprit et dans les objets variés de ses lectures, qui non-seulement embrassaient l'histoire, la fable, l'érudition de tout genre où il excellait, mais s'étendaient encore aux arts libéraux et à la philosophie. Il était aidé en cela par le souvenir de la langue latine, quoiqu'il ne la sût qu'imparfaitement; quant à l'italien, il le parlait aussi bien que s'il fût né en Italie. Il avait la pénétration dans l'entendement, le discernement dans le choix, la force conservatrice dans la mémoire qui sont tous trois les dons du génie les plus désirables. »

Note O.

Nous réunissons ici plusieurs documents qui se rapportent à la mort, à la sépulture du Poussin, et aux honneurs rendus à sa mémoire :

« La morte del sig^r Poussin successe il 19 novemb. circà il mezzo giorno, con sentimenti tanto devoti che gli sacerdoti che l'assistevano, mossi di Cordoglio inusitato compiansero anch' essi il fine di cosi illustre ingegno...... tre giorni avanti che il detto sig. Poussin passasse al altra vita mi commandò ch'io non solo scrivessi a V. S. illustrissima, ma che encora li mandasse la copia del suo testamento acciò da vostra illustrissima si potesse recever gratia mandarla al suo herede, il quale si nomina Giovanni Letellier figliuolo di Nicolò Letellier et di Maria Honorati etc.......

« Il sudetto signore lasciò che non si dovesse spendere nel suo funerale altro che 20 scudi come lei possa legger nel suo testamento, ma parendomi poco rispetto al suo gran merito io ho spesi 60 scudi e di questo non occorre parlar ne cosa alcuna. »

Rome, fin de novembre 1665.

(*Lettre de Jean Duyhet à M. de Chantelou.*)

« Le sue indispositioni col tempo si andarono accrescendo et lo debilitarono tanto, che negli ultimi anni con fatica usciva di casa, ma avvicinandosi il suo fine, fù arrestato in letto da un gran postema, infiammate le viscere, e'l corpo senza trovar requie notte, e giorno, si ridusse a pocò a pocò all' extremo della vita, e morì il giorno 19 di novembre l'anno 1665, sù l'hora del mezzo giorno e dell' età sua 71. mesi 5. e si come egli era vissuto moralmente, et con pietà Christiana, così rese spirito à Dio. La mattina, che succedette al giorno della morte, fù portato il cadavero nella chiesa parrochiale di San Lorenzo in Lucina, et elevato soprà il feretro con l'intervento dell' Academia romana di San Luca, et de altri pittori, e nationali, assistendo alla Messa cantata, et alle preghiere di requie, com' è l'uso, con le candele accese nelle mani, prestando gli amici quest' ultimo ufficio, non senza lagrime, et con universale dolore di ciascuno per la bontà, ed eccellente suo sapere, che durerà mentre haveranno vita gli studii della pittura, e serviranno le sue opere d'incitamento, e di scorta à più nobili ingegni per giungere à quella cima, che à sì pochi è concessa. Fù sepolto il cadavero nella medesima chiesa, e locato in parte fin che gli sia dato condegno monumento[1]. Noi intanto li seguenti versi appendiamo alla sua tomba. »

(Bellori sub finem.)

Vers de Bellori a Nicolas Poussin.

Parce piis lacrymis; vivit Pussinus in urnà,
   Vivere qui dederat, nescius ipse mori :
Hic tamen ipse silet; si vis audire loquentem,
   Mirum est, in tabulis vivit et eloquitur.

[1] Ce monument n'a jamais été exécuté.

INSCRIPTION COMPOSÉE PAR L'ABBÉ NICAISE, AMI PARTICULIER DU POUSSIN, QUI SE TROUVAIT A ROME A L'ÉPOQUE DE SON DÉCÈS.

D. O. M.

Nic. Pussino Gallo
Pictori suæ ætatis primario.
Qui artem
Dum pertinaci studio prosequitur,
Brevi assecutus, postea vicit.
Naturam
Dum linearum compendio contrahit,
Se ipsa majorem expressit.
Eamdem,
Dum nova optices industria
Ordini lucique restituit,
Se ipsa fecit illustriorem.
Illam
Græcis, Italisque imitari,
Soli Pussino superare datum.
Obiit in urbe æterna XIV Kal. Dec.
M DC LXV, annos natus LXXI :
Ad sancti Laurentii in Lucina sepultus.
Claudius Nicasius Divionensis
Regii sacelli canonicus,
Dum amico singulari parentaret,
Veteris amicitiæ memor
Monumentum hoc posuit ære perennius.

Extrait mortuaire de Nicolas Poussin.

Fidem facio ego infrà scriptus curatus ecclesiæ parochialis sancti Laurentii in Lucinâ cler. reg. M. de Urbe, qualiter in libro mortuorum fol. 165 reperitur infra scripta particula, videlicet :

Il di 29 novembre 1665.

Nicolò siglio del quondam Gio. *Peressin* (sic) della diœcesi di Andelys in Normandiâ, marito della signora Pussina romana, morì nella communione di santa Madre Chiesa in età di anni 72, nella casa dove abitava in strada Paolina, ricevè tutti li SS. Sacramenti; et fù sepellito in questa chiesa, etc.

In quorum fidem etc..., datum Romæ hâc die 29 mensis Augusti, anno 1780. J. Bapta Cataffi con-curatus.

Seroux d'Agincourt, le célèbre antiquaire français, mort à Rome en 1814, auteur de l'*Histoire de l'art par les monuments*, a consacré au Poussin un souvenir, en plaçant, en juillet 1782, son buste au Panthéon, où se trouvaient déjà ceux de Raphaël et d'Annibal Carrache, avec une courte inscription : *Pictori Gallo*. Dans une lettre à son ami, M. Castellan, que les *Archives de l'art français* ont publiée, tome I, page 146, il expose les raisons pour lesquelles il avait préféré le Panthéon à la paroisse du Poussin, où l'incurie des prêtres l'avait frappé ; il exprime aussi pourquoi, d'un côté, ne pouvant lui attribuer la qualification de *Pictori philosopho*, déjà appliquée à Mengs, de l'autre, voulant revendiquer pour l'école française un artiste que l'on comptait à tort parmi les peintres romains, il s'en était tenu à la dédicace indiquée plus haut. Cette lettre est fort intéressante. D'Agincourt y juge très-bien le Poussin. Il y cite ces trois vers qu'il n'est pas inutile de reproduire, et qui furent faits vers ce temps et dans la même pensée :

> Picturam Ausoniis ex quo deduxit ab oris
> Et Româ ereptas, tibi Gallia, tradidit artes
> Pussinius, nihil est Italis cur æmula telis
> Invideas.

Le buste est l'œuvre de M. Segla, alors pensionnaire de France à Rome, d'après un portrait appartenant à la galerie *Rospigliosi*.

Monument élevé au Poussin par M. de Chateaubriand.

Ce monument, élevé à la mémoire du Poussin, à Saint-Laurent in Lucinâ, se compose d'un buste du peintre en marbre blanc, signé P. Lemoyne, 1829, placé sous une arcade, au-dessus de l'inscription suivante :

F. A. DE CHATEAUBRIAND
A NICOLAS POUSSIN
POUR LA GLOIRE DES ARTS
ET L'HONNEUR DE LA FRANCE.
NICOLAS POUSSIN
NÉ AUX ANDELYS EN MDLXXXXIV
MORT A ROME EN MDCLXV
ET INHUMÉ EN CETTE ÉGLISE.

Au-dessous est un bas-relief en marbre blanc représentant le tableau du Poussin : *Les Bergers d'Arcadie.*

On lit au bas les deux distiques de Bellori que nous avons cités plus haut.

Tout cet ensemble est signé :

Léon VAUDOYER,
Arch. MDCCCXXX.

Procès-verbal de la cérémonie qui a eu lieu aux Andelys, le 14 juin 1851, pour l'inauguration de la statue de Nicolas Poussin.

L'inauguration de la statue de Nicolas Poussin a eu lieu aux Andelys, le 14 juin 1851, suivant le programme arrêté par le Conseil municipal.

La grande place des Andelys, décorée pour cette fête, présentait, en face de la statue voilée, l'autel où Mgr l'évêque d'Évreux devait célébrer la messe, et des banquettes, disposées en amphithéâtre, pour recevoir le cortége officiel de la cérémonie, composé de représentants du département de l'Eure, des autorités de la ville et du département, et d'une députation de l'Institut.

Avant midi, la garde nationale des Andelys et des détachements des gardes nationales du département étaient rangés autour de la statue et de l'autel.

A midi un quart, le cortége, parti de l'hôtel de ville, est arrivé au pied de la statue.

M. le préfet du département, M. le sous-préfet et M. le maire de la ville des Andelys, marchaient en tête. MM. les représentants du département de l'Eure et MM. les membres du Conseil général venaient ensuite; puis la députation de l'Institut en grand costume : elle était composée de MM. de Pastoret, Raoul-Rochette, Horace Vernet, Schnetz, Couderc, Blouet, Lemaire, Picot, Ancelot, Henriquel.

La musique du 9me régiment de dragons, en garnison à Paris, s'était rendue aux Andelys, en vertu de l'autorisation spéciale de M. le ministre de la guerre, et n'a pas peu contribué à embellir la fête.

Mgr Olivier, évêque d'Évreux, assisté d'un nombreux clergé, a célébré la messe.

A ce moment solennel, la place des Andelys présentait un superbe tableau.

La messe terminée, on a découvert la statue [1], et la foule a salué le bronze où sont reproduits, d'après son portrait peint par lui-même, les traits de l'immortel enfant des Andelys.

Il est assis, dans l'attitude de la méditation.

Après la messe, Mgr l'évêque d'Évreux, M. Raoul-Rochette, au nom de l'Institut, et M. A. Passy, au nom de la Société des sciences, arts et belles-lettres du département de l'Eure, ont prononcé des discours.

M. le maire des Andelys a ensuite remercié les assistants de

---

[1] Cette statue est de M. Brian; elle a été fondue par M. Paillart.

leur empressement à accepter le rendez-vous donné par la ville des Andelys, autour du monument élevé au plus glorieux de ses enfants.

Après les discours, la foule s'est écoulée.

A quatre heures, un banquet a réuni tous les fonctionnaires et les députations, ainsi que les principaux habitants de la ville et du département, dans l'enceinte de la Halle neuve, tendue avec des draperies provenant du garde-meuble de la Couronne, et dans laquelle était placé le portrait du Poussin[1] et le *Coriolan*[2], tableau de ce grand maître, appartenant à la ville des Andelys.

Le soir, un feu d'artifice a été tiré sur la friche du Château-Gaillard, par l'artificier Ruggieri.

Des feux de Bengale ont éclairé le donjon resté au milieu des ruines de cette forteresse. Ensuite la ville a été illuminée.

Mairie des Andelys, le 15 juin 1851.

L'un des membres de la Commission du monument Poussin.

Signé Poncet.

Note P.

Analyse du testament du Poussin. — Le testament du Poussin est fait par-devant J. B. Rondino, notaire ; il en annule un précédent rédigé devant le même officier le 25 novembre 1664, ainsi que tout autre testament ou codicille qu'il aurait pu faire antérieurement. Il recommande son âme à la sainte Vierge, aux saints Pierre et Paul, à son ange gardien et à toute la cour céleste. Il règle enfin les dispositions pour son convoi.

---

[1] Ce portrait est une copie de celui du Louvre.
[2] Ce tableau qui est original a été donné à la ville des Andelys par le ministre de l'intérieur en l'an VII (1799).

Statuant ensuite sur la destination de ses biens, il laisse : 1° A Louis Dughet une somme de 800 écus romains de 10 jules chacun.

2° A Jeanne Dughet, sœur de sa femme, épouse de Bastien Cherabito, 1,000 écus romains ;

3° A Barbe Cherabito, sa nièce, fille de Jeanne, sa maison, les meubles qu'il y possède, ainsi que les ustensiles de ménage, l'or, l'argenterie, et l'argent monnayé jusqu'à la somme de 20 écus romains ;

4° A Catherine Cherabito, sœur de la susdite, 1,000 écus romains de 10 jules ;

5° A Léonard Cherabito, frère des susdites, 300 écus romains ;

6° A François Cherabito, autre frère des susdites, 200 écus romains ;

7° A Jean Dughet, 1,300 écus romains. Il lui remet aussi quelques engagements d'argent contractés avec lui, et recommande qu'après sa mort, on ne le tourmente pas à ce sujet ;

8° A Jean Retrou, banquier, etc., 50 écus romains ;

9° A Françoise Letellier, veuve d'Antoine Posterla, ou à ses enfants si elle décède, 1,000 écus, monnaie de France ;

10° Il nomme son légataire universel Jean Letellier, fils de Nicolas Letellier, et de dame Marie Honorat, auquel, en cas de mort, il substitue les enfants de Françoise Letellier ;

11° Il nomme ses exécuteurs testamentaires Jean Retrou et Jean Dughet, prenant à ce sujet les mesures nécessaires pour leur épargner toute dépense, et ne leur imposer aucune responsabilité.

Le visa de l'autorité romaine inscrit en latin au bas de l'exemplaire italien, est du 1er décembre 1665. — Ce testament est rédigé avec beaucoup de soin, les difficultés y sont prévenues avec une grande attention. On y reconnaît l'esprit consciencieux et précis du Poussin.

Note Q.

En attribuant au Poussin dans ses tableaux l'observation fidèle du costume, des convenances de temps et de lieu, etc., nous ne prétendons pas que cette fidélité soit littérale et absolue. Nous savons que les édifices de la ville d'Azot, et le vêtement de ses habitants dans le tableau de *la Peste*, ne sont point ceux des Philistins du temps de David, nous ne retrouvons pas dans les paysages qui encadrent le *Moïse sauvé des eaux* les sites et les monuments de l'Égypte tels que nous les connaissons aujourd'hui. Nous disons seulement que le Poussin a tiré des connaissances de son temps le parti le meilleur et le plus judicieux. Il ne faut pas oublier qu'il y a maintenant cent quatre-vingt-douze ans qu'il est mort, et qu'il n'y a pas encore un siècle que l'Afrique du Nord et la côte occidentale de l'Asie sont bien connues au point de vue de l'art et de la nature. Rome et la Grèce furent pour ce grand artiste la source unique où il put puiser la connaissance de ces accessoires ; mais il sut employer ces éléments de manière à les mettre toujours en harmonie avec son sujet, ce qui est pour la peinture le principal moyen de produire l'illusion. Sans doute s'il eût possédé les ressources accumulées aujourd'hui, il n'aurait pas négligé de s'en servir, et il l'eût fait avec la supériorité qui le caractérise. Mais on peut être sûr qu'il aurait su se garder des étroites prétentions de ceux qui se figurent avoir atteint le but mieux que les autres, parce qu'ils ont dessiné sur les lieux mêmes les édifices reproduits dans leurs tableaux et donné à leurs personnages le type de la race à laquelle ils appartiennent, ce type fût-il bas et laid. A la distance où se trouvent de nous les faits de l'histoire sacrée, ceux de l'histoire de la Grèce et de Rome, ils appartiennent au domaine de l'idéal et ne relèvent que de lui. Nos pères, en voyant Rebecca et les filles qui l'accompagnent dans le tableau du Poussin, ont admiré la beauté des figures, la grâce des attitudes et la noblesse des vêtements, ils n'ont pas demandé si le type était exactement celui de la famille d'Abraham ; en cela ils ont montré leur jugement et leur goût. C'est le génie du Poussin qui lui enseigna à approprier les monuments de Rome et les sites de ses campagnes à des sujets auxquels ils semblaient étrangers ; il lui eût suffi de vivre plus tard pour avoir de la Palestine et de l'Égypte des dessins exacts. Il faut reconnaître qu'à la condition de cette fidélité servile, la peinture dépendrait du hasard plus que du génie.

Note R.

Le passage qui suit complète la pensée de l'auteur auquel nous avons emprunté notre citation. En rapprochant ces réflexions de la note G, où nous avons donné quelques fragments de la lettre par laquelle le Poussin justifie la manière dont il a conçu l'ornementation de la galerie du Louvre, on verra que M. Delécluse ne s'est pas trompé.

« Pour donner plus de poids aux propositions qui viennent d'être avancées, et pour justifier en même temps l'emploi du système que le Poussin a adopté, on entrera dans quelques détails sur la différence de dimension donnée aux figures des tableaux, avant et depuis ce grand artiste. Tant que le goût et l'usage de décorer de peintures les vastes murs des églises et des monuments publics ont duré, les artistes ont considéré les sujets qu'ils traitaient et les figures qui y étaient introduites comme des ornements dont l'ensemble et les détails doivent être subordonnés à ceux de l'architecture. Depuis les premiers peintres qui ont traité la mosaïque, jusqu'à Michel-Ange lorsqu'il décora la chapelle Sixtine, tous ont donné à leurs figures des dimensions, non pas relatives à la stature humaine, mais en rapport avec les proportions architectoniques qui leur servaient d'encadrement. De là vient que *le Christ*, représenté en mosaïque à Saint-Paul hors les murs, a vingt-cinq pieds de haut; que Raphaël, dans la chambre *alla segnatura*, a donné à peine cinq pieds de haut à ses personnages, et que Michel-Ange, dans la Sixtine, a grandi, selon la place qu'ils occupent, ses damnés, ses sibylles et ses prophètes, depuis dix pieds jusqu'à vingt. C'est ainsi que se traite et que doit être traitée la peinture monumentale, dont la partie matérielle se coordonne avec l'architecture, et dont les sujets, ordinairement merveilleux, se prêtent à l'emploi de dimensions imaginaires pour les figures.

« Le Poussin était loin d'ignorer tous ces grands artifices de la composition pittoresque. Ce fut même parce qu'il en avait étudié tous les ressorts et les effets, qu'il reconnut que l'application ne pouvait en être faite à des tableaux isolés, de petite dimension, et représentant des actions réelles et historiques. L'étude approfondie que ce grand homme avait faite de l'optique et de la perspective le convainquit, au contraire, que les compositions du genre de celles qu'il voulait montrer avaient besoin, pour produire tout l'effet que l'on devait en attendre, d'être présentées à l'œil du spectateur sous une apparence qui rapprochât le plus possible de la réalité les personnages et les objets introduits dans le tableau. Partant donc de cette donnée fixe, qu'une galerie particulière ne laisse jamais plus de vingt-quatre à trente pieds de reculée au spectateur, il en tira la conséquence que la plus grande dimension de ses tableaux ne devait pas excéder douze pieds. En effet, la plupart des ouvrages du Poussin sont de cette dimension, et, par un phénomène optique dont les savants et les artistes pourront sans peine se rendre raison, on reconnaît que, la reculée du spectateur à trente pieds, l'ouverture du tableau de dix, et la hauteur d'un homme de cinq pieds et demi étant données, on aura pour résultat des figures dont la grandeur apparente sur le tableau sera, avec quelques variétés, de dix-huit pouces à deux pieds. On voit donc que le Poussin, qui, dans la partie la plus poétique de ses ouvrages, conservait la vérité et la réalité historiques, a suivi un système analogue pour les objets matériels et visibles de ses compositions, et qu'il a donné à la figure humaine la grandeur apparente qu'elle conserve selon la distance plus ou moins grande d'où elle est aperçue. »

(*Le Plutarque français*, Nicolas Poussin, tome II, page 374.)

NOTE S.

(Extrait de la Vie du Poussin, par Bellori.)

« Quant à la manière de procéder du Poussin, on peut dire qu'il se proposa surtout pour exemples l'antique et Raphaël, comme il avait commencé de le pratiquer à Paris dans sa jeunesse. Voulait-il faire une composition?... Quand il en avait bien conçu l'idée première, il en traçait une ébauche suffisante pour la bien comprendre. Il formait ensuite avec de la cire, en petits modèles de demi-palme, et dans leurs attitudes, toutes les figures qui devaient s'y trouver. Il en composait alors son histoire ou sa fable en relief, pour voir au naturel les effets de la lumière et des ombres des corps. Successivement il formait d'autres modèles plus grands, et les habillait, pour voir à part l'ajustement et les plis sur le nu. Pour cela il se servait de toile fine de Cambray mouillée, se suffisant du reste pour la variété des couleurs de petits morceaux de drap. Ainsi, partie par partie, il dessinait le nu d'après nature. Les dessins qu'il faisait de ses inventions n'étaient pas scrupuleusement étudiés dans leurs contours, mais plutôt formés de simples lignes relevées d'un clair obscur à l'aquarelle, à l'aide de quoi il fixait la puissance des mouvements et de l'expression. Dans les histoires, comme ses compositions en font foi, il cherchait toujours l'*action*, et disait que le peintre doit choisir un sujet propre à être représenté, et rejeter ceux qui n'offrent point d'action. En lisant les histoires grecque et latine, il notait les sujets, et s'en servait ensuite à l'occasion. »

Note T.

Les relations du Poussin avec Le Sueur sont un problème que l'histoire des arts n'a pas encore résolu. M. Vitet, dans la notice qu'il a publiée en 1841, sur le peintre de saint Bruno et des Chartreux, a donné de ces relations et de l'influence heureuse exercée par le Poussin sur son jeune confrère, des détails circonstanciés qui ne pourraient se justifier que par la connaissance de documents particuliers qu'il aurait eus sous les yeux. M. L. Dussieux, dans un travail spécial sur Le Sueur, tiré de documents inédits appartenant à l'Académie des beaux-arts, a soutenu l'opinion contraire, et nié qu'aucun renseignement aujourd'hui connu autorisât à regarder comme ayant réellement existé ces relations telles que M. Vitet les a décrites. Nous reconnaissons la vérité de ce qu'affirme M. Dussieux, nous n'avons pas plus que lui connaissance de documents relatifs à des circonstances qui auraient pu rapprocher ces deux grands artistes. Nous en sommes donc aux conjectures. Voici celles qui nous paraissent les plus vraisemblables.

Le Sueur est né en 1617, et n'avait par conséquent que sept ans en 1624, lorsque le Poussin partit pour Rome; il en avait vingt-quatre et peignait déjà avec succès, lorsque le Poussin revint à Paris, appelé par Louis XIII. La juste renommée de ce grand artiste, la faveur dont il jouissait à la cour, les œuvres qu'il produisit pendant ce court intervalle de temps, œuvres que le génie de Le Sueur était si capable d'apprécier, durent, selon toute apparence, attirer l'attention d'un jeune peintre qui n'avait pas jusque-là trouvé dans ses maîtres les conseils que ses dispositions lui auraient fait apprécier. N'est-il pas très-probable que, dans ces circonstances, Le Sueur rechercha le commerce du Poussin? Ne serait-il pas bien extraordinaire que ce dernier eût échappé complétement à la connaissance et à la fréquentation que dut désirer Le Sueur ? Ces conjectures paraissent très-vraisemblables, si vraisemblables que nous les admettons presque comme un fait ; néanmoins nous devons reconnaître qu'elles ne reposent sur aucune donnée que l'histoire nous ait transmise. Cette fréquentation probable étant admise, on se demandera, sans pouvoir répondre à ces questions, si la liaison alla jusqu'à l'intimité, jusqu'aux conseils, jusqu'à la direction et à la surveillance de quelque œuvre du jeune artiste. Ici rien ne nous éclaire, et les affirmations, les détails donnés par M. Vitet, nous paraissent dus à des conjectures de l'écrivain qui a voulu croire à une liaison qui lui semble naturelle, et par laquelle il explique le caractère des productions de Le Sueur, explication sans doute inutile, car l'inspiration propre de celui-ci y suffit toute seule.

Le Poussin retourna à Rome au bout de deux ans. Le Sueur ne put pas, ou ne voulut pas aller visiter ce centre des arts au dix-septième siècle ; il fut par conséquent privé de la société du Poussin, si tant est qu'il en ait jamais joui. Peut-être un commerce épistolaire s'établit-il entre les deux artistes pour continuer des relations naturelles entre des talents sympathiques... Rien ne l'annonce, et le Recueil des lettres du Poussin n'en contient aucune qui ait cette destination ; nous ajoutons qu'il écrivait le moins qu'il pouvait. Ainsi donc si les rapports du Poussin et de Le Sueur ont quelque probabilité, elle dépend de circonstances presque uniquement chronologiques, d'où naissent ces inductions, mais n'est fondée sur aucun document. Quelques tableaux de Le Sueur, en témoignant une sorte de similitude d'inspiration, ne sauraient donner à ces conjectures le caractère de la certitude.

Note U.

Le fait suivant, raconté par un élève de David, trouve naturellement ici sa place.

« ....A ce moment, David (il composait alors le tableau des *Horaces*) voulut s'inspirer de quelque grand maître qui eût traité des sujets analogues à celui qui l'occupait. Dans ce but, il pense à la galerie d'Orléans, du Palais-Royal, ouverte à tout le monde, la plus riche et la plus complète qu'il y eût alors en France. Elle possédait, entre autres chefs-d'œuvre, le tableau de l'*Enlèvement des Sabines* du Poussin. David s'y rend, court au tableau, et à peine a-t-il jeté les yeux sur les différentes parties dont il se compose, que la figure vue de dos d'un licteur, qui est au bas du tribunal de Romulus, le frappe et lui apparaît soudainement comme lui montrant la pose et l'action de l'aîné des Horaces prêtant serment. Dès ce moment cette figure lui devint comme une idée fixe qui, arrangée et soumise aux exigences du sujet, lui servit à la création de son héros. Une fois trouvée, il est facile de suivre David, et de voir comment il va tirer parti de sa première pensée, et grouper les frères puînés avec leur aîné. Les bras vont s'élever pour prêter serment ; Horace père va élever aussi les siens ; et l'enchaînement des idées, ainsi que la disposition morale où se trouve David, nous font arriver tout naturellement à l'idée sublime qui domine toute la composition. C'était donc avec quelque fond de vérité que David disait en plaisantant, avec sa bonhomie ordinaire : « Si c'est à Corneille que je dois mon sujet, c'est au Poussin que je dois mon tableau. »

(Examen du tableau du *Serment des Horaces*, etc..., et notice historique... Par Al. Peron, lu à la Société libre des beaux-arts.)

En examinant dans ce même tableau le groupe de la mère et des sœurs, on reconnaîtra que plusieurs de leurs mouvements ne sont pas étrangers aux mouvements des femmes du *Testament d'Eudamidas*; l'analogie est encore plus visible dans une première composition dont la brochure de M. Peron donne le croquis.

Note V.

Œuvre du Poussin.

Le Poussin a beaucoup produit, sans que cette fécondité ait rien fait perdre au soin réfléchi avec lequel il composait et exécutait ses tableaux. La parfaite régularité de sa vie et ses habitudes laborieuses expliquent ce résultat.

Son œuvre se compose : 1° de quelques modèles en relief dont un seul nous est connu, l'*Ariane du Vatican*, appartenant à M. Gatteaux, de l'Institut. D'autres, dont Bellori a conservé le souvenir, sont exécutés en marbre à Versailles ; nous en avons parlé plus haut page 212 ; 2° de tableaux ; 3° de dessins.

Tableaux. — Nous pourrions citer près de trois cents tableaux du Poussin connus et authentiques, mais le simple énoncé des titres serait d'autant moins intéressant qu'il ne pourrait le plus souvent être accompagné d'aucun autre renseignement. Ces tableaux se divisent en *allégories, sujets tirés de l'Ancien Testament, sujets tirés du Nouveau, sujets empruntés à l'histoire profane et à la philosophie, — trois portraits, — sujets mythologiques, — paysages.* (Voir la deuxième partie ci-dessus). Le musée du Louvre possède trente-neuf tableaux du Poussin, parmi lesquels beaucoup de ses meilleurs ; on trouve au cabinet des estampes de la Bibliothèque impériale, le recueil de toutes les reproductions de ses œuvres par les graveurs les plus célèbres ; nous renvoyons le lecteur à ce catalogue vivant et instructif.

Dessins. — Les dessins du Poussin sont, comme cela devait être, beaucoup plus nombreux que ses tableaux. On en compte plusieurs milliers répandus dans les cabinets et les collections d'amateurs. Le Musée du Louvre en possède un grand nombre, dont quelques-uns seulement sont exposés dans les galeries ; ils suffisent néanmoins pour donner une idée de sa manière, d'autant qu'il y en a de plus ou moins finis, suivant le degré de rendu que le peintre voulait leur donner. On lit facilement, dans ces immenses travaux, la marche consciencieuse et savante que suivit le Poussin dans l'élaboration successive de l'ensemble et des diverses parties de ses compositions.

Un catalogue complet de l'œuvre du Poussin exigerait plusieurs volumes, de grandes dépenses et de nombreux voyages ; dans un ouvrage consacré à l'histoire de sa vie, et à la peinture de son caractère en harmonie avec son talent, nous avons dû nous borner à cette simple note.

PHILIPPE DE CHAMPAGNE

ET

CHAMPAGNE LE NEVEU.

NOTICE

SUR LA VIE ET LES OUVRAGES

DE

PHILIPPE DE CHAMPAGNE

ET DE

CHAMPAGNE LE NEVEU.

La brillante carrière ouverte à la peinture en France date de Charles Lebrun, après son retour d'Italie en 1647. Il semble que cet art se préparât dès ce moment à servir bientôt les projets de Louis XIV, et à répondre à ses encouragements. L'établissement de l'Académie de peinture en 1648 créa un centre auquel se rattachèrent tous les hommes d'un talent reconnu, dont plusieurs s'étaient trouvés à Rome en même temps que Lebrun, et avaient pu, comme lui, profiter des conseils du Poussin.

Néanmoins, avant que les circonstances eussent fait naître et réuni ces nombreux artistes, parmi lesquels se firent remarquer Errard, Nocret, Mignard, etc., la peinture française comptait déjà d'habiles maîtres depuis le milieu du XVIe siècle. Les plus anciens, il est vrai, n'avaient guère connu que la peinture du portrait; mais la présence du Primatice, et avant lui de maître Roux à Fontainebleau, avait imprimé une direction vers les grandes compositions, qui fut suivie par Fréminet et par Jean Cousin. Toutefois, au commencement du XVIIe siècle, ces artistes étaient morts ou âgés, et ceux qui devaient recueillir leur héritage avaient à peine terminé leurs études. Simon Vouet seul, par un talent facile et précoce, favorisé du Souverain Pontife, et dès 1624 prince de l'Académie de Saint-Luc, avait fixé l'attention de Louis XIII, et était, bientôt après ses succès d'Italie, revenu en France. Pendant ce temps, le Poussin, établi à Rome, poursuivait consciencieusement ses travaux, et mûrissait pour la glorieuse carrière que son génie allait lui ouvrir. De sorte que, de 1624 à 1648, la peinture n'était représentée en France que par Vouet, Jacques Stella, qui avait quitté Rome en 1634, Laurent de Lahyre et Philippe de Champagne. Ces quatre peintres durent suffire aux travaux considérables ordonnés par Richelieu, par Louis XIII, par de riches monastères, par des prélats amis des arts, par des seigneurs jaloux d'embellir leurs demeures, ou de transmettre à la postérité les traits de leurs visages et le souvenir de leurs exploits.

Quelle qu'ait été la séduisante facilité de Vouet et l'éclat de sa carrière, quoique Laurent de Lahyre surpassât de beaucoup son père, et que Jacques Stella eût rapporté en France le fruit de dix années passées dans la familiarité du Poussin, le plus justement célèbre entre ces peintres est Philippe de Champagne, auquel nous allons consacrer quelques pages.

Philippe de Champaigne, comme il écrivait lui-même, ou de Champagne, comme l'autorisent les changements survenus dans l'orthographe du nom de cette province, naquit à Bruxelles, le 26 mai 1602[1]. Il est compté par la plupart des biographes au nombre des peintres de l'école flamande. Nous examinerons à la fin de cette notice, d'après l'ensemble de sa vie et de ses œuvres, s'il ne doit pas en réalité appartenir à l'école française. Sa famille, originaire de Reims, jouissait d'une honnête aisance acquise par le travail et l'économie; elle était estimée pour sa probité, et le frère de notre artiste, simple tailleur, mérita d'être élu bourguemestre de sa ville natale. L'inclination pour la peinture se fit remarquer de bonne heure dans le jeune Philippe; c'était avec le plus vif empressement qu'il dessinait des figures, se livrant à cette occupation

---

[1] Voir, à la fin, note A.

plus volontiers qu'il ne s'appliquait à former des lettres.

Une jeune fille reçut des circonstances la mission d'entretenir et de fortifier encore dans Philippe cette ardeur pour le dessin. Le célèbre peintre flamand Bernard Van Orley était, par sa femme, allié de la famille de Champagne; il avait une fille dont Philippe était parent; les deux enfants se voyaient fréquemment, et la petite fille ne cessait de faire à son cousin de grands récits des tableaux auxquels travaillait son père. Aussi, dès l'âge de neuf à dix ans, la tête toujours remplie de ces images, Philippe ne cessait de copier tout ce qu'il trouvait d'estampes et de tableaux. Ce goût devint si prononcé que son père ne crut pas devoir résister davantage, et qu'il le confia, alors âgé de douze ans, à un peintre de Bruxelles, nommé Jean Bouillon. L'enfant resta quatre ans dans l'école de ce maître, et le quitta pour suivre les leçons d'un nommé Michel de Bourdeaux, qui passait pour réussir dans les tableaux de petite dimension. Ce fut dans la maison de cet artiste qu'il fit connaissance du paysagiste Fouquière, qui le prit en amitié, et lui donna à copier quelques-uns de ses dessins.

Philippe avait déjà acquis quelque pratique de la peinture, lorsque son père l'envoya à Mons-en-Hainault, chez un peintre que les biographes nous présentent comme n'ayant qu'une capacité médiocre. Il y resta une année et revint à Bruxelles, où sa liaison avec Fouquière se resserra au point qu'il passa encore un an à travailler avec ce maître. Il en avait naturellement pris la manière, en vivant dans sa familiarité. Il dessinait les paysages en les marquant d'un caractère tellement analogue, que Fouquière, après les avoir légèrement retouchés, fit souvent passer pour siens les dessins de son élève.

La peinture du paysage, de laquelle il sut habilement se servir comme accessoire dans tout le reste de sa vie, n'était pas néanmoins celle à laquelle la nature de son génie appelait Philippe de Champagne. C'était cependant ce genre seul dans lequel il venait de trouver un maître capable de lui donner d'utiles leçons. L'âge avançait : Philippe avait alors dix-neuf ans, et il était temps de chercher ailleurs des conseils et des inspirations qui dirigeassent et soutinssent ses efforts naissants dans la voie des grandes compositions.

Son père forma à cette époque le projet de le placer à Anvers, dans l'atelier de Rubens, alors en grande réputation, et fréquenté par tous ceux qui avaient à cœur de faire de brillants progrès dans la peinture. Mais on n'entrait point dans l'atelier de Rubens sans payer une pension considérable à cet artiste fastueux, qui probablement n'accueillait guère volontiers les pauvres parmi ses élèves. Le père de Philippe ne reculait pas devant ce sacrifice; mais Philippe voulut l'épargner à sa famille, et résolut d'aller en Italie pour y compléter ses études. Il y eut sans doute dans cette résolution quelque autre mobile encore que le désir de n'être plus à charge à ses parents. En examinant aujourd'hui les ouvrages qui nous restent de Philippe de Champagne, il est impossible de ne pas reconnaître qu'ils tiennent à une manière de concevoir l'art plus rapprochée des Italiens que de Rubens, et qu'ils témoignent d'une sagesse de conception, d'une réserve dans l'inspiration même, que devaient effaroucher les puissants effets de couleur et les dispositions théâtrales du peintre d'Anvers. Il est donc naturel de croire que ces motifs durent diriger la conduite de Philippe; ils vinrent à l'appui de ceux que lui suggéraient son dévouement à sa famille, et le besoin qu'il éprouvait de lui épargner de coûteuses avances.

Pour aller à Rome, il se proposait de passer par Paris, et il avait le projet de rester quelque temps dans cette ville; les circonstances et l'accueil qu'il y reçut devaient l'y fixer pour toujours.

En y arrivant en 1621, il entra chez un maître peintre, qui, incapable lui-même de faire des portraits d'après nature, employait Philippe à exécuter ceux qu'on lui commandait. L'Académie, qui affranchit plus tard les artistes habiles de cette sujétion aux droits et aux conditions de la maîtrise n'existait pas encore. Elle ne fut créée, nous l'avons dit, qu'en 1648. Il sortit bientôt de chez ce maître pour entrer chez un peintre lorrain nommé Lallemant, alors en réputation, plus par la facilité de son pinceau que par toute autre qualité réelle et sérieuse. Pour un pareil artiste, il s'agissait surtout de satisfaire à de nombreuses commandes et de gagner beaucoup d'argent. Il appréciait, sans doute, le talent du jeune Philippe, qui travaillait à ses côtés; son habileté à peindre également la figure et le paysage lui était précieuse, et il la mettait à profit; mais il se félicitait moins de son application et du soin consciencieux qu'il portait dans son exécution. Ne détachant jamais l'idée de perfectionner ses études du besoin de satisfaire à ses engagements, Philippe de Champagne quitta aussi Lallemant et se mit en son particulier. Il vécut dès lors en faisant des portraits, parmi lesquels il exécuta celui du célèbre général Ernest de Mansfeld [1], l'un des héros de la guerre de Trente ans, que sa vie aventureuse avait sans doute un instant rapproché de Paris.

Vers ce même temps, après une seconde tentative pour aller à Rome, dans laquelle il avait dû se borner à voir Florence, le Poussin était revenu à Paris, et logeait dans le collége de Laon. Philippe de Champagne y choisit aussi sa demeure, et ce fut là que des relations amicales s'établirent entre les deux jeunes peintres.

Le Poussin avait huit ans de plus que Philippe. A l'âge où ils étaient tous deux, cette différence est considérable : c'est la période pendant laquelle un peintre passe de l'atelier à l'indépendance, des derniers moments de l'apprentissage au commen-

---

[1] Ce fait, dont nous ne trouvons pas d'autre trace, nous est fourni par d'Argenville.

cement de la maturité. Les conseils désintéressés du Poussin durent être d'une grande utilité à Philippe de Champagne. Le peintre français, indépendamment de son expérience, venait de visiter en Italie la ville célèbre où les Médicis avaient accumulé des trésors. Statues antiques, statues modernes, tableaux d'écoles diverses, traditions de la peinture florentine, tous ces objets d'étude avaient fortement attiré l'attention du Poussin, et s'il revenait avec un désir plus vif encore de pénétrer jusqu'à Rome, il ne revenait pas sans avoir recueilli des fruits précieux de ce premier séjour sur le sol classique des beaux-arts. Champagne, qui avait quitté Bruxelles dans l'intention d'accomplir un semblable voyage, ne pouvait manquer de se plaire dans des conversations qui lui représentaient, avec un vif sentiment de réalité, une partie des lieux et des œuvres qu'il désirait ardemment visiter lui-même; personne alors à Paris ne pouvait à cet égard remplacer le Poussin.

Indépendamment de ces circonstances, nous ne pouvons douter, à la vue des œuvres de la maturité de l'un et de l'autre, que des dispositions analogues ne les dirigeassent dans l'étude de leur art. Tous deux attachaient un grand prix à la pureté du dessin, tous deux, d'un naturel réfléchi, méditaient longtemps sur leurs compositions avant d'en arrêter l'ordonnance définitive. Un sentiment religieux profond inclinait leur goût vers les sujets tirés de l'Histoire de la Religion, et éclairait leur inspiration dans la manière de les traiter. Ph. de Champagne, sans doute, se montre à nous comme ayant vécu dans des préoccupations de religion pratique plus constantes que son ami, et moins mêlé à sa croyance une certaine liberté de penser : moins que lui il ouvrit son esprit aux tableaux de la mythologie et même aux conceptions plus sérieuses de l'histoire profane; mais nous devons remarquer que les dispositions religieuses de Philippe étaient contemporaines de son goût pour le dessin, et que, dans son enfance, la fréquentation des églises avait nourri à la fois sa piété native et son amour pour la peinture.

Cette différence de génie n'était guère, comme on le voit, que dans le degré; la nature, au fond, était la même, et le caractère particulier du Poussin se faisait sentir précisément dans cette flexibilité qui manquait au jeune Philippe.

L'occasion d'ailleurs s'offrait naturellement aux deux jeunes peintres de s'entretenir de leur art. Duchesne, artiste d'une verve peu féconde et d'une exécution médiocre, était alors chargé de diriger au palais de Luxembourg les ouvrages de peinture ordonnés par Marie de Médicis. Il y employait déjà le Poussin, et il ne tarda pas à en confier une autre partie à Philippe de Champagne. Poussin était-il étranger à cette détermination de Duchesne? Ou devons-nous croire que la confraternité d'études avait tout naturellement amené l'un à la suite de l'autre?

Maintenant que nous pouvons juger, dans leurs résultats les plus précieux, les travaux de ces deux grands artistes, nous avons peine à nous les figurer occupés à peindre des sujets légers, de gracieux paysages, des ornements sur des lambris. Nous supposons facilement, et sans crainte de nous tromper, que ce ne fut pas sans maudire quelquefois le sort, qu'ils se livrèrent à ces travaux si éloignés des inspirations qui agitaient sourdement leurs génies, et qui se firent jour plus tard au grand profit de leur gloire et de la gloire de leur patrie. Ils durent plus d'une fois se communiquer leurs impressions réciproques, et opposer la pensée de l'art tel qu'ils le comprenaient à ces jeux du pinceau auxquels les besoins de la vie les forçaient d'occuper leur jeunesse. Bien des réflexions utiles furent échangées au milieu de leur détresse; beaucoup de nobles résolutions prirent naissance dans ces jeunes âmes, sous l'empire de l'émulation qui excitait et soutenait leurs efforts. Il paraît, du reste, que c'était au Poussin qu'appartenait la supériorité, que c'était lui surtout qui était écouté de son jeune compagnon, auquel profita, comme on peut le voir encore aujourd'hui, cette confraternité de quelque temps.

En 1624, le Poussin, après avoir satisfait à l'engagement pris avec une confrérie, en achevant le tableau de *la Mort de la Vierge*, destiné à une chapelle de Notre-Dame de Paris, partit pour Rome, où l'appelait son ami le cavalier Marin, qui venait de l'y précéder de quelques mois. Il ne partit pas cependant sans avoir obtenu un tableau de la main de Champagne. Celui-ci fit un paysage, et le lui donna comme souvenir de leur liaison.

Tandis que le Poussin allait à Rome, où l'attendait la misère, parcourir péniblement la voie laborieuse qui lui fit attendre encore quelques années l'aisance et la gloire, Philippe de Champagne continuait, sous Duchesne, à travailler dans le palais de Luxembourg. Il peignit entre autres, dans les chambres destinées à la reine-mère Marie de Médicis, plusieurs tableaux qui furent appréciés par le sieur Maugis, abbé de Saint-Ambroise, intendant des bâtiments de cette princesse. Les ornements mêmes qu'il composa pour leur encadrement, et ceux dont il décora les panneaux qui les divisaient, parurent d'un meilleur goût que tout ce qui avait été fait dans ce genre jusqu'à ce moment. L'abbé en témoigna sa satisfaction d'une manière qui parut à Duchesne désobligeante pour lui. Philippe de Champagne craignit les envieux ressentiments de son maître, et céda à l'appel de son frère qui l'engageait à revenir à Bruxelles. Peut-être devons-nous conclure, d'un fait dont nous parlerons plus bas, que Duchesne vit avec plaisir s'éloigner le jeune peintre, dans la crainte d'une alliance qu'il redoutait, ou du moins qu'il ne désirait pas.

En retournant à Bruxelles, Philippe de Champagne n'avait pas le dessein d'y rester. Fidèle à son désir de visiter l'Italie, vers laquelle un nouveau motif l'attirait depuis qu'il devait y retrouver le Poussin, il considérait cette visite à sa famille comme une sorte d'adieu qu'il voulait lui faire avant de commencer une absence de quelques années. Les circonstances changèrent ses résolutions.

En attendant que nous rappelions ces circonstances, qui ne devaient pas tarder à se produire, il est curieux de rapprocher quelques dates, et d'en tirer des conjectures que nous avons déjà indiquées plus haut, qui, d'ailleurs, se présentent d'elles-mêmes. Rubens, chargé par la reine Marie de Médicis de retracer sur de vastes toiles les faits qui marquèrent son arrivée en France, son mariage, la naissance de son fils, etc., exécuta à Anvers la presque totalité de ces grandes compositions. Il vint en France en 1625, et les plaça lui-même dans la galerie préparée pour les recevoir. Il y recueillit les applaudissements mérités par cette grande œuvre, et la gloire de cet artiste fut à son comble. Philippe de Champagne était alors occupé dans le même palais des peintures dont nous avons parlé plus haut; il était plus capable que tout autre d'apprécier les hautes qualités de Rubens, et Anvers, où celui-ci réunissait de nombreux élèves, était moins loin de Bruxelles que Bruxelles n'était loin de Rome. Néanmoins, tout l'éclat de la réputation du grand artiste, toute la faveur dont il jouissait ne modifièrent point ses résolutions, et l'Italie resta l'objet de sa pensée comme renfermant le type idéal de la peinture, saisi dans toute sa pureté. C'était la seconde fois pour ainsi dire qu'il fuyait Rubens, et il n'est pas sans intérêt d'en chercher la cause.

Elle se trouve naturellement dans les dispositions de l'artiste. Si l'on a pu, avec raison, reprocher à Philippe de Champagne quelque froideur dans la composition et dans l'expression; si sa couleur, toujours vraie, n'est pas d'un grand éclat, en retour, on reconnaît en lui un dessin correct, un choix élevé dans les figures, une noble disposition dans les attitudes et les draperies, en général tout ce qui tient à un sentiment pur des convenances, à la conviction religieuse dans les sujets qu'il eut à traiter, la plupart destinés à des églises. Son exécution sage, sévère, facile sans qu'il cherchât à montrer sa facilité, n'a rien de la fougue qui entraîne la brosse du peintre d'Anvers. Ajoutons à cela l'influence que le Poussin avait exercée sur son ami, influence qui ne fut possible que par une certaine conformité de manière de voir, et l'on aura l'explication des tendances qui éloignaient Philippe de Champagne de Rubens et de son école.

Pendant que Philippe était à Bruxelles, au sein de sa famille, préparant son voyage en Italie, il apprit la mort de Duchesne, arrivée peu après son départ. Cette nouvelle lui était transmise par une lettre de l'abbé de Saint-Ambroise, qui lui annonçait en même temps que la reine lui donnait la place que cette mort laissait vacante, avec une pension de douze cents livres et un logement au palais de Luxembourg. Cette faveur inattendue, qui ouvrait à l'artiste une si heureuse perspective, fut immédiatement acceptée, et Philippe revint à Paris en 1628. Il épousa la fille aînée de Duchesne, et les liens de sa nouvelle famille, les nombreuses commandes auxquelles il dut satisfaire, lui firent d'abord ajourner le voyage de Rome; il fut forcé d'y renoncer plus tard.

A part deux ou trois faits qui nous ont été conservés de la vie privée de Philippe de Champagne, à part surtout les chagrins qui la traversèrent, son histoire n'est guère que celle de ses œuvres. Nous essayerons de les parcourir dans leur succession chronologique, en faisant ressortir, autant que possible, la valeur et les progrès du peintre, non sans mettre à profit les circonstances qui pourront nous faire connaître l'homme.

Pendant son séjour à Bruxelles, il avait fait pour une confrérie un *Crucifix* avec deux pèlerins à côté de la croix. Arrivé à Paris, il reprit quelques travaux de peinture laissés imparfaits entre les sculptures des plafonds dans plusieurs des appartements du palais.

Le premier travail considérable qui fut confié à Philippe de Champagne se compose de six tableaux destinés à l'église des Carmélites du faubourg Saint-Jacques. Les sujets de ces tableaux furent *la Nativité, la Circoncision, l'Adoration des Rois, la Présentation au Temple*, et, en dehors de ces commencements de la vie de Jésus-Christ, une *Résurrection de Lazare* et une *Assomption*. Ce qui attira le plus les regards des curieux, dans l'ensemble des travaux de Champagne pour ce monastère, ce fut un *Christ*, peint dans la voûte, sur un plan horizontal, et qui néanmoins paraissait perpendiculaire. Il avait été aidé, dans la solution de ce curieux problème, par un géomètre du temps, qui s'était chargé d'en arrêter la perspective linéaire. Deux ans plus tard, Louis XIII confia à son pinceau le soin de représenter, sur une vaste toile, un vœu qu'il avait fait à Lyon, en 1630, au milieu d'une maladie qui mit un instant sa vie en danger. Vers ce même temps, il représenta aussi ce prince conférant au duc de Longueville l'ordre du Saint-Esprit [1].

C'était l'époque où le cardinal de Richelieu faisait bâtir le Palais-Royal, alors Palais-Cardinal. Le génie sévère que ce grand homme déploya au milieu des nécessités de la politique, n'avait point effacé son goût pour les lettres et les arts, et il ne se trompa pas toujours dans la protection qu'il voulut leur accorder. Déjà il avait fait venir de Rome quatre *Bacchanales* demandées au pinceau du Poussin, au choix duquel, plus tard, il ne fut pas étranger, lorsque la charge de Premier peintre ordinaire du roi lui fut donnée. Le talent de Philippe de Champagne l'avait frappé au point qu'il lui confia plusieurs fois ses traits à reproduire. Comme le pa-

[1] Une copie de ce tableau figure dans les galeries historiques de Versailles.

lais venait d'être achevé en 1636, il réclama son intervention pour l'orner dignement. Philippe y peignit les cinq compartiments d'un plafond, dans le principal desquels, formant le milieu, il représenta Apollon élevé et dominant sur les Arts. Il peignit aussi sur l'un des côtés d'une autre galerie, quelques portraits d'hommes illustres, tandis que Vouet peignait ceux qui garnissaient le côté opposé.

Ce fut à la suite de ces travaux que le cardinal l'appela à décorer l'intérieur du dôme de la Sorbonne. Richelieu, prince de l'Église, mais en même temps ministre tout-puissant d'un roi dont la couronne était, par une longue tradition d'indépendance, libre de la suprématie de Rome, et à l'abri des tentatives d'usurpation du pouvoir spirituel, voulut donner une demeure digne de lui à ce *Concile permanent* des Gaules[1], et en fit reconstruire les bâtiments et la chapelle, de 1629 à 1635. La coupole, partagée en compartiments, ne fournissait point à Philippe de Champagne l'occasion d'une composition une et grande. Les quatre médaillons formant pendentifs, où il peignit les quatre docteurs de l'Église, sont ce que cette œuvre présente aujourd'hui de plus visible et de plus facile à apprécier. Quelques autres tableaux, qu'il exécuta pour le même cardinal à Richelieu et à Bois-le-Comte, achevèrent de lui concilier sa faveur, de manière même

---

[1] La Sorbonne fut souvent désignée par cette glorieuse allusion.

à le forcer d'en décliner en partie l'honneur et le profit.

Philippe, tout en travaillant pour le cardinal, pour des églises, pour de riches personnages, n'en restait pas moins peintre de la reine-mère. Il n'avait, en conséquence, rien exécuté pour d'autres que pour elle, sans avoir obtenu son agrément. Richelieu, peut-être par suite de la rivalité de pouvoir et d'influence qui commençait à se prononcer entre lui et cette princesse, proposa à Philippe de Champagne de quitter le service de Marie de Médicis pour entrer exclusivement au sien, et lui fit, pour le décider, les offres les plus avantageuses. L'artiste, fidèle à sa bienfaitrice, répondit à ceux qui lui faisaient connaître le vœu de l'Éminence jalouse, que, « si monseigneur le cardinal pouvait le rendre plus habile peintre qu'il n'était, ce serait la seule chose qu'il ambitionnerait, mais que cela surpassant son pouvoir, il ne désirait que l'honneur de ses bonnes grâces. » Cette générosité se montra encore dans une autre circonstance, devant le même prélat, qui lui demandait son opinion sur les talents de Vouet. Il parla de celui-ci comme d'un habile homme, et en dit beaucoup de bien ; sur quoi le cardinal lui fit observer qu'il ne devait avoir aucun ménagement pour ce peintre, qui parlait avec mépris de tous ses confrères.

Quelle que soit la première de ces réponses, un peu fière, adressée à un personnage aussi grand que le cardinal de Richelieu, un peu sentencieuse pour le génie simple et réservé de Philippe, le procédé du peintre ne déplut pas, et l'impérieux ministre applaudit aux sentiments honnêtes de l'artiste, qu'il en estima davantage.

Il serait long et fastidieux d'énumérer ici toutes les œuvres dues au pinceau de Philippe de Champagne; il y en a néanmoins quelques-unes que nous ne pouvons guère passer sous silence, soit pour leur importance propre, soit à cause des patronages élevés sous lesquels elles ont été entreprises et achevées. Ainsi, une *Assomption* pour l'église de Saint-Germain-l'Auxerrois, une *Annonciation* pour le Noviciat des Jésuites du faubourg Saint-Germain, une *Nativité* destinée à la cathédrale de Rouen[1], la *Guérison du Paralytique* auprès de la piscine, à l'hôpital de Pontoise, la *Vision de saint Bruno* pour la Chartreuse de Gaillon, occupèrent le pinceau de Philippe de Champagne entre les années 1639 et 1648. « A Paris, dans le monastère du Val-de-Grâce, il fit, par ordre de la reine Anne d'Autriche, deux tableaux qui sont dans deux grandes chambres. Dans une de ces chambres, il peignit toutes les impératrices et les reines qui ont été en réputation de sainteté, et dans l'autre chambre les tableaux de la Vie de saint Benoît[2], avec un tableau représentant la Magdeleine aux pieds du Sauveur chez le Pharisien. Il fit encore pour le même monastère plusieurs ta-

---

[1] Voir à la fin note B.
[2] Voir note C.

bleaux distribués en différents endroits; dans le couvent des Religieuses Bernardines de Port-Royal, au faubourg Saint-Jacques, le tableau de l'autel représentant une Cène et à côté une Samaritaine [1]. »

Au milieu de ces travaux, il trouvait encore le temps de satisfaire au désir de personnages riches et considérables, tels que M. Bouthillier, secrétaire d'État de Louis XIII, de Chavigny son fils, l'abbé Desroches, chantre de l'église Notre-Dame. Enfin le cardinal employait son pinceau à décorer le château de Rueil et à en orner la chapelle d'une *Descente de Croix*.

Pendant ce laps de temps, de 1640 à 1642, une circonstance s'était présentée, qui dut à la fois être agréable à Philippe de Champagne, et renouveler pour lui des relations étroitement liées à l'amour qu'il portait à la peinture.

Après une absence de seize ans, pendant lesquels sa réputation s'était formée et répandue, le Poussin revint à Paris en 1641, appelé par l'estime de Richelieu et de Louis XIII, au déclin de la faveur de Vouet. Nommé Premier peintre ordinaire du roi, il fut chargé de quelques ouvrages importants, et surtout de la décoration de la galerie du Louvre. On sait comment les intrigues et la jalousie de ses

---

[1] Mémoires inédits sur la *Vie et les ouvrages des membres de l'Académie royale de peinture et de sculpture*, etc. — Paris, 1854. — Tome Ier, p. 242. — Le Mémoire sur *Philippe de Champagne* est de Guillet-Saint-Georges, historiographe de la compagnie.

rivaux jetant dans sa vie un trouble inaccoutumé, il profita des circonstances pour retourner à Rome, et y reprendre le cours de ses travaux, dans la paix et la réflexion qui lui étaient chères avant tout. Aucun document ne nous est parvenu qui puisse nous faire connaître quelles furent, pendant ce séjour de deux ans à Paris, ses relations avec son ancien compagnon de peinture au palais de Luxembourg, son ancien voisin du collége de Laon. Nous en sommes sur ce point aux conjectures. Mais il est impossible de supposer que ces deux amis, si heureusement doués, si complétement d'accord dans le sentiment de leur art, ne se soient pas retrouvés avec plaisir, qu'ils n'aient pas repris, avec l'autorité et la science que leur avaient acquises de plus longues études et de plus mûres réflexions, les conversations déjà si sensées et si sérieuses de leur jeunesse. Ni le caractère élevé du Poussin, ni la droiture toute chrétienne de Philippe ne permettent de croire que la dignité à laquelle le premier venait d'être appelé bien malgré lui, et la faveur qui l'entourait aient éloigné son ancien ami de relations auxquelles il avait autrefois attaché un si grand prix. Le Poussin écrivait le moins qu'il pouvait, et, dans ce qui nous reste de ses lettres, sa correspondance est à peu près tout entière d'Italie en France, après son retour à Rome, exclusivement d'ailleurs adressée à M. de Chantelou. Il put donc jouir de la société de Champagne sans avoir à confier à personne les circonstances de cette fréquentation renouvelée, et le plaisir qu'il put y trouver. Du reste, il sera facile de voir, par la suite de cette Notice, que l'estime et l'affection pour le Poussin furent héréditaires dans la famille de Philippe.

En 1649 et 1652, celui-ci fut appelé, par la haute opinion qu'avait de lui la magistrature municipale de Paris, à faire, pour l'Hôtel de Ville, deux tableaux où sont les portraits des magistrats élus sous la prévôté de M. Leféron, et sous celle de M. Lefébure. Il fut chargé du même travail sous la prévôté de M. Séve, en 1656. L'année précédente fut stérile pour la France : notre peintre avait visité Bruxelles à la suite d'un malheur domestique, aggravé encore par le souvenir douloureux d'une perte plus ancienne.

Philippe de Champagne avait eu de son mariage un fils et deux filles. Sa femme était morte en 1638; seize ans plus tard, en 1654, il perdit son unique fils, mort d'une chute. Ce fut sans doute cette perte irréparable qui le décida à retourner quelque temps respirer l'air natal; il alla auprès de son frère et au milieu d'anciens amis, chercher quelques distractions à sa douleur. Il fut bien accueilli par le gouverneur des Pays-Bas, qui était alors l'archiduc Léopold, ami des arts et protecteur de David Téniers. Ce prince prouva dans cette circonstance que, malgré l'intérêt qu'il portait aux scènes populaires si vivement reproduites par le pinceau de son favori, il savait apprécier la grande et noble peinture dont

Philippe de Champagne continuait les glorieuses traditions. Pour satisfaire au désir de l'archiduc, qui lui demandait un tableau, il peignit *Adam et Ève pleurant la mort d'Abel.* On a pensé que la perte récente de son fils lui avait inspiré le choix de cette scène touchante. Cette supposition, sans doute, n'est pas sans fondement, et il est juste de croire que, choisi par lui, ou imposé par le prince, un semblable sujet répondait trop à l'état de son cœur pour que cette conformité de douleur n'ait point laissé son empreinte sur la toile qu'il s'était chargé d'animer. Néanmoins, quelque chose manquait à la complète ressemblance des deux catastrophes, et la douleur de Philippe, en retraçant ce premier malheur de nos pères, dut souvent devenir plus amère en pensant que, moins épargné par le sort, il n'avait plus d'Ève qui pût s'associer à ses larmes.

Nous emprunterons encore ici au Mémoire de Guillet-de-Saint-Georges quelques détails sur les productions de notre peintre, depuis l'année 1659. Ces détails, malgré leur aridité, contribueront à donner la mesure de son ardeur au travail et de la fécondité de son génie.

« En 1659, il fit pour le roi les peintures d'un appartement de trois pièces de plain-pied dans le château de Vincennes, et y représenta, sous des figures allégoriques, la paix des Pyrénées conclue cette année-là ; en 1660, il y peignit le mariage du roi. Dans l'église cathédrale de Soissons, il a fait pour les deux autels qui sont à côté du chœur deux tableaux, l'un représentant le Sauveur, qui donne les clefs à saint Pierre, et l'autre l'Assomption ; pour l'église de Sainte-Croix de la Bretonnerie, à Paris, un *Crucifix*, avec un *saint Charles* au pied de la croix. Dans l'église de Saint-Honoré, le tableau du grand-autel, où l'on voit la Présentation du Sauveur au Temple. Chez les Pères de l'Oratoire de la rue Saint-Honoré, pour la chapelle de M. Tabeuf, qui est la deuxième à main gauche en entrant, une *Nativité de Notre-Seigneur*, qui est à l'autel, et une *Assomption de la Vierge*, qui est au plafond. Dans l'église des Jésuites, qui est dans la rue Saint-Antoine, pour le grand-autel, *Jésus-Christ qui délivre les âmes du Purgatoire ;* mais le tableau n'y est pas fixe, et ne se met que par intervalles. Dans une chapelle de la même église, à main droite, un *Ange qui délivre saint Pierre de prison*. A Sainte-Opportune, une *Vierge de Pitié*. Aux Chartreux, un tableau dans une chapelle placée proche du petit cloître, représentant la Vierge, qui trouve l'Enfant-Jésus dans le Temple, au milieu des Docteurs. M. Champagne a laissé aux Chartreux, par son testament, le tableau d'un crucifix qui est dans la salle de leur chapitre, et qui a été gravé par M. Morin, oncle de M. Montagne. Il a fait encore, pour une chapelle des Minimes de la place Royale, un tableau représentant le Songe de saint Joseph ; dans l'église des Incurables, un *Ange gardien ;* dans l'église du Calvaire, proche le Luxembourg, un *Crucifix*, avec quelques autres sujets de piété qui sont contenus dans le retable. Dans l'église de Saint-Séverin, pour les deux autels qui sont vers la porte du chœur, un *Saint Joseph* à l'un, et à l'autre une *Sainte Geneviève*, qui a été gravée par M. Montagne; dans Saint-Médéric, pour la chapelle de la croisée qui est à main droite en entrant, un tableau représentant une Vierge élevée dans les nues, tenant l'Enfant-Jésus, et au-dessous, *le Martyre de sainte Agathe*[1]. »

L'Académie de peinture fut formée en 1648, sous les auspices de Mazarin, auquel succédèrent, comme protecteurs de cette Société, Pierre Séguier, Colbert, Louvois, etc. Philippe de Champagne en fut élu membre dès la première assemblée, le 1er février de l'année même de sa fondation. Il donna, à cette occasion, à la compagnie qui l'appelait dans son sein, une précieuse étude, représentant son patron saint Philippe portant la croix, instrument de son supplice, et levant les yeux au ciel[2]. Il fut, dans la suite, professeur, et l'un des quatre recteurs. Félibien rapporte qu'il ne gardait rien pour lui des émoluments de sa charge, et qu'il en faisait part aux artistes moins heureux qui en avaient besoin.

Un usage, digne de l'Académie, s'était établi de bonne heure dans son sein. Chacun de ses membres, lorsqu'il se sentait les dispositions nécessaires, prenait pour objet d'une étude approfondie le tableau d'un maître, et présentait en séance des ob-

---

[1] *Mémoires inédits*, etc., t. Ier, pages 242-244.
[2] Ce tableau est au Musée du Louvre sous le n° 82.

servations qui devenaient à leur tour le sujet des réflexions de ses collègues. Le Poussin fut alors le seul peintre, récemment enlevé par la mort à l'exercice de son art, dont les œuvres figurèrent, dans ces discussions, à côté de celles de Raphaël, du Titien, du Guide, etc. Philippe de Champagne ne resta pas en arrière de ses collègues : il prit successivement pour sujet de réflexions judicieuses et de conseils utiles *la Rebecca* et *le Moïse* du Poussin, *l'Enfant-Jésus* du Titien, *l'Enlèvement de Déjanire* du Guide. Il traita aussi, dans des dissertations séparées, de l'effet des ombres, et des copistes de manière, contre lesquels il s'éleva avec d'autant plus d'autorité, qu'il est lui-même plus éloigné de ce défaut.

Ce fut en 1668, trois ans après la mort du Poussin, que Philippe de Champagne examina, devant l'Académie, la manière dont ce peintre avait traité le sujet de Rebecca saluée par Éliézer auprès de la Fontaine. Ce tableau, exécuté pour M. Pointel, qui avait demandé une composition présentant un certain nombre de jeunes filles, toutes d'un beau type, dans des attitudes nobles et gracieuses, mises dans un heureux rapport les unes avec les autres, mérite à tous égards le choix dont il fut alors l'objet. Philippe commençait par l'éloge du Poussin, et faisait remarquer que l'œuvre sur laquelle il appelait l'attention de l'Académie était une de celles qui avaient surtout mérité à son auteur la juste admiration de la France et des étrangers. Il passait en revue d'abord la composition générale du tableau, celle des groupes, et les dispositions qui les rattachaient les uns aux autres, ensuite l'expression des têtes dans leurs rapports entre elles et avec le sujet; après quoi il cherchait à reconnaître les sources auxquelles le Poussin avait puisé, et semblait lui reprocher d'être resté trop exclusivement fidèle aux exemples que lui avait fournis l'art chez les anciens. Cette réflexion, qui autorisait à croire qu'il supposait dans le Poussin une sorte de stérilité, ne resta pas sans réponse. Lebrun défendit le Poussin par des observations judicieuses, mais dont la juste mesure ne saurait être appréciée que si nous pouvions les rapprocher des paroles mêmes de son adversaire. Il eut aussi à justifier la figure d'Éliézer du reproche de ressembler à un marchand qui propose à de jeunes filles les joyaux dont il fait commerce, plus qu'à l'homme de confiance d'un patriarche qui va chercher, au milieu d'une branche éloignée de la même famille, une fille digne de devenir l'épouse du fils de son maître. L'observation de Philippe de Champagne pouvait être minutieuse, mais elle n'était pas sans vérité, et Lebrun eût dû en reconnaître l'exactitude dans une certaine limite, sans que cette célèbre composition du Poussin perdît de sa valeur.

Cet échange d'observations intéressantes entre deux des représentants les plus distingués de la peinture en France à cette époque, resta gravé dans le souvenir de l'Académie. Nous en avons la preuve dans le soin avec lequel fut conservée une analyse étendue de cette conférence, et rappelée dans une circonstance solennelle, sept ans après la mort de Champagne. Colbert étant venu présider, le 10 octobre 1682, la distribution des prix accordés par le roi aux élèves sculpteurs et peintres, on crut ne pouvoir mieux faire, pour ajouter à l'importance de cette cérémonie, que de lire cette dissertation devant le grand ministre, qui répondait si bien aux désirs de son maître en assurant aux arts une protection éclairée, et de le prier de se prononcer sur les divers principes développés par les interlocuteurs.

Nous nous empressons de rappeler que Colbert eut le bon goût de reconnaître son incompétence, et de renvoyer aux artistes l'exercice d'un droit que l'expérience et le savoir consacrent naturellement entre leurs mains. Néanmoins, quelque discussion s'étant élevée au sujet de la dissertation même, parmi les membres de l'Académie, principalement entre Coypel et Lebrun, sur ce que le Poussin avait omis ou aurait dû introduire dans sa composition, l'illustre ministre fut prié de nouveau d'exprimer son sentiment, et ne crut pas devoir se soustraire plus longtemps à une insistance qui témoignait du respect des artistes pour lui. Il se décida donc à exposer son avis, et dit que : « sans prétendre donner aucune décision sur cette matière, sa pensée était que le peintre doit consulter le bon sens, et demeurer en liberté de supprimer dans un tableau les moindres circonstances du sujet qu'il traite, pourvu que les principales y soient expliquées suffisamment[1]. » Nous n'avons pas besoin d'ajouter que l'Académie admit l'autorité de ce sentiment judicieux, modestement exprimé, et se fit un honneur de signer cette conclusion.

Après la mort de son fils, qu'il destinait sans doute à l'exercice de son art, Philippe de Champagne reporta une partie de son affection sur Jean-Baptiste, son neveu, fils de son frère Évrard. Les biographes sont d'accord sur l'époque où il envoya ou laissa aller à Rome, pour s'y perfectionner, ce neveu, qui se formait près de lui à l'art de la peinture. Ce voyage et le prompt retour qui le termina sont renfermés entre la fin de 1657 et le commencement de 1659. Il est donc impossible d'admettre, comme quelques écrivains, que Jean-Baptiste fût né en 1643 ou 1644, et il est plus naturel de croire qu'il reçut le jour en 1631, comme l'indique le Mémoire de Guillet. D'après cette seconde date, il avait, à son départ pour Rome, vingt-six ans, âge auquel il était apte à profiter de son séjour dans cette ville, et non treize ou même douze ans, ce qui ne saurait être admis. Il est donc probable que Philippe avait appelé auprès de lui son neveu du vivant de son fils; que les deux cousins poursuivaient leurs études en commun, et qu'en 1657, Jean-Baptiste était assez avancé pour être livré à

---

[1] *Mémoires inédits*, etc., t. Ier, p. 258. Ce mémoire est de Guillet-Saint-Georges.

lui-même, surtout devant les grands modèles que lui offrait l'Italie, et sans doute aussi aidé des conseils du Poussin, centre alors de tous les peintres qui allaient visiter Rome. A son retour, il aida son oncle à terminer les peintures de l'appartement du roi à Vincennes, et plus tard celles qui lui furent commandées pour l'appartement du Dauphin aux Tuileries. Devenu longtemps après l'un des professeurs de l'Académie, Jean-Baptiste de Champagne rendit hommage, comme son oncle, à la mémoire du Poussin. Il prit, parmi les tableaux de ce maître, pour sujets de quelques dissertations devant ses collègues, l'*Arche d'Alliance,* la *Ruth qui glane,* les *Bacchanales.*

Nous avons dit plus haut que Philippe de Champagne avait eu deux filles. D'après les conseils de messire Hardouin de Péréfixe, alors évêque de Rhodez et son ami, il avait confié leur éducation aux religieuses de Port-Royal-des-Champs. L'une d'elles mourut, n'étant encore que pensionnaire, et l'autre sollicita le consentement de son père pour embrasser la vie religieuse dans la maison où elle avait été élevée. Veuf et ayant déjà perdu deux enfants, ce ne fut pas sans hésitation que ce père se priva de celle de ses filles qui restait, seule capable de consoler et de soutenir sa vieillesse. Il consentit néanmoins, et ses sentiments de religion sincère ne tardèrent pas à trouver quelque adoucissement dans ce sacrifice. Sa piété sévère et sans détour le disposait à être un digne ami des solitaires déjà persécutés de cette maison illustre et respectable. Il se mit donc à fréquenter beaucoup Port-Royal, fit quelques séjours dans la maison, et devint si cher à la communauté, que le Nécrologe enregistra le jour de son décès parmi ceux des personnes les plus étroitement liées à la sainte société qui y cherchait un asile contre l'esprit du monde, et contre le relâchement de la doctrine et des mœurs.

On a cru à tort que le goût de ce grand artiste pour la solitude s'était prononcé surtout lorsque, longtemps après la mort de Vouet, en 1662, Lebrun avait été nommé Premier peintre du roi, charge dont bien des personnes croyaient Philippe destiné à recevoir l'honneur. La retraite de celui-ci s'explique parfaitement par les pertes douloureuses qu'il avait faites, par ses sentiments de piété, et par le séjour de sa fille à Port-Royal, où elle prononça ses vœux plus tard. La charge de Premier peintre de Louis XIV, avec les intrigues dont elle était entourée, n'aurait pu que troubler sa vie grave et sévère; il y aurait difficilement plié ses habitudes régulières, et, jugeant si précieux le temps qu'il donnait à la méditation de ses tableaux, comment en eût-il subordonné l'emploi à la diversité des sujets indiqués par le maître, à la rapidité de l'exécution, aux mille détails qu'imposèrent plus tard à Lebrun l'ordonnance des fêtes de la cour, la direction et la surveillance des décors qu'elles rendaient nécessaires? Nous pensons que Philippe de Champagne ne fut que peu sensible à la préférence dont venait d'être l'objet un peintre plus jeune que lui, connu par une moins longue suite de travaux. Nous sommes confirmés dans cette conjecture par la réponse que l'on rapporte de lui, et qu'il fit à un ami qui le plaignait de cette espèce de passe-droit : « Dans le compte de Lebrun, dit-il, on additionne l'avenir au présent, et l'on n'a pas tort. Il sera quelque jour l'honneur de l'École française. » Réponse digne du désintéressement connu de cet artiste, et des sentiments religieux qui pénétraient de plus en plus dans sa vie, sans ralentir l'ardeur de son pinceau, presque exclusivement consacré aux souvenirs glorieux de l'histoire de la religion.

Il avait l'habitude de passer le dimanche à Port-Royal. Là, dans la société des Pascal, des Arnauld, des Nicolle et de tant d'hommes pieux et savants qui formaient leur entourage, ses sentiments religieux trouvaient un solide encouragement, et augmentaient d'austérité. Aux yeux de ces solitaires, les arts, et la peinture surtout, ne pouvaient trouver d'excuse qu'en consacrant leur puissance à ramener à Dieu la partie sensible de l'homme si suspecte à cette école, sévère dans ses satisfactions même légitimes. Philippe de Champagne fut le peintre qui convenait à une telle congrégation, et s'il n'y trouva pas la vie brillante, recherchée ailleurs où elle charmait d'autres artistes, il y sentit se fortifier les convictions qui, dans l'exécution de ses nombreux tableaux, presque tous sur des sujets chrétiens, devaient infailliblement donner à sa peinture un caractère grave et pieux en harmonie avec les traditions de l'Église. La vie intérieure de Port-Royal, austère, modeste, mais dont l'obscurité disparut sous l'éclat des persécutions, allait lui fournir, dans une grâce particulière de la Providence envers sa fille, l'occasion d'un de ses tableaux les plus parfaits.

Catherine-Suzanne de Champagne, fille de Philippe, religieuse professe du monastère de Port-Royal-des-Champs, où elle avait été élevée dès l'âge de douze ans, souffrait, depuis le 22 octobre 1660, d'un mal de jambe fort grave qui l'empêchait de marcher, et contre lequel s'était exercée inutilement toute la science des médecins. On raconte qu'elle en fut guérie miraculeusement, à la suite de ses prières, et de celles de plusieurs religieuses, touchées de compassion pour ses souffrances, et pleines de confiance dans la pureté de leurs intentions. Ce miracle eut lieu le jour des Rois 1662. Dans ce moment il parut une consolation que Dieu envoyait à la communauté, pour lui faire supporter avec patience les persécutions dirigées contre elle, à l'occasion de la signature du formulaire, demandée aux religieuses.

Philippe de Champagne, touché d'une guérison qui pénétrait à la fois de reconnaissance le cœur du père, et fortifiait la foi du chrétien, voulut en perpétuer la mémoire par le moyen que mettait à sa disposition l'art qu'il avait cultivé avec tant de succès, et dont il s'était si souvent servi dans le but de glorifier la religion. Le tableau qu'il en fit est certainement une de ses meilleures peintures, malgré la simplicité, et en quelque sorte la pauvreté du sujet. Cette toile, après avoir été longtemps conservée dans la salle capitulaire de la communauté, fait aujourd'hui partie de la collection du Louvre[1].

Dans une chambre nue, dont une partie s'abaisse en mansarde, meublée seulement de chaises grossières, se trouvent sœur Catherine-Suzanne de Champagne, et la mère Catherine-Agnès Arnauld, qui l'assistait dans sa maladie, toutes deux dans le costume de l'Ordre, blanc avec la croix rouge sur la poitrine. Le groupe de ces deux figures se détachant sur le fond légèrement teinté de la toile, forme un ensemble frappant de vérité, obtenu avec une sobriété de moyens qui prouve le profond savoir du peintre. La mère Agnès est à genoux, les mains jointes, les traits exprimant l'action de grâces; la malade assise, les pieds placés sur un tabouret, sent la guérison qui s'opère; elle tient en sa main le scapulaire qui fut comme le signe visible de sa prière et de celle de ses sœurs. La joie contenue de son regard respire néanmoins la reconnaissance qu'elle éprouve de son retour à la santé, et sa vénération pour la source surnaturelle à laquelle elle le doit; c'est une des expressions les plus délicates et les plus vraies dans lesquelles la peinture a parfai-

[1] N° 83.

tement réussi. A côté de cette perfection, nous ne nous arrêterons pas à louer l'admirable exécution des mains, des têtes et des accessoires; à ce seul point de vue, ce serait déjà un des plus beaux portraits de Philippe de Champagne. Une inscription latine, suffisamment visible, tracée au coin supérieur de la toile, à gauche, conserve la mémoire du fait qui a donné lieu au tableau. En voici la traduction : « Au Christ, unique médecin des âmes et des corps. Sœur Catherine-Suzanne de Champagne, après quatorze mois d'une fièvre redoutée des médecins à cause de son opiniâtreté et de la gravité des symptômes, paralysée de la moitié du corps, la nature commençant à s'affaisser, les médecins renonçant à agir, joint ses prières à celles de la mère Catherine-Agnès, et ayant à l'instant recouvré la santé, s'offre de nouveau à Dieu.

« Philippe de Champagne, en témoignage de sa joie, a consacré cette image d'un si grand miracle, 1662[1]. »

Parmi les guérisons dans lesquelles les religieuses de Port-Royal aimaient à voir le signe de la miséricorde divine, Philippe de Champagne consacra encore ses pinceaux à celles de Marguerite Perrier, nièce de Pascal, et de Claudine Baudran, jeune pensionnaire de quinze ans[2]. On a remarqué non sans raison que, peignant le portrait avec une grande su-

---

[1] Voir note D.
[2] Ces deux tableaux appartiennent à l'église de Linas (Seine-et-Oise) Voyez note E.

périorité, cet artiste dut exceller dans les compositions où cette partie si difficile devient un élément nécessaire.

Les amis sérieux de la peinture et des beaux-arts éprouvent un juste sentiment de satisfaction lorsqu'ils rencontrent un artiste dont l'œuvre reproduit fidèlement les convictions, dont la croyance vivifie tout ce qui sort de son pinceau. Si le peintre doit sa gloire à son art, l'art s'élève à son tour de toute la dignité de celui qui le pratique, de toute sa supériorité morale. Mais trop souvent l'artiste, ne cherchant par son talent qu'à s'ouvrir une voie à la fortune et aux satisfactions de l'amour-propre, s'abandonne à une facilité, à une habitude qui ne laissent aucune place à la méditation. Si même dans quelques-uns, exceptions bien rares, de merveilleuses facultés aident à dissimuler le défaut de profondeur et de réflexion, on a toujours droit de croire qu'une plus grande perfection eût été pour eux le fruit d'un plus intime accord entre l'homme et son œuvre.

C'est donc avec une sorte de respect pour la dignité des arts, une idée de plus en plus élevée de leur mission, que nous admirons dans la vie de Champagne cette droiture de cœur, cette sincérité dans l'amour du bien, ce courage de la vérité dont il ne s'écarta jamais.

En 1664, les religieuses de Port-Royal avaient signé une formule de soumission qu'elles terminaient en disant : « Nous demeurons dans le respect et le silence conformes à notre condition et à notre état. » Craignant que la charge délicate de porter cette pièce à l'archevêque de Paris ne fût déclinée par leurs amis même les plus puissants, elles donnèrent à notre artiste une preuve de pieuse confiance en le chargeant de faire au prélat cette importante communication. Nous laisserons ici parler l'historien de Port-Royal, et nous nous abstiendrons de tout artifice qui ôterait aux faits leur sincérité naturelle :

Les religieuses choisirent M. Champagne, fort attaché à la maison, qui porta à l'instant même cette signature..... M. l'archevêque reçut le paquet, et, après l'avoir lu en particulier, il revint trouver M. Champagne et lui dit : « C'est une chose étrange que ces filles restent toujours obstinées. » M. Champagne lui répondit : « Ce n'est pas cela, Monseigneur, elles craignent de rendre témoignage d'une chose qu'elles ne savent pas. » « Ce n'est pas, dit M. l'archevêque, que je sache mauvais gré à ces pauvres filles, ni que je leur veuille du mal pour cela ; c'est à ceux qui les ont mises là-dedans..... ; mais je crains que le roi ne se fâche, et je ne pourrais pas être le maître de ce qui leur arriverait. » M. Champagne répondit : « Ah ! Monseigneur, vous êtes le père de ces religieuses, j'espère que vous les défendrez, et que vous mettrez la main entre deux ; » ce qu'il répéta plusieurs fois, ayant les larmes aux yeux. M. l'archevêque s'en apercevant, et étant lui-même touché, dit : « Il est vrai que l'écrit que je viens de lire m'a tout à fait touché le cœur; je le confesse. » A cette parole, M. Champagne attendri le quitta. Deux jours après, étant venu à l'archevêché pour faire voir à M. de Péréfixe le profil d'une bordure de crucifix qu'il avait fait, il eut avec lui un autre entretien. Comme le prélat se plaignait du grand nombre d'affaires qui l'accablaient, M. Champagne lui dit qu'il y avait tant d'habiles gens dont il pouvait se servir, qui étaient en état de le soulager et de travailler utilement pour l'Église. « Il est vrai, répondit M. de Péréfixe, comprenant la pensée de M. Champagne, que ces gens sont habiles, mais ils sont un peu emportés. Voilà dit-il, en montrant la *Quatrième Lettre de l'Hérésie imaginaire*, qui était sur la table, de leurs ouvrages ; rien n'est plus ingénieux. Comme ils ont de l'esprit, ils savent tourner les choses, et il semble qu'ils ne disent rien; mais cela ne laisse pas de percer jusqu'au vif. Encore, s'ils pouvaient être seulement six mois sans écrire, cela donnerait la paix à l'Église. » M. Champagne, prenant la parole, dit qu'il connaissait quelques-uns d'entre eux, surtout M. Arnauld, qui était doux, simple comme un enfant, et d'une si grande bonté, qu'il n'en avait jamais vu de pareil. M. de Péréfixe témoigna avoir de l'estime pour M. Arnauld, et ajouta qu'il avait de puissants ennemis; sur quoi, M. Champagne lui ayant dit qu'il pouvait parler au roi et le détromper, en lui faisant connaître ces personnes et leurs ennemis, M. l'archevêque répondit : « Ce

sont d'étranges gens que ces ennemis-là. Feu
M. le cardinal de Richelieu disait qu'il les connaissait bien, et qu'il était dangereux de les cho-
quer ; si j'en parlais au roi, ils me feraient passer
pour janséniste [1]. »

On voit, par ces faits, que l'amour de la justice
et de la vérité, la disposition à défendre les oppri-
més, avaient, dans le cœur du peintre, de plus profondes racines que dans celui de l'archevêque, et
que, tandis que le prélat laissait fléchir sa mission
et son devoir devant les rancunes de Louis XIV, un
simple artiste lui donnait l'exemple d'un courage
dont il eût dû être la source première. Messire Hardouin de Péréfixe le cédait en énergie chrétienne à
Philippe de Champagne.

Ce fut en 1666 que Philippe de Champagne, âgé
alors de soixante-quatre ans, commença à sentir le
besoin du repos et d'une plus tranquille retraite. Il
était, en ce moment, occupé à décorer de peintures
l'appartement du Dauphin aux Tuileries. Il y figura
les divers jeux de l'enfance, mais il n'acheva que les
deux tableaux sur fond d'or, représentant l'éducation d'Achille [2]; son neveu termina l'œuvre. C'est à
cette dernière période de la vie de Champagne que
nous devons un tableau de la Cène, où l'on prétend,
un peu légèrement peut-être, qu'il emprunta pour
plusieurs apôtres les traits des plus illustres solitai-

---

[1] *Histoire générale de Port-Royal.* Amsterdam, 1756, t. IV,
pages 376 et suivantes.

[2] Musée du Louvre, n°s 95 et 96.

res de Port-Royal[1]. Tout au plus, peut-on trouver
quelque ressemblance avec Pascal dans un apôtre
vu de profil. Le grand nombre de portraits qu'il fit
des solitaires a sans doute donné lieu à cette opinion. Champagne avait beaucoup travaillé et toujours en conscience, et il avait acquis, par cet exercice, une facilité extrême, qui, nuisible trop souvent
dans un artiste irréfléchi, n'excluait chez lui ni le
choix de la pensée, ni la sévérité du dessin et de
l'exécution. Comme preuve de cette grande facilité,
on raconte que des marguilliers d'une paroisse de
Paris, l'ayant prié de faire le dessin, au crayon, d'un
saint Nicolas pour leur église, furent fort étonnés de
voir arriver, au bout de quatre jours, le tableau
même. « Ses camarades se firent un jeu de le plaisanter sur une pareille prestesse, et lui demandèrent combien il vendait un cent de saints Nicolas[2]. » La peinture était donc devenue pour lui une
occupation facile et attrayante, de laquelle il ne
pouvait plus se séparer, même après avoir adopté
le parti du repos. Il se borna dès lors à des tableaux
d'une dimension médiocre, qui laissaient toute liberté au développement de sa pensée, sans exiger
de grands efforts corporels. En 1668, il fit son propre portrait[3], et c'est sans contredit un de ses meilleurs. Il est, quoique d'un autre côté, dans une attitude analogue à celle dans laquelle le Poussin

[1] Musée du Louvre, n° 77.
[2] *D'Argenville*, t. II.
[3] Musée du Louvre, n° 89.

s'était peint en 1650. Le vêtement, la chevelure, les traits eux-mêmes, la position de la main ont beaucoup de rapport avec ceux de son ancien ami, mort depuis 1665. Les carnations sont d'une fort belle couleur, et la tête s'enlève par un fort beau modelé, sur un fond de paysage, et sur un groupe d'arbres, derrière lequel apparaissent dans le lointain les tours de Sainte-Gudule et les sommets de l'hôtel de ville de Bruxelles.

Malgré ce souvenir de sa patrie, qui fait l'éloge du cœur reconnaissant de Philippe, nous ne saurions le considérer comme appartenant en réalité à l'École flamande. Né, il est vrai, à Bruxelles, mais d'une famille originaire de la Champagne, venu en France à l'âge de dix-neuf ans, et n'ayant plus quitté Paris que pour deux courts séjours dans la ville où il était né ; marié en France, et occupé successivement jusqu'à ses derniers jours par la cour de Louis XIII et par celle de Louis XIV, membre de l'Académie de peinture, recteur et professeur dans cette illustre Compagnie, que de raisons pour le classer parmi les artistes français ! Le style de ses compositions et la nature de son talent autorisent, d'un autre côté, la même conclusion. Compatriote de Rubens, travaillant pour la même cour, pour la même reine, pour le même palais, Philippe de Champagne s'écarte, à dessein, on peut le croire, de la manière du célèbre peintre d'Anvers. Sa couleur n'a rien de la couleur flamande à cette époque ; elle n'en reproduit ni l'éclat, ni pour ainsi dire le sang; mais elle est plus vraie, et comporte une plus parfaite harmonie. Dans le choix des expressions et des figures, il fait preuve d'un sentiment d'élévation bien supérieur à celui de la même École au commencement du dix-septième siècle, et peut-être même dédaigné par elle; sa manière de composer plus sage, mieux raisonnée, plus réfléchie, se rattache aux meilleures Écoles de l'Italie, à celles de Raphaël, des Carraches, du Dominiquin, et il apporte ainsi sa part d'études judicieuses dans les traditions naissantes de la peinture française. Ami du Poussin, contemporain de Vouet, de Lesueur, de Lahyre, de S. Bourdon, de Lebrun, etc., occupé des mêmes travaux, sur le même sol, dans les mêmes monuments, sous la protection des mêmes princes et des mêmes prélats, animé du même souffle et du même esprit, Philippe de Champagne appartient à la France, malgré son origine, et malgré les lieux où il reçut ses premières leçons.

Le duc d'Orléans Gaston avait conservé à Philippe de Champagne son logement au Luxembourg; mais il dut quitter ce palais, lorsque le prince y amena, après bien des vicissitudes, Marguerite de Lorraine, qu'il avait épousée. Notre peintre se retira dans l'île Saint-Louis, où il avait une maison. En 1647, cherchant l'air et le repos, et fuyant les occasions trop fréquentes de faire des portraits, il alla s'établir au faubourg Saint-Marcel, sur la Montagne[1]; mais il n'y resta pas longtemps. Les trou-

---

[1] Dans son volume de 1850, p. 217, le *Magasin pittoresque* a

bles de la Fronde amenant l'une après l'autre autour de Paris les armées rivales, le forcèrent de rentrer dans la ville; il logea alors derrière le Petit Saint-Antoine, dans une maison qu'il ne quitta plus. C'est là que le 12 août 1674, il mourut après une courte maladie, à l'âge de soixante-douze ans, depuis longtemps préparé à ce passage par la piété sincère qui anima toute sa vie. Le nécrologe de Port-Royal-des-Champs porte à cette date la mention suivante : « Ce même jour 1674, mourut à Paris Philippe Champagne, natif de Bruxelles, qui s'étoit acquis une grande réputation par son habileté dans la peinture, mais qui s'est rendu encore plus recommandable par sa piété. Il a toujours été fort attaché à ce monastère, où il avoit une fille religieuse, et dont il avoit épousé les intérêts, qu'il a soutenus en toute occasion, souvent même au préjudice des siens et de sa propre tranquillité. Comme il avoit beaucoup d'amour pour la justice et pour la vérité, pourvu qu'il satisfît à ce que l'une et l'autre demandoient de lui, il passoit aisément sur tout le reste. Il a donné à notre maison plusieurs autres marques encore plus effectives de l'affection qu'il lui portoit, en lui faisant présent de plusieurs tableaux de piété, et lui léguant six mille livres d'aumône. Il est enterré à Saint-Gervais, sa paroisse [1]. »

donné une vue de la maison qu'il y habita, d'après un dessin inédit.

[1] Page 336.

Nous venons de retracer la vie laborieuse, modeste et néanmoins couronnée de gloire et de succès de Philippe de Champagne. Nous ne quitterons pas les souvenirs de cette carrière justement honorée, sans jeter un coup d'œil d'appréciation sur l'œuvre du grand artiste. Il est à regretter que nous n'ayons pas le portrait du président de Lamoignon, qu'il fit par ordre de l'Académie, et celui de la reine, à l'occasion duquel d'Argenville nous a laissé l'anecdote suivante : « Un jour qu'il peignait le portrait de la reine, quelques dames de la cour en critiquèrent la ressemblance ; Champagne prit aussitôt sa palette, et feignant, avec son pinceau sec, de prendre de la couleur, il le passa plusieurs fois sur la tête du portrait. Les dames s'applaudirent alors de leur discernement, et convinrent que le portrait était parlant[1]. »

Mais le musée du Louvre possède, sous les n°s 76 à 96, vingt et un tableaux de ce peintre, qui fournissent d'intéressants sujets d'étude sur toutes les faces de son talent. Grandes compositions, compositions moyennes, portraits, paysages, nous pouvons juger Philippe de Champagne sur cette précieuse collection. Déjà nous nous sommes expliqués dans cette Notice sur plusieurs des tableaux qui la composent ; nous ajouterons ici quelques mots sur ceux dont nous n'avons point encore parlé.

On voit, par les deux paysages[2] ornés de figures

---

[1] *D'Argenville*. t. II, p. 182.
[2] Galerie du Louvre, n°s 84 et 85.

d'assez grande dimension, que Philippe de Champagne avait fait de ce genre de peinture une étude particulière, comme nous l'avons déjà dit en parlant de ses relations avec Fouquière. Les masses de rochers y sont bien composées, les arbres touchés habilement, les eaux transparentes, les ciels et les fonds vaporeux ; l'importance des figures et le talent avec lequel elles sont exécutées en augmentent encore le prix.

Si quelques-uns de ses portraits, ceux par exemple de Richelieu et de Louis XIII [1], ne se font pas remarquer par la couleur, ils sont d'ailleurs d'une exécution sûre, et probablement fort ressemblants. Peut-être cependant est-il juste de faire observer que la Victoire qui couronne Louis XIII, vainqueur de La Rochelle, pèche par un embonpoint quelque peu regrettable dans une déesse qui porte des ailes. Ses autres portraits, celui d'Arnauld, ceux de Mansard et de Perrault, le sien, un portrait d'homme dont le nom ne nous est pas parvenu, sont au contraire d'une couleur puissante, solidement modelés et d'une grande vérité. Deux portraits de petites filles [2] dans un ton clair et un peu froid, simple d'ailleurs et naturel, celui d'une femme déjà âgée [3], que l'on croit être la mère du grand Arnauld, complètent cette série.

Des compositions moyennes, les plus impor-

---

[1] Galerie du Louvre, n°s 86 et 87.
[2] Ibid., n°s 91 et 92.
[3] Ibid., n° 93.

tantes par le nombre des figures et par les dimensions des toiles, sont *la Cène de Jésus-Christ avec ses Disciples*, dont nous avons dit quelques mots plus haut, et *Jésus-Christ chez Simon le Pharisien*[1]. Le tableau de la Cène est sagement composé, bien dessiné, d'une couleur encore vive et fraîche; mais il ne saurait être comparé aux compositions sur le même sujet de Léonard de Vinci et du Poussin. Celui où Jésus-Christ est représenté chez le Pharisien est plus vaste, les figures sont grandes comme nature, la richesse des accessoires est sobrement distribuée, mais digne de la fortune du maître; les expressions des convives sont justes, l'attitude de la Madeleine aux pieds du Sauveur est heureuse et convenable, malgré les difficultés qu'elle présentait; la lumière, ménagée avec art, met en relief ce groupe, le plus important du tableau. L'ensemble de la composition est néanmoins froid, et ne retient pas les regards du spectateur. *Le Christ en croix* et *le Christ mort sur son linceul* se font remarquer par la science anatomique[2]; le dernier en particulier est d'une très-belle couleur.

Les deux grandes compositions de Philippe de Champagne que possède la galerie du Louvre sont tirées de l'Histoire des martyrs saint Gervais et saint Protais, dont les corps ne furent découverts qu'en 336. Le premier des sujets en date est *l'Ap-*

---

[1] Galerie du Louvre, n° 76.

[2] *Ibid.*, n° 78. Le Christ sur son linceul est dans le grand salon carré, n° 79.

parition à saint Ambroise des deux saints qui lui font connaître où reposent leurs restes [1] ; le second est la *Translation de leurs corps* [2].

Dans ce dernier, au milieu d'un grand concours de fidèles, sur une des places de Milan, une procession accompagne les corps des martyrs, de la basilique Fausta, où ils avaient été déposés, à la basilique Ambrosienne. Le catafalque sur lequel ils reposent est porté par des évêques et par des diacres. Les têtes et les attitudes des prélats sont dignes de leur saint ministère, et leurs expressions conformes à la grandeur de la cérémonie ; mais nul n'approche de la gravité recueillie de saint Ambroise, qui suit immédiatement, la crosse à la main, entouré du clergé et du peuple. Sur le devant, à gauche, un possédé entre en convulsion à l'approche du cortége ; un peu plus à droite, un homme étend ses mains jointes vers les saints ; c'est sans doute l'aveugle Sévère, qui, selon la légende, recouvra la vue à cette occasion.

Cette vaste toile est propre à donner une idée de la manière dont Philippe de Champagne savait

---

[1] Galerie du Louvre, n° 80.

[2] *Ibid.*, n° 81. Ces deux tableaux faisaient partie des six sur la même légende, dont trois furent commandés à Philippe de Champagne, deux à Lesueur et un à Sébastien Bourdon. Le Musée du Louvre possède ce dernier, les deux de Champagne dont il est ici question, et un de Lesueur. Ils étaient, dit-on, destinés à servir de modèles à des tapisseries. Le troisième de ceux que peignit le Champagne est *l'Invention des reliques des deux saints ;* il est au Musée de Lyon.

aborder les grands sujets, et montre en même temps combien il était attentif à maintenir la simplicité de l'ensemble dans la pompe de l'exécution, sans jamais céder au caractère théâtral auquel il n'est que trop facile de se laisser entraîner dans ces compositions monumentales. Nous croyons néanmoins que le tableau précédent, l'*Apparition à saint Ambroise de saint Gervais et saint Protais*, offre un caractère encore plus élevé dans sa grandeur solitaire, exprime une inspiration religieuse plus recueillie et plus profonde.

Saint Ambroise, agenouillé dans la basilique de Saint-Félix et Saint-Nabor, contemple, sans étonnement comme sans trouble, l'apparition des saints Gervais et Protais, conduits devant lui par saint Paul, dans l'église même où reposent leurs restes encore ignorés. La lune qui commence à dessiner dans le ciel son premier croissant, les candélabres allumés autour de l'archevêque, la pâle clarté de quelques lampes disposées çà et là, annoncent qu'il est nuit. En même temps, la lumière céleste pénètre dans l'église du côté où se dirigent les regards de saint Ambroise, et semble porter les saints martyrs au milieu d'une glorieuse auréole. Leurs pieds reposent sur un nuage qui rase la terre, et renverse devant eux tous les attributs de la puissance et de la richesse : faisceaux de licteurs, arc, carquois, aviron, couronne de feuillage, vase renversé, épandant les monnaies d'or qu'il renferme, tout roule et se disperse sous les pas mystérieux des deux héros chrétiens. Sur la partie inférieure du nuage, saint Paul, plus rapproché de l'archevêque, est leur témoin et leur guide. Saint Gervais et saint Protais, tous deux d'une taille élevée, comme nous l'apprend l'histoire, vêtus de tuniques blanches, drapées avec noblesse, lèvent au ciel leurs bras et leurs regards; leurs gestes, dans un heureux rapport, sont l'expression fidèle de la foi qui les conduisit au même martyre et les unit dans la même gloire, *concordes animæ*. La figure de saint Ambroise est très-étudiée, les accessoires exécutés avec soin; l'impression première et générale de cette composition est grande, simple, pénétrante. Le peuple qui assiste à ce miracle, rejeté au fond du tableau, et presque perdu dans l'ombre de la basilique, ne trouble en rien le silence et le recueillement de cette scène.

Nous terminons ici cette Notice par l'analyse de cette grande page qui nous frappa vivement, il y a bien des années, lorsque nous la vîmes pour la première fois, et nous disposa naturellement à faire une attention particulière au grand artiste auquel elle est due. Philippe de Champagne a, par ses œuvres, contribué à assurer la gloire de la peinture en France; néanmoins on peut dire qu'il n'est guère connu aujourd'hui que par les amis studieux de cet art. Ses contemporains surent apprécier son mérite; la postérité semble passer rapidement sur son souvenir. Cet oubli est dû sans doute à la modestie de ce grand artiste, à la paix, au recueillement de sa vie dont les seuls événements, à part les douleurs domestiques, sont les tableaux nombreux dispersés dans nos églises et nos édifices. En accueillant cet essai avec bienveillance, un grand nombre de nos lecteurs n'oublieront pas sans doute que les richesses du Musée du Louvre leur permettent de juger par eux-mêmes du peintre, né à Bruxelles il est vrai, mais que l'École française a droit de compter avec orgueil parmi ses plus illustres représentants.

Jean-Baptiste de Champagne devait naturellement survivre à son oncle. A son retour de Rome, il l'avait aidé dans les travaux exécutés à Vincennes en 1659. Il fut plusieurs fois appelé à Bruxelles par ses relations de famille, et y peignit quelques toiles importantes pour différentes églises. En 1663, reçu membre de l'Académie, il donna pour son tableau de réception : *La Valeur sous la figure d'Hercule couronné par la Vertu et surmontant les vices et les passions*. Il avait puisé l'idée de cette composition dans un emblème de son compatriote Otto Venius. Il fut bientôt chargé de peindre la demi-coupole de la chapelle du Saint-Sacrement au Val-de-Grâce, et en 1667 il fit le tableau du Mai de Notre-Dame. Ce fut cette même année qu'il épousa la nièce de Mme Champagne, que la mort avait enlevée à son mari depuis longtemps. Il demeura étroitement uni à son oncle par les liens de la reconnaissance et par la conformité des principes religieux. Ce fut en considération de la sévérité de sa vie qu'on l'élut marguillier de l'église de Saint-Louis, à la fabrique de laquelle il rendit de grands services, usant en sa faveur de l'accès que ses ouvrages lui donnaient auprès du roi et de quelques grands seigneurs. Comme Philippe, il traita habilement la peinture du portrait. Il avait hérité de son respect pour les solitaires de Port-Royal; il demandait à leur savoir les renseignements qui pouvaient donner à ses tableaux une plus grande fidélité historique; il cherchait surtout dans leur piété les exemples propres à rendre sa vie plus chrétienne[1].

Il fut toujours très-employé par Louis XIV. Après ses travaux de l'appartement du Dauphin il continua à décorer les Tuileries. « Dans le plafond d'un des quatre appartements d'en bas il représenta Hercule qui se brûle sur le mont OEta. Ces ouvrages devaient être continués sur le sujet des travaux d'Hercule, mais le roi les fit cesser en 1671 pour faire travailler aux appartements de Versailles. Comme les pensées des premiers ouvrages qu'on y devait faire étaient sur le sujet des sept planètes, les attributs de Mercure furent le partage de J.-B. de Champagne. Il les représenta dans un plafond; mais dans les courbes qui se terminent à ce plafond, il traita plusieurs sujets à la gloire des armes et des belles-lettres, entre autres, l'état florissant de l'empire d'Auguste et le progrès des

---

[1] Voir note F.

sciences sous le règne du docte Ptolémée Philadelphe, comme pour en faire autant de parallèles avec le règne de Louis le Grand. Il fit aussi à Versailles tous les tableaux de la chapelle de la reine, épouse du roi, et s'attacha avec un soin particulier à peindre une sainte Thérèse qui est au plafond [1].

Il mourut le 27 octobre 1681, âgé seulement de cinquante ans.

[1] *Mémoires inédits*, t. Ier, p. 348. Voir note G.

NOTES ET PIÈCES JUSTIFICATIVES.

Note A.

Dans la biographie de Philippe de Champagne, M. de Stassart, qui a eu sous les yeux son acte de naissance, donne les détails suivants :

« Son nom paraît avoir été toujours orthographié par lui de cette manière. Néanmoins, son acte de naissance porte *Champaine*. Dans l'acte de naissance du père, il est dit que Henri *de Champaine* et Élisabeth Detroght contractèrent mariage le 7 janvier 1597. Cet Henri, dans l'acte de naissance d'un de ses enfants, est appelé *Dechampaigne*, et dans un autre encore, *de la Champagne*, tant les registres baptistères étaient bien tenus à cette époque. »

Note B.

Cette note donnera l'idée de la manière dont les peintres étaient à cette époque payés de leurs travaux.

(Extrait des notes historiques sur le Musée de peinture de la ville de Rouen, par Ch. de Beaurepaire. Rouen, 1854, in-8.)

« La *Naissance de Jésus-Christ* de Philippe de Champagne, 10 pieds 9 pouces sur 6 pieds 10 pouces.

« Ce tableau fut fait et livré en l'année 1644, et payé à son auteur 650 livres par la confrérie de Notre-Dame établie à la cathédrale de Rouen. Voici l'extrait du compte qui est relatif à ce tableau (Archives départementales, compte de la confrérie Notre-Dame, fonds du Chapitre) :

« Payé au sieur Champagne, maître peintre à Paris, qui a fait le tableau qui est enchâssé dans le contre-autel de la chapelle de la Vierge, contenant l'histoire de la Nativité de Notre-Seigneur, suivant sa missive servant de quittance, la somme de six cent cinquante livres, cy. . . . .   650 l. » s.

« Pour la caisse et toile où le tableau a été apporté, cinq livres   5   »

« Pour la voiture et port de lettre, cy. .   5   10

« Plus a esté envoyé six boêttes d'escorce de citron à M. Joly, chanoine, en actions de grâces de la peine qu'il a prise pour la conduite du tableau et lettres qu'il a escrites, les dictes six boêttes, pesant six livres à trente sols la livre, valent   9   »

« Payé à un peintre de Rouen qui a passé le pinceau sur une partie de la toile du tableau qui n'estoit peinte, quarante sols. . .   2   »

Cette toile magnifique fut réclamée par la fabrique de la cathédrale, et lui fut accordée par le préfet en l'an XI.

Note C.

La suite de la *Vie de saint Benoît* appartient aujourd'hui au Musée de Bruxelles. Elle se compose de dix tableaux. Voici, d'après le catalogue de cette collection, les sujets de ces compositions : 1° *saint Benoît dans la grotte;* 2° *saint Benoît visité* par un prêtre; 3° le *Pain empoisonné*; 4° *saint Benoît fait jaillir une fontaine par la force de sa prière*; 5° *saint Maur retirant Placide de l'eau*; 6° la *Hache perdúe qui se rattache à son manche*; 7° le *Démon chassé d'une pierre*; 8° l'*Incendie imaginaire*; 9° l'*Enfant ressuscité*; 10° *sainte Scholastique visitée par saint Benoît*. On compare souvent cette histoire à celle de saint Bruno peinte par Lesueur. Elle n'est pas indigne de la comparaison; néanmoins, on s'accorde généralement à la trouver inférieure sous le rapport de l'expression.

Note D.

Voici le texte original de cette inscription : *Christo uni Medico animarum et corporum, Soror Catharina-Suzanna de Champaigne post febrem 14 mensium contumaciâ et magnitudine symptomatum medicis formidatam, intercepto motu dimidii fere corporis, naturâ jam fatiscente, medicis cedentibus, junctis cum matre Catharinâ-Agnete precibus, puncto temporis perfectam sanitatem consecuta se iterum offert. Philippus de Champaigne hanc imaginem tanti miraculi, et lœtitiæ suœ testem apposuit. Anno 1662.*

Note E.

Ces tableaux, donnés à la fabrique de Linas, n'ont pu rester exposés dans l'église, par suite de difficultés sur leur orthodoxie. Ils représentent, en effet, des miracles accomplis à Port-Royal par la sainte Épine, et qui n'ont pas été reconnus par l'autorité ecclésiastique. Ils sont relégués dans une salle au-dessus de la sacristie. Il serait à désirer qu'ils fussent acquis par un de nos musées, où leur présence n'éveillerait aucune susceptibilité religieuse.

Voici la description de ces deux tableaux :

1° Toile de 1 mètre 27 centimètres sur 1 mètre 38 centimètres de hauteur, avec cette inscription :

Claudiæ Baudran XV annos natæ, horribili totius abdominis tumore, quo jàm per biennium et ampliùs laborabat, medicis jàm ad periculosissimam sectionem properantibus, puncto temporis, nullo vel artis vel naturæ præsidio liberatæ, hanc effigiem tanti miraculi monumentum vivificæ salvatoris spinæ cujus beneficio patratum est grati parentes dicaverunt. 27 maii 1667.

Ce tableau représente une jeune religieuse en costume de novice, à genoux, en prière devant un autel sur lequel se trouvent deux chandeliers rouges portant des cierges allumés, et au milieu un reliquaire contenant une épine de la couronne du Christ. Le derrière de l'autel est grillé. L'intérieur est celui d'une chapelle avec des stalles à l'entour.

Ce tableau a de grandes qualités. La tête est belle, quoique un peu fatiguée par la poussière et la moisissure. Les guipures de la nappe d'autel, le tapis qui le recouvre, les accessoires, sont d'une exécution parfaite. Le costume a la simplicité, la naïveté de la manière du maître.

2° Une toile de 1 mètre 15 centimètres de hauteur sur 1 mètre 12 centimètres portant cette inscription :

CHRISTO SOSPITATORI.

Hanc effigiem Margaritæ Perier (c'était la nièce de Pascal) *decennis puellæ, cujus sinister oculus fœtâ et insanabili ægilope jàm triennium laborans, vivificæ spinæ contactu momento curatus est die martii 24 anno* 1656; *memores tanti beneficii parentes ejus sacraverunt.*

Ce tableau représente une jeune religieuse en costume blanc de novice, à genoux, dans la même chapelle, devant le même autel.

Tous les détails de la toile n° 1 se trouvent dans celle-ci : ce sont les mêmes flambeaux, le même reliquaire. C'est très-certainement l'intérieur de la chapelle de Port-Royal.

Ce tableau est le meilleur des deux ; il est bien évidemment de la même main que le précédent, la tête est admirablement peinte et d'une conservation parfaite.

Note F.

La Bibliothèque publique de la ville de Troyes, l'une de nos plus riches en manuscrits, possède quelques lettres qui fournissent d'intéressants détails sur les relations de Jean-Baptiste de Champagne avec les solitaires de Port-Royal. Il avait reçu l'éducation religieuse d'Arnauld lui-même, et il se déclare dans sa lettre *son enfant spirituel quoique très-imparfait*, attribuant à l'amitié qu'il portait à son oncle l'instruction religieuse qu'il lui a donnée comme un véritable père. Il le consulte sur le projet qu'il médite de peindre une Cène où Jésus-Christ et ses disciples seront couchés à la manière des Romains, pour prendre leur repas. Arnauld, en lui répondant, l'exhorte à le faire, et lui développe les raisons qui tranchent la question dans ce sens, étant certain que les Juifs avaient fini par se conformer à cette habitude du peuple vainqueur devenu leur maître. Si l'on ne connaissait l'exactitude scrupuleuse de cette savante réunion, on serait surpris de l'importance même religieuse qu'ils attachent à ces questions de mœurs à l'époque du Sauveur. Ces détails d'érudition sont mêlés à une sorte de confession qui révèle le caractère ascétique de la piété de Jean-Baptiste. Il répète, d'après M. Arnauld, que *les peintres sont de petits prédicateurs des mystères de la foi*, et il est facile de voir que sa vie tout entière s'harmonise avec cette idée. La fin d'une de ces lettres témoigne dans les termes suivants du respect que l'on avait conservé pour Philippe dans la maison de Port-Royal : « Nous faisons réparer notre église et lui donner plus de jour; ce qui servira pour faire paraître davantage les tableaux, et ceux de feu M. votre oncle en sont le principal ornement pour la piété et la beauté tout ensemble; ils seront aussi un monument perpétuel qui le fera toujours vivre dans nos cœurs, et vous avec lui et toute votre famille qui ne nous sera pas moins chère qu'à vous. » Ces lettres ont été publiées par la *Revue universelle des Arts*, dans le numéro de janvier 1857. Elles sont classées sous le chiffre 2337 dans le catalogue des manuscrits de la bibliothèque de Troyes.

Note G.

Œuvre des deux Champagne.

L'œuvre de Philippe de Champagne est très-considérable. Il n'a guère fait que de grands tableaux, la plupart destinés à des églises, et de nombreux portraits de grandeur naturelle. Il a surtout excellé dans ce genre. Cette fécondité s'explique par la facilité qu'il avait acquise, par son assiduité au travail, et par sa longue vie. Le Musée du Louvre possède vingt et un tableaux de ce maître, dont neuf portraits et plusieurs toiles de très-grande dimension. Indépendamment de la suite de la vie de *saint Benoît* dont nous avons parlé, note C, le Musée de Bruxelles possède encore six tableaux de Philippe. En France, les musées de Lyon et de Toulouse en comptent quelques-uns parmi leurs richesses. A Paris, chez plusieurs particuliers, on en voit des plus beaux, notamment chez M. D........ de H........., le portrait de l'abbé de Saint-Cyran; chez M. L...., les portraits des échevins et du prévôt de Paris; il en reste encore dans quelques églises, et la coupole de la Sorbonne est demeurée intacte. Plusieurs portraits dans les galeries de Versailles lui sont attribués. Les tableaux de Philippe de Champagne ont été souvent gravés, et par d'excellents graveurs. Le cabinet des estampes de la Bibliothèque impériale en possède l'ensemble réuni en un volume. Il y a aussi quelques dessins de ce maître dans la collection du Louvre.

Jean-Baptiste de Champagne, inférieur à son oncle, est moins connu que lui et a laissé beaucoup moins d'ouvrages. Il est mort jeune et paraît n'avoir pas été d'une forte constitution. Le Musée du Louvre ne possède rien de lui; celui de Bruxelles n'a de son pinceau qu'une *Assomption*. Le plafond du salon de Mercure, dans le palais de Versailles, a été peint par lui. Le Musée de Marseille possède son *Saint Paul lapidé par les Juifs*.

Plusieurs de ses compositions ont été gravées par quelques-uns des artistes habiles dont le burin s'était exercé sur les tableaux de son oncle.

FIN.

ERRATA.

Page	17, ligne 27, Combry,	*lisez* :	Cambry.
—	39, — 29, note B,	—	note L.
—	54, — 26, impériales,	—	impériale.
—	82, — 8, siaison,	—	saison.
—	185, — 1, école française,	—	école de France.
—	209, au titre courant, Influence du Poussin,	—	Prix de ses ouvrages.
—	212, ligne 11, Thermes,	—	Termes.
—	269, — 26, Bousonnet, Stella et,	—	Bouzonnet-Stella et
—	286, — 23, 1624,	—	1625.
—	364, — 21, liv. xci,	—	liv. X, ch. 1er.
—	376, — 3, malheur,	—	malheur à

TABLE DES MATIÈRES

CONTENUES DANS CE VOLUME

                                                        Pages

PRÉFACE. 1

LE POUSSIN.

PREMIÈRE PARTIE. — **Sa vie.** 1

CHAPITRE PREMIER. — Enfance. — Premières études. — Premiers travaux. — Un an aux Andelys. — Florence et Lyon. — Premiers succès. — Le cavalier Marin. — 1594-1624. . 1

CHAPITRE II. — Premier séjour à Rome. — Protecteurs. — François Duquesnoy. — Études nouvelles. — Dominiquin. — Germanicus mourant. — Sac de Jérusalem. — Mariage. — Cassiano del Pozzo. — Saint Érasme. — 1624-1641. . 35

CHAPITRE III. — Le Poussin en France. — Arrivée. — Louis XIII. — La Cène. — Saint François-Xavier. — La galerie du Louvre. — Difficultés. — Départ pour Rome. — Janvier 1641 à la fin de 1642. 70

CHAPITRE IV. — Le Poussin fixé à Rome. — Sa maison du Monte-Pincio. — Lettres à M. de Chantelou. — Projet d'une école en France. — Lebrun. — 1642. 100

CHAPITRE V. — Les deux suites des Sept Sacrements. — Suite del Pozzo. — Suite Chantelou. — Scarron. — Le Baptême. — La Confirmation. — La Pénitence. — L'Eucharistie. — L'Ordre. — Le Mariage. — L'Extrême-Onction. — Le Testament d'Eudamidas. — La Passion de Jésus-Christ. — 1636-1648. 123

CHAPITRE VI. — Le Poussin précurseur des directeurs de l'école de France à Rome. — Les peintres français à Farnèse. — Chapron. — La copie de la Transfiguration. — Bustes antiques recueillis. — Lebrun. — Influence du Poussin. — Prix de ses ouvrages. — Caractère de sa vie. . 185

TABLE DES MATIÈRES.

Pages

CHAPITRE VII. — Encore l'abbé Scarron. — Les deux Ravissements de saint Paul. — Portraits et esprit du Poussin. — Sa Philosophie. — Son patriotisme. — Sa maison des Tuileries. — La mort de M. de Noyers. — 1645-1650. . . . 218

CHAPITRE VIII. — Solitude du Poussin. — Divers tableaux. — Les quatre Saisons. — Le Poussin a-t-il écrit sur la peinture? — Dernières circonstances de sa vie. — Sa mort. — 1650-1665. 248

DEUXIÈME PARTIE. — Œuvre. 283

CHAPITRE PREMIER. — Réflexions générales. 283

CHAPITRE II. — Division de l'Œuvre du Poussin par sujets. — Sujets mythologiques — Sujets tirés de l'histoire générale et profane. — Sujets tirés de l'histoire sacrée. — Paysages. — Portraits. 297

CHAPITRE III. — Des éléments de l'art de peindre dans les œuvres du Poussin. — Invention. — Composition. — Expression. — Dessin. — Coloris. — Manière de peindre. . . 329

CHAPITRE IV. — Conclusion. — Philosophie de la peinture. — Le Poussin comparé aux autres maîtres. — École du Poussin. 353

Notes et pièces justificatives. 365

Notice sur la Vie et les Ouvrages de PHILIPPE DE CHAMPAGNE et de CHAMPAGNE le neveu. 407

Notes et pièces justificatives. 459

FIN DE LA TABLE DES MATIÈRES.

PARIS. — IMPRIMERIE DE P.-A. BOURDIER ET Cie, RUE MAZARINE, 30.

www.ingramcontent.com/pod-product-compliance
Lightning Source LLC
Chambersburg PA
CBHW072102220426
43664CB00013B/1972